Preface

I first met Dr. Shen Yangyang in the spring of 2014, when I was invited to China to pursue further partnerships on multidimensional poverty. At time, Yangyang was working as a postdoctoral fellow supervised by Professor Li Shi. She displayed a keen desire to learn about multidimensional poverty. After she successfully applied for a scholarship from the Chinese government and was granted a two-year exchange permit, I welcomed her to OPHI, initially for one year and gladly extended to two. She worked as research officer at OPHI for two years, developing a clear expertise in the subject matter, and has continued to advance cutting edge research on multidimensional poverty with dedication and enthusiasm.

The new book by Yangyang explores the dynamics and transformations of multidimensional rural poverty in China, which is of tremendous significance. Having visited China in 2014, 2016, and 2017 and also had the privilege to visit rural poverty reduction activities in two provinces, I was profoundly impressed by the rapid development of rural China and witnessed the efforts of national leaders and local village-level poverty alleviation cadres during China's period of targeted Poverty Alleviation. China, as far as I can tell, is not satisfied with only reducing income poverty; rather, it places great emphasis also on expanding certain core capabilities. Consequently, utilizing a multidimensional measure of poverty can provide a more objective and accurate analysis of China's progress and efforts towards the SDGs.

As a measure of multidimensional poverty in rural China, Yangyang employs the AF Methodology, which extends the Foster Greer Thorbecke methodology to measure multidimensional poverty. The benefit of this methodology is that it not only allows the construction of a multidimensional poverty index, and a linked consistent information platform for systematically tracking multidimensional poverty over time, but it also enables the decomposition of indicators, dimensions, and subgroups to determine which factors dominate multidimensional poverty throughout a given cross-sectional period. For instance, do shortfalls in education or poor health contributes more to the multidimensional poverty? Are children or females facing larger obstacles? The new book by

Dr. Shen Yangyang presents a detailed interpretation of multidimensional poverty in rural China over an extended period of time, providing the readers a comprehensive understanding of China's successful pathway of poverty reduction.

China had entirely eradicated extreme poverty by the end of the year 2020 (2300 RMB, 2010 constant price), which is a tremendous achievement and a substantial contribution to the global fight against poverty. As the cofounder of OPHI and the Secretariate of the Multidimensional Poverty Peer Network (MPPN), I have always endeavored to incorporate Amartya Sen's capability approach into poverty reduction practices. Now, nearly forty countries around the world have released official multidimensional poverty indices to guide their national anti-poverty strategies. Such measures complement monetary poverty measures and make visible different kinds of impacts swiftly and precisely. China has been a steering committee member of the MPPN since its foundation, and hosted the 2016 MPPN meeting in Beijing. It would be a great step forward if China also created an official permanent metric of multidimensional challenges, and used (or innovated upon) the available tools of multidimensional poverty measurement to guide inclusive growth and design evidence-based post-2020 anti-poverty governance strategies. These would build on China's significant progress in ending acute poverty, and now turn its gaze on a more ambitious hope for its citizens—of harmony and protection from moderate poverty. In this sense, I hope that Yangyang's book will show what evidence multidimensional poverty measures provide, and how they can be used to inform budgeting and project design, to enable coordination, to target the poorest, to track changes, and to be effective management tools. Based on this research, we hope that more policymakers, poverty alleviation workers, and academics will focus on multidimensional poverty and use multidimensional metrics effectively. If so, many of the vulnerable and deprived groups might benefit, while other actors will continue learn from China's example.

Sabina Alkire, University of Oxford
Director of Oxford Poverty and Human Development Initiative
June 2022

序

贫困是一个大众熟知的词语，又是一个学术界争论不休的概念。什么是贫困？就学术研究而言，贫困具有多重含义，需要从不同角度加以考察和研究。贫困有绝对贫困和相对贫困之分，又有收入贫困与消费贫困之别，也有一维贫困与多维贫困之异。以往的贫困研究大多关注的是收入或消费上的绝对贫困和相对贫困问题，基本上是一维贫困的问题。而近期出现的多维贫困的研究范式正在受到越来越多的关注和重视，成为不少国家政府制定扶贫政策的理论基础和实证依据。

所谓多维贫困，即除收入不足之外，同时考虑到多种非收入因素，如人的健康、教育、住房及享有公共物品的机会等因素的匮乏状态。由此可见，多维贫困是按照多个维度来衡量的一种低水平、低质量，并对个人发展能力产生不利影响的生活状况。不同于收入贫困，多维贫困引入了对人的可行能力的关注，认为人们获得健康、教育等基本能力的匮乏是导致贫困的根本原因。从而，多维贫困的度量范围也超越了单纯关注经济内涵的收入贫困，如把缺乏健康、教育本身也看作一种能力贫困，这就把考察贫困的视角扩展到了多维贫困。多维贫困理论是对一维收入贫困理论的发展和超越。

沈扬扬的新书《在发展中消除贫困：中国农村多维减贫研究》，正是立足于多维贫困视角对中国农村贫困及其减贫政策研究和分析的成果。沈扬扬在博士研究生期间，开始致力于研究贫困问题，从绝对和相对贫困视角，对我国经济发展中的收入贫困问题做过深入的分析。2013年，她到北京师范大学做博士后，开始跟我一起研究多维贫困问题。时光荏苒，已有近10年的光景，她已成为国内研究多维贫困的知名学者，取得了丰硕成果，也是这个研究领域的一位先行者。沈扬扬曾于2014~2016年，在英国牛津大学贫困与人类发展研究中心（OPHI）做博士后，师从多维贫困国际研究领域的领军学者萨比娜·阿尔基尔（Sabina Alkire）教授，参与该中心的研究课题并主要负责全球多维贫困（G-MPI）的中国多维贫困的追踪测度。此书是她长期研究成果中的精华部分，她恳请我做序，作为导师，我欣然应允。

这是一部研究我国农村多维贫困的专著，具有如下几个方面的特点：第一，它从多维贫困的视角，定量追踪和分析了我国 1988 年以来的多维度扶贫的进展状况，佐证了我国扶贫领域从重视"增长效应"到强调"包容性增长"，由"效率优先，兼顾公平"到"共享发展成果"的理念和战略的转变。第二，以多维贫困的视角，对《中国农村扶贫开发纲要（2011—2020 年）》所提出的"两不愁、三保障"下的扶贫成果进行了定量评估，也对我国在推进可持续发展目标（SDG）中扶贫方面取得的进展做了相应的分析和评估。第三，本书具有国际视野，这是与作者从事国际合作研究和承担国际研究课题的经历分不开的。中国的经济发展与脱贫成就只有放在全球范围内来评判，才能看出中国扶贫战略的特色经验。第四，对农村多维贫困异质性展开讨论。贫困的概念和扶贫的理念，必须随着社会经济发展的变化而变化。当中国脱贫进入必须对贫困人口进行精确瞄准的阶段，对贫困人口和致贫原因进行细分类别，加以异质性研究，就显得尤为关键和重要。本书从不同区域、社区建设、分年龄段等多个视角，对我国农村多维贫困的异质性进行了讨论，对农村多维扶贫的进展和挑战进行了客观分析。最后，这本专著还对多维贫困的分析方法进行了扩展性研究，取得了一些有意义的进展。作者的这一尝试，对于我国多维度实现共同富裕的研究具有借鉴价值。

2020 年底，我国全面消除了绝对贫困，铸就了人类减贫史上的一项壮举。然而，绝对贫困的消除并不代表扶贫治理的终结，无论从我国实现共同富裕的要求，还是从联合国千年发展目标上看，缓解相对贫困、解决多维贫困和缩小收入差距都任重道远。如今，我国正迈入新发展阶段，有关贫困的识别、界定和扶贫治理模式设计都需要全新探索。回顾扶贫历程，我国长期使用一维的贫困定义和标准，作为官方的扶贫贫困线。直到 2011 年，在《中国农村扶贫开发纲要（2011—2020 年）》中，才第一次明确提出了"两不愁、三保障"的多维扶贫理念。展望未来，多维贫困无疑是我国分析、探索解决贫困问题的有益探索方向。基于以上考虑，我大力推荐这本书，希望能给读者带来理解我国贫困和贫困治理的全新视角。

当然，从未来贫困研究的趋势来看，这本书仍有很大的完善空间，需要更加深入细致的研究。我衷心希望作者不断吸收中国改革和发展的实践经验、借鉴国内外前沿领域和跨学科领域的研究成果，再接再厉，在我国贫困和贫困治理研究领域发表更多、更好的研究成果，做出更大的贡献。

李 实

浙江大学文科资深教授

浙江大学关系与发展研究院院长

2022 年 5 月于杭州

前 言 / Preface

2020年底，中国兑现了在现行标准下的全面消除绝对贫困的承诺，提前十年实现了联合国可持续发展议程中消除极端贫困的目标，为全球减贫事业做出了巨大贡献。然而，农村地区极端贫困的消除不代表中国扶贫工作的终结。在新发展阶段和"共同富裕"的发展目标下，中国扶贫治理工作仍然任重而道远。

本书系统研究了中国的多维贫困问题，尤其对中国农村地区的多维贫困进行了系统性研究。多维贫困源于诺贝尔经济学获得者阿玛蒂亚·森（Amartya Sen）所提出的"可行能力"研究范式。其指出，可行能力由一系列功能构成：如免受饥饿、疾病的功能，满足营养需求、接受教育、参与社区社会活动的功能等，上述功能的丧失是贫困产生的原因，且这种丧失本身也正是贫困的表现。收入匮乏作为一系列功能性活动中的一种，在市场不完善的现实情境下，无法作为合意的指示变量来充分地反映个体或家庭的被剥夺程度。要正确衡量个体或家庭的贫困程度，就必须从功能性维度来考虑个体或家庭被剥夺的状况，构建多维贫困测度指数。在这一理论基础上，采取"一揽子"旨在提升贫困群体可行发展能力的扶贫措施，能够发挥可持续减贫成效。无独有偶，在我国扶贫实践工作中也贯彻了上述理念。2011年，中共中央国务院印发的《中国农村扶贫开发纲要（2011—2020年）》中提出"两不愁、三保障"的扶贫目标，多维度的贫困识别标准在我国扶贫攻坚时期发挥了关键作用，对巩固与拓展扶贫成果、提高民生福祉具有重要的理论和实证参考价值。截止到2021年底，全球超过30个国家（地区）将多维贫困指标体系应用于官方反贫困政策设计当中。

尽管目前中国尚未颁布官方多维贫困指数（multidimensional poverty index，MPI），但适于中国国情的多维贫困标准正为国内外学者积极地探索。以多维贫困标准替代传统的经济贫困标准极有可能成为中国贫困识别、瞄准和救助的新趋势。在新发展阶段中，中国扶贫治理的思路需要追溯农村贫困背后的根源，破除收入脱贫的狭义思维，重视多维贫困理论与实践的重要价值，将反贫困政策思路建立在赋权和能力提升之上。同时要警惕居民间福利指标差距的进一步拉大，避免产生因不均衡发展而形成的多维贫困问题。整体上，在未来防止返贫和缓解相对贫困中，不仅要关注福利指标的增长，还要关注这些福利指标在居民之间的差距，通过普惠发展和特惠政策相结合的方式，建立缓解多维相对贫困的长效机制，促进我国民生福祉达到新水平。

本书作为《经济发展中的收入分配与贫困系列丛书》中的一本得以出版，首先要感谢丛书主编陈宗胜教授和周云波教授的认可与支持。在写作过程中，本书分别得到以下资助：国家社会科学基金重大项目（19ZDA052）、国家社会科学基金青年项目（20CSH062）、国家自然科学基金面上项目（71874089），以及中国特色社会主义经济建设协同创新中心、南开大学政治经济学研究中心。笔者在此表示感谢。同时，非常感谢中国财经出版传媒集团原副总经理吕萍女士、经济科学出版社的编辑和校对老师，感谢他们为这部著作的出版所做的努力。笔者在此一并表示衷心的感谢。

本书的第一稿完成于 2021 年。2021 年恰逢中国共产党建党 100 周年、中国恢复联合国合法席位 50 周年。同时，2021 年也是我国全面打赢脱贫攻坚战、提前完成联合国 2030 年可持续发展——"消除极端贫困"目标的历史性年份。此外，2021 年还是中国全面建成小康社会的首个年份，是国家实施"十四五"规划、开启全面建设社会主义现代化国家新征程的元年。值此关键时间点，笔者希望本书的部分研究成果能够承上启下，为中国和全世界减贫事业的发展提供有益的参照和借鉴。

沈扬扬
2022 年 4 月 28 日

目录 / Contents

引言 ··· 1

第一章　中国农村反贫困体系的构建及多维减贫在中国的实践 ········ 5
第一节　中国多维度反贫困成就举世瞩目 ································· 5
第二节　中国扶贫战略的演变路径 ··· 7
第三节　中国扶贫治理主要经验与新发展 ································ 10
本章附录 ·· 14

第二章　贫困理论的演进历程及多维贫困的国际实践新进展 ········ 16
第一节　贫困的演进历程：从一维贫困到多维贫困 ···················· 16
第二节　多维贫困实证分析中的几个争议问题及其主要优势 ········ 21
第三节　多维贫困的国际政策实践 ·· 23
第四节　多维减贫对农村构建贫困治理体系的政策启示 ············· 28
本章附录 ·· 30

第三章　多维贫困的测度方法 ·· 36
第一节　MPI 测算方法：AF 方法 ·· 36
第二节　多维贫困跨期变动的分解式：Shapley 分解法及其拓展 ···· 39
第三节　AF 方法下的应用：全球多维贫困指标体系 ················· 43

第四章　全球多维贫困指数框架下的中国多维贫困 ···················· 46
第一节　所用数据和多维贫困指标 ·· 46
第二节　中国多维贫困的整体状况及跨期变动 ························· 48
第三节　中国多维贫困的分解分析 ·· 52
第四节　我国居民的多维贫困与经济贫困 ································ 61

  本章附录 ………………………………………………………………… 64

第五章　扶贫政策演进下的中国农村多维贫困 …………………… 67
  第一节　农村多维贫困指标体系构建 ………………………………… 67
  第二节　本章所用数据和多维贫困指标：CHIP 1995～2013 年 …… 72
  第三节　农村多维贫困的跨期变动 …………………………………… 74
  第四节　稳健性分析 …………………………………………………… 80
  本章附录 ………………………………………………………………… 87

第六章　中国儿童多维贫困研究 …………………………………… 94
  第一节　研究背景 ……………………………………………………… 95
  第二节　构建儿童多维贫困指标体系 ………………………………… 96
  第三节　儿童多维贫困研究方案 ……………………………………… 99
  第四节　儿童多维贫困初探：基于"标准化家庭多维贫困"框架 …… 107
  第五节　儿童最易遭受剥夺的指标 …………………………………… 111
  第六节　不可忽视的两类儿童多维贫困 ……………………………… 119
  第七节　异质性分析：儿童之间的多维贫困差别 …………………… 127
  本章附录 ………………………………………………………………… 134

第七章　中国农村社区综合建设与农村区域性多维贫困 ………… 141
  第一节　中国农村贫困地区的综合社区建设状况 …………………… 141
  第二节　多维贫困区域的识别：探索性建议 ………………………… 148

第八章　经济发展与多维不平等对我国农村多维贫困的影响 …… 154
  第一节　多维贫困跨期分解研究的研究意义 ………………………… 154
  第二节　本章所用数据与多维贫困指标体系 ………………………… 157
  第三节　实证结果 ……………………………………………………… 159

第九章　主要结论与政策建议 ……………………………………… 168
  第一节　主要结论 ……………………………………………………… 168
  第二节　政策建议 ……………………………………………………… 171

主要参考文献 ………………………………………………………… 175

后记 …………………………………………………………………… 187

引 言

1949年新中国成立时，中国是世界上最贫穷的国家之一。改革开放之初，按照1978年贫困线，全国农村仍有约2.5亿人口生活在温饱线以下，占当时农村总人口的30.7%。改革开放后，中国的贫困状况显著改善，1978~2000年贫困人口累计减少了2.2亿人。党的十八大以来，在以习近平同志为核心的党中央领导下，中国组织实施了人类历史上规模空前、力度最大、惠及人口最多的脱贫攻坚战。2021年2月25日，习近平总书记在全国脱贫攻坚总结表彰大会上庄严宣告，脱贫攻坚战取得了全面胜利，中国完成了消除绝对贫困的艰巨任务（国务院新闻办公室，2021）。鉴于此，大量研究探讨了中国减贫的成功经验。

总结中国的减贫经验，毫无疑问，高速经济增长是其中一个重要因素，但中国的减贫经验不能简单地归结为经济增长的一种连带效果。诸多发展中国家的发展实践表明，经济增长有助于减少贫困，不平等扩大会增加贫困。由此引出两个角度的反贫困政策设计：一是以发展经济、促进经济增长缓解贫困；二是经由促进社会公平、减少不平等来减少贫困。改革开放以来，我国主要从第一个角度设计反贫困政策。随着反贫困工作逐步进入边际成本递增和边际收益递减阶段，国家逐渐意识到促进社会公平和减少不平等在反贫困政策设计中的重要价值。2013年，国家打响脱贫攻坚战，举全国之力开展精准扶贫工作，为贫困人口顺利迈向小康社会奠定坚实基础。2020年底，中国取得脱贫攻坚的全面胜利（见图1），为全球减贫事业做出了贡献。值此关键时期，回顾总结中国的减贫成效十分重要。考虑到仅以收入视角会狭窄化我国取得的扶贫成就，因此中国发展进程下的减贫成效有待于以更开阔的视域做出评估。因此，探讨中国减贫成就和中国减贫经验，必须关注中国以发展为中心的扶贫政策，无疑，这是扶贫领域内"中国模式"和"中国经验"的重要组成部分。但在分析视角上，还必须要强调多维贫困的监测、缓解和救助在中国减贫事业中的功效，这也就构成了本书的研究动机。

本书的主要内容，由以下九个章节构成：

第一章，中国农村反贫困体系的构建及多维减贫在中国的实践。2011年，中共中央国务院发布《中国农村扶贫开发纲要（2011—2020 年）》，文件中首次提出"两不愁、三保障"的扶贫开发目标，要求"到 2020 年，稳定实现扶贫对象不愁吃、不愁穿，保障其义务教育、基本医疗和住房。贫困地区农民人均纯收入增长幅度高于全国平均水平，基本公共服务主要领域指标接近全国平均水平，扭转发展差距扩大趋势"。这一目标的提出，与国际先进的多维贫困的扶贫理念不谋而合，是多维贫困理论在我国反贫减贫实践中的具体应用。实践经验表明，多维度贫困识别标准和多维减贫目标在我国扶贫攻坚时期发挥了关键作用，对巩固拓展扶贫成果、提高民生福祉具有重要价值。基于此，第一章我们以"中国农村反贫困体系的构建及多维返贫在中国的实践"为题，通过宣介我国举世瞩目的减贫成就，梳理和回顾我国减贫战略的演进路径及艰辛历程，总结并提炼我国减贫治理体系尤其是农村减贫治理体系的新发展，并对后减贫时代的反贫困治理体系进行展望，为后面的分析提供基础背景信息，同时引出全书研究主题的重要意义。

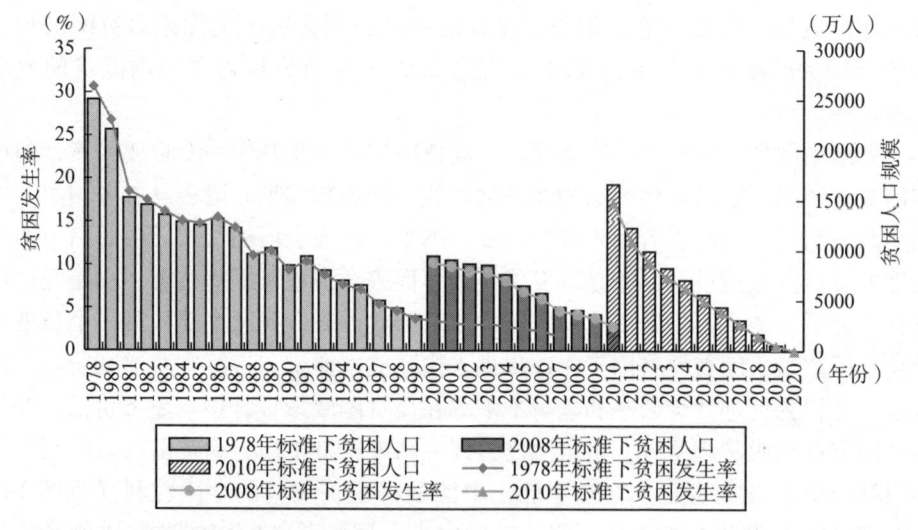

图 1　中国农村收入贫困与多维贫困的跨期变动：1978～2020 年

注：中国曾先后采用过三条农村贫困线，分别为"1978 年贫困线""1998 年贫困线"和"2010 年贫困线"。

资料来源：1978～2018 年收入贫困数据分别来自《中国农村贫困监测报告 2018》和《中国扶贫开发年鉴 2019》；2019 年收入贫困数据来自国家统计局《中华人民共和国 2019 年国民经济和社会发展统计公报》；2020 年数据参考自《人类减贫的中国实践》白皮书。

第二章，贫困理论的演进历程及多维贫困的国际实践新进展。从国际经验上看，多维贫困已得到越来越多的国内外学者、国际组织、各国政府层面的认可（Alkire and Foster, 2011; UNDP, 1997, 2010; World Bank, 2001），联合国公布的人类发展指数、人类贫困指数和多维贫困指数均响应了阿玛蒂亚·森的可行能力理念[①]。联合国开发计划署（The United Nations Development Programme, UNDP）以及牛津大学贫困与人类发展研究中心（Oxford Poverty and Human Development Initiative, OPHI）已采用全球多维贫困标准测算了发展中国家的多维贫困指数，并自2010年开始按年度公布。现阶段，包括中国等62个国家及19个国际组织加入该指数的探索阵营当中。[②] 那么，作为一种新兴贫困界定方式，多维贫困对我国具有怎样的指导和借鉴意义？带着上述问题，对多维贫困的基本理论和国际应用做出综述性介绍。具体包括介绍多维贫困理论、构建方式和全球多维贫困指数；以哥伦比亚、墨西哥和巴基斯坦为例介绍多维贫困的实践；以及结合我国扶贫经验与精准扶贫理念，提出对中国的启示。

第三章，多维贫困的测度方法。重点综述多维贫困的测算方法，并介绍Alkire-Foster（AF）多维贫困指数构建方法——这也是本书采用的基础性方法。本章第二部分对多维贫困的分解做了扩展性应用介绍。

第四章，全球多维贫困指数框架下的中国多维贫困。本章采用全球通用的多维贫困指标体系和贫困识别标准，利用中国数据，测算了全球可比的中国多维贫困程度。基本研究结果显示，2017年我国多维贫困程度在全球（从低到高排序）排在第27位。

第五章，扶贫政策演进下的中国农村多维贫困。与第四章有所区别，第五章不再采用全球通用多维贫困指标，而是在这一章节中构建更适用于我国农村现实情况的多维指标体系，度量1995年以来我国农村多维扶贫进展。尽管多维贫困在理论上是国际先行，但实践层面则是中国先行。在中国传统理念中贫困便是多维的。从汉语构词角度来看，"贫"为匮乏、缺失，"困"为受阻、受限，延伸为物质资料和发展能力的匮乏（Wang et al., 2016）。承袭这一传统理念，1986年国务院扶贫开发领导小组在成立之初即将"造血式"扶贫作为工作重点，旨在通过扶贫开发提高贫困人口自身的脱贫能力。回溯扶贫政策的发展，我们发现，中国农村扶贫的发展并非停留在浅层次的经济救助，而是在扶贫实践中将多维贫困的概念诉诸农村扶贫政策的实施。本章核心是利用1995年以来的跨期数据，

[①] 虽然阿玛蒂亚·森的可行理论得到普遍认可，但必须客观认识实证分析中几个存在争议的问题：第一，能否在现实中构建出多维贫困的合宜指数，意见分化为两派。反对派认为单一多维贫困指数未必能传递更多有效信息；支持者认为可行。第二，维度和指标选取上的探索方法很多，如因子分析法（Deutsch and Silber, 2005）、聚类分析法（Luzzi et al., 2008）、结构方程模型（Waglé, 2008）、随机占优分析（Atkinson and Bourguignon, 1982）、AF方法（Alkire and Foster, 2011）等。第三，为规避权重选取的主观性和随意性，在指导理念上分为数据导向型、规范讨论（价值判断）型以及混合型方式。第四，剥夺阈值设定条件方面，与具体国家面临的实际问题相关（Alkire, 2015）。

[②] 有关公布官方多维贫困指数的国家信息，可参见多维贫困同盟（Multidimensional Poverty Peer Network）官方网站，http://www.mppn.org。

以符合中国农村扶贫历程演进与农村实际情况的多维贫困指标框架，着力于中国农村地区，分析了中国农村的多维减贫长跨期进展和成效。

第六章，中国儿童多维贫困研究。考虑到儿童是人类的未来，是社会可持续发展的重要资源，为儿童提供必要的生存、发展、受保护和参与的机会和条件，有利于为儿童一生的发展奠定重要基础。通过对我国儿童多维贫困的测度，研究显示我国农村儿童多维贫困程度显著高于城镇儿童；儿童多维贫困是与成人贫困同等重要的问题。政策启示在于，要根本上打破农村贫困的固化，冲破贫困代际传递的屏障，要从儿童发展能力塑造和机会赋予等更多维的视角展开。

第七章，中国农村社区综合建设与农村区域性多维贫困。通过构建社区和县域层面的区域性多维贫困指标体系，讨论了中国农村社区发展与建设对中国农村贫困的影响。

第八章，经济发展与多维不平等对我国农村多维贫困的影响。本章将公平问题融入分析框架当中。原因在于促进社会公平、减少贫困是一个国家和地区在经济发展过程中追求的首要目标。这一章的主要贡献包括：①拓展多维贫困的研究视角，将不同维度的不均衡纳入多维贫困分析框架，研究维度分布和不均等变动对多维贫困的影响。②在方法上，通过对多维贫困指标的技术改造，尝试扩展夏普里分解方法，对多维贫困进行基于增长和分布变动的分解分析。③验证了现阶段国内外热议的发展议题，即多维发展不平衡对减贫成效会产生负面影响。

第九章，主要结论与政策建议。在对核心观点归纳和提炼的基础上，本章进一步给出了有关新发展阶段下我国扶贫治理模式的政策建议。

第一章 中国农村反贫困体系的构建及多维减贫在中国的实践①

第一节 中国多维度反贫困成就举世瞩目

一、中国农村减贫成就与经验概述

改革开放四十多年来，摆脱贫困始终是中国政府的重要任务，实施开展大规模、有计划、有组织的扶贫开发工程，立足于解放和发展社会生产力、着力于保障和改善民生，并取得了前所未有的伟大成就。按照中国 2011 年官方设定的贫困标准（2300 元/人·年，2010 年不变价），中国农村贫困发生率从 1978 年的 97.5% 下降到 2019 年的 0.6%，大约有 7.7 亿农村贫困人口摆脱贫困（国家统计局，2019）；按照世界银行提出的国际贫困标准，在过去 20 年中，中国减贫人口占同期全球减贫人口的 70% 以上。2020 年底，中国全面消除了农村极端贫困，向世人交出了一份合格的答卷。

很显然，中国创造的减贫奇迹绝非偶然。在过去四十多年的时间里，中国成功演绎了一个发展中大国治理贫困的经典模本。中国在减贫方面做出的努力，依托于政府的决心、侧重能力建设，并且与多维贫困的扶贫和发展理论不谋而合。对于中国经验的总结，不同学者进行了不同视角下的解读。一些学者从政治经济学视角出发，指出政府主导是中国扶贫的基本经验（黄承伟，2018；李小云等，2019；王小林、张晓颖，2021），新华社（2021）将中国减贫的"制胜之道"归纳为"通过政府引导提升市场机制的益贫性"的路径；基于国家治理能力视角，部分学者指出"精准扶贫"成就来自中国政府成功地将执政党的政治领导力转换

---

① 本章部分内容来自合著文章：李实，沈扬扬. 中国的减贫经验与展望 [J]. 农业经济问题，2021 (5)：12-19.

为现代化的国家治理能力,将贫困人口的个人福利上升到国家战略的高度(谢岳,2020;王雨磊、苏杨,2020)。从发展经济学的视角,有学者指出中国坚持经济发展与阶段性国家扶贫战略相结合、扶贫开发与社会保障相结合等发展模式是有利于贫困群体发展的基本经验(杨骐骝等,2018;朱玲和何伟,2018)。可以说,中国走出了一条中国特色减贫道路,形成了中国特色反贫困理论。在这条反贫困道路中,中国实现的不仅是收入维度上的极端贫困的缓解和消除,同时在多维扶贫领域取得了突出成绩。

二、中国农村多维减贫成效概览

国际发展经验显示,收入的提高并不必然降低贫困(Drèeze and Sen,2013)。实践证明,中国不仅实现了消除绝对收入贫困,还使贫困人群的综合福利指标得到改善。国内外学者对中国扶贫成就也进行了诸多定量评估,研究结果显示,中国扶贫模式为贫困群体带来的不仅仅是简单的兜底保障和收入提高,更是发展机会的扩展以及多维福利的改善(Alkire and Fang,2019)。有学者对20世纪80年代中后期以来中国农村多维贫困长跨期变动进行估算,发现中国农村多维贫困从1988年的53%下降到2018年的0.3%,并相应提出"中国在发展中不仅消除了现行标准下的农村收入贫困,同期多维贫困也即将消失殆尽"的基本判断(Shen and Li,2022)。还有学者从主观福利改善视角对精准扶贫政策施行前后进行了定量分析,并发现精准扶贫政策有助于"精准"提升贫困户的主观幸福感(周云波等,2021)。

以2013年中国开展的"精准扶贫"为开端,新一届政府领导人制定出"精准扶贫"战略,举全国之力,齐心打好打赢脱贫攻坚战。[①] 从扶贫成果上看,在精准扶贫"一揽子"政策的作用下,2012~2017年中国农村贫困人口累计减少6853万人,每年减贫1300万人以上。2018年末,全国农村贫困人口1660万人,

---

[①] 在"精准扶贫"政策的执行过程中,中国政府的扶贫创新举措包括:第一,明确扶贫瞄准对象从贫困村精细化到个人和家户。第二,自2014年开始,展开对农村地区所有贫困人口的核查行动。依据收入和"两不愁、三保障"标准识别农村地区贫困人口,符合条件的为家户建立档案,在地方和国家层面上开展落实到家户和个人层面的扶贫成果监督和追踪。这一行动被称为"建档立卡"。建档立卡有利于细致跟踪贫困人口的贫困状况、致贫原因以及其他相关信息。同时有利于指导政府"因地制宜、因人施策"的反贫困行动。建档立卡提供了贫困人口致贫原因和脱贫需求等信息,政府通过上述信息,则可以为贫困户量身定制扶持措施,有针对性地采取"五个一批"精准缓解建档立卡户的贫困问题。第三,中国政府建立了五级政府的工作责任制和严格的监督考核制度,加大中央和地方财政资金投入力度。第四,中国政府进一步完善了全社会共同参与扶贫的动员体系。这一阶段,慈善组织、社会团体、企业和个人积极和广泛的参与到扶贫行动当中,全社会形成了助力扶贫行动的正能量氛围。第五,中国政府进一步加大了东西部扶贫协作、中央和国家机关企事业单位和军队定点扶贫力度,强化了"先富带动后富"理念,并以驻村帮扶的形式为村集体的发展注入先进理念与活力。

比上年末减少 1386 万人；贫困发生率 1.7%，比上年下降 1.4 个百分点。[1] 截至 2020 年底，中国实现了现行标准下的近 1 亿农村贫困群众全部脱贫，832 个贫困县和 12.8 万个贫困村全部摘帽。中国贫困地区农民人均可支配收入年均增速高出中国农村平均水平 2.2 个百分点。[2] 贫困地区群众出行难、用电难、上学难、看病难、饮水难、通信难等长期没有解决的老大难问题普遍得到解决。

第二节　中国扶贫战略的演变路径

本节考察我国农村扶贫战略演进路径，具体从两个层面进行考察：一是官方贫困线的调整历程；二是国家主导性扶贫手段的变化。

一、中国农村官方贫困线变动历程

贫困线是用来识别贫困人群和估计贫困状态的一种标准，也隐含了一定历史时期下国家或地区对贫困内涵的理解。改革开放以来，中国一直采用绝对贫困标准。在具体数值上，伴随经济的增长和中国农村居民收入的提高，官方贫困线曾发生三次大的变动，体现了绝对贫困内涵的变化。这三条农村贫困线分别为"1978 年贫困线""2008 年贫困线""2010 年贫困线"。"1978 年贫困线"是按 1978 年的物价水平制定的收入贫困线，即每人每年 100 元人民币，该贫困线是按 1978 年的物价水平制定的，保证每人每天 2100 大卡热量营养水平的贫困标准，其对应的食物支出比重占 85%，且粗粮比重较高、肉蛋比重很低，只能勉强果腹，而非食物支出比重仅为 15%。不难想象，这是一条低水平的贫困线标准。

"2008 年贫困线"是中国提出的第二条贫困线，该贫困线又被称为"低收入线"。该贫困线将食物消费占支出的比重降低到 60%，提高了非食物支出占比。但需要注意的是，这条标准并非是官方估计贫困人口和贫困发生率的标准线，而是源自国家统计局在 1998 年测算的一条低收入线，主要用于农村低收入人口的监测。

随着经济发展和整体收入水平的提高，到了 20 世纪 90 年代"1978 年贫困线"不断受到诟病，有学者指出"1978 年贫困线"已不再适应于我国经济发展需求，长期使用这条较低的贫困线会导致农村扶贫政策效应弱化、贫困人口定位

---

[1]《中国农村贫困监测报告 2018》。

[2]《人类减贫的中国实践》白皮书。

不准确等一系列的问题（张全红，2010；顾昕，2011）。不少学者呼吁农村贫困标准需要大幅度提高（陈宗胜等，2013）。基于多方考量，2011年国家提出了"2010年贫困线"。该标准为2300元（2010年不变价），其设定思路与前期贫困标准有所不同，主要差别有两个方面：一是提升了温饱标准，将"两不愁"含义提升为在"较高标准的非食物支出"基础上"满足基本维持稳定温饱需求"（鲜祖德等，2016）；二是在"有吃、有穿"基本需要的基础上，同时考虑了保障基本的住、用、行以及义务教育、基本医疗等基本需要。这样，"2010年标准"就成为我国现行的农村贫困标准并沿用至今。当然，这条贫困线需要物价指数逐年调整，到2018年由2300元/年调整为2995元/年，2020年又进一步调整为4000元/年。从经济含义上看，我国2010年的新贫困线标准，已经开始具备了满足小康社会新要求的多维贫困的新内容。

综上所述，中国农村官方贫困标准的变动历程经历了生存—温饱—小康的过渡路径。面向未来，我国需要结合新发展理念和共同富裕目标，为新发展阶段下的贫困线标准赋予新的内涵。2020年2月，国务院发布《中共中央　国务院关于抓好"三农"领域重点工作确保如期实现全面小康的意见》，提出"扶贫工作重心转向解决相对贫困"，强调"解决相对贫困"将成为我国未来扶贫工作的核心内容，为新时期扶贫治理工作提供了前进方向。从另外一个视角来看，中国的官方扶贫标准正逐步与国际接轨。例如，20世纪90年代末我国在绝对贫困测算方法上实现了首轮国际接轨；21世纪初期和21世纪第一个十年，我国分别实现了农村贫困线与世界银行"1天1美元"和"1天1.9美元"的国际标准接轨；2011年《中国农村扶贫开发纲要（2011—2020年）》提出的"两不愁、三保障"任务目标，以及党的十八大以来我国进一步提出的"精准扶贫"和"五个一批"施策方略，都不同程度地践行了"多维贫困"理念，与多维理论不谋而合。从这个意义上讲，综合考虑相对贫困与多维贫困的结合是一种有益的探索方向。

二、中国扶贫战略演变

中国扶贫战略的演进路径，大体可划分为四个阶段。

第一阶段是1978～1985年，这是制度改革推动的减贫阶段。这一阶段，我国由计划经济向市场经济体制转变。①实施家庭联产承包责任制。农民获得土地经营权，解决了农业生产激励不足问题。这段时期，农村社会总产值从1978年的2038亿元猛增到1985年的6340亿元，1985年粮食总产量为37911万吨，较1978年提高了24.4%，农村居民人均纯收入从1978年的133.6元提高到1985年的397.6元，人均占有的粮食、棉花、油料、肉类产品都有所增加。②市场机制逐渐形成。1978年以来中国政府对18种主要农产品的收购价格进行了调整，平均提价幅度为24.8%①，同时开放城乡农产品集市贸易，进一步激发农民生产积极性，提高农民农业经营性收入水平。③农村居民发展机会增多。户籍制度的逐渐放松促进了农村劳动力的非农化转移，而乡镇企业发展则激发了农村本地非农产业活力，这两类政策虽然方向不同，但目标一致，均提高了农民的收入。④国家扶持政策的实施。1980年中央财政设立"支援经济不发达地区发展资金"、1982年国家对"三西"地区进行扶贫开发建设、1984年实施"以工代赈"、1984年中共中央、国务院发布《关于帮助贫困地区尽快改变面貌的通知》，开展重点贫困区域扶贫行动。从成效上看，这段时期是中国历史上减贫效果最为显著的时期，农村绝对收入贫困人数从1978年的2.5亿人下降到1985年的1.25亿人，平均每年减少1786万人，对应贫困发生率从30.7%下降到14.8%，年均减贫速度为9.4%。按现行标准，中国农村贫困人口数从1978年的77039万人减少到1985年的66101万人，贫困发生率从97.5%下降到78.3%。②

第二阶段是1986~2000年。在这一阶段，中国实行了以区域发展瞄准为主的区域开发式扶贫。从1984年开始，我国经济体制改革的重点从农村转向城市，伴随城市经济改革的深入，农村改革边际效益递减趋势逐步显现，农村经济增长和农民生活状况改善陷入缓慢发展阶段。尤其是革命老区和经济落后地区，共享经济发展成果的收益并不明显，贫困问题非常突出。1986年，国务院成立贫困地区经济开发领导小组③，采取了制度化、组织化的区域开发式扶域贫战略，明确了扶贫指导方针要用"造血"替代"输血"，对贫困地区进行开发性生产建设，在发展中逐步形成贫困地区和贫困户的自我积累和发展能力。1994年，出台《国家八七扶贫攻坚计划》，将区域开发式扶贫的奋斗目标确定在三个层面上：首先，着重解决贫困地区的贫困人口温饱问题；其次，加强贫困地区的基础设施建设；最后，大力改善贫困地区的教育文化卫生落后状况。中国农村贫困人口从1985年的66101万人减少到2002年的29700万人，贫困发生率从78.3%下降到30.5%④，区域开发式扶贫取得明显成效。

第三阶段是2001~2012年，进入整村推进的扶贫开发阶段。2001年，国务院印发《中国农村扶贫开发纲要（2001—2010年）》，开展整村推进项目，重视基础建设、社会服务、文化培训融合发展，提出"提高贫困人口生活质量和综合素质，加强贫困乡村的基础设施建设，改善生态环境，逐步改变贫困地区经济、

---

① 张磊. 中国扶贫开发政策演变（1940—2005年）[M]. 北京：中国财政经济出版社，2007：5.
② 《中国农村贫困监测报告2018》.
③ 1993年12月28日改名为国务院扶贫开发领导小组办公室，简称"国务院扶贫办"；2021年2月25日，国家乡村振兴局正式挂牌。
④ 2002年贫困人口规模和发生率是笔者根据CHIP调查数据估计的。

社会、文化的落后状况"的目标；并在基本方针中提出"通过发展生产力，提高贫困农户自我积累、自我发展能力""重视科技、教育、卫生、文化事业的发展，改善社区环境，提高生活质量，促进贫困地区经济、社会的协调发展和全面进步"。在这期间，农村绝对贫困人口进一步减少。按照"2010年贫困线"，农村贫困发生率从2002年的30.5%下降到2013年的8.8%①。

第四阶段是2013~2020年底，是以"精准扶贫"战略为核心消除极端贫困的扶贫攻坚阶段。党的十八大以来，国家将全面消除农村极端贫困作为重中之重，聚焦精准扶贫战略，举全国之力，齐心协力打好打赢脱贫攻坚战。在扶贫手段上，国家不仅将扶贫瞄准对象从贫困村精细化到个人和家户，更是根据贫困人口致贫原因和脱贫需求，量身定制扶持措施，有针对性地采取"五个一批"策略②，精准缓解建档立卡户的贫困问题。同时，建立五级政府工作责任制和严格的监督考核制度，加大中央和地方财政资金投入力度，完善全社会共同参与扶贫的动员体系，加大了东西部扶贫协作、中央和国家机关企事业单位以及军队定点扶贫力度，强化驻村帮扶。在精准扶贫"一揽子"政策的作用下，截止到2020年底，中国实现了现行标准下9899万农村贫困人口全部脱贫，全国832个贫困县全部摘帽，12.8万个贫困村全部出列。贫困地区群众出行难、用电难、上学难、看病难、饮水难、通信难等老大难问题基本得到解决。

第三节 中国扶贫治理主要经验与新发展

一、中国扶贫治理中的"五项坚持"

中国特色社会主义制度本质决定了中国扶贫治理是基于"共同富裕"的目标。中国扶贫成就之所以举止瞩目，不仅在于绝对贫困的消除，更在于中国政府在增进人民福祉、促进共同富裕方面做出的不懈努力。对此，本书将中国特色扶贫经验归纳为"五项坚持"。

一是坚持政府领导与主导。长期以来，中国始终坚持政府对扶贫工作的领导与主导作用。这既是中国扶贫工作的鲜明特色，也是其取得成功的重要保证。实践证明，政府的主导作用为中国如期实现脱贫目标提供了坚强的制度保障。扶贫

---

① 这两年的农村贫困发生率是笔者根据CHIP调查数据估计的。
② "五个一批"是指发展生产脱贫一批、异地搬迁脱贫一批、生态补偿脱贫一批、发展教育脱贫一批、社会保障兜底一批。

工作由政府统一领导,意味着政策的连续性有长期保证,意味着从中央到基层各级领导者分工明确、责任到人,以实现最大化的领导力、组织力、执行力(新华社,2021)。

二是坚持农村改革与扶贫工作相结合。坚持农村改革与扶贫工作相结合是中国扶贫事业取得巨大成就的重要经验之一。在20世纪70年代后期,面对绝大多数农村人口处于贫困状态这一现实国情,中国进行了农村经济体制改革,极大地推动了农村贫困地区的经济发展,提高了农民收入水平,起到缓解农村贫困的显著作用。1985年,中国实施了以市场化为导向的农产品流通体制改革,促进了农产品市场的发展,提高了农村贫困人口的收入。进入21世纪,中国统筹城乡发展,深化农村税费改革,逐渐减轻了农村贫困人口的生活负担,起到了明显的减贫作用。

三是坚持以经济增长带动脱贫。对于中国取得的重大扶贫成就,全社会达成的共识是,改革开放和快速经济增长是减贫的巨大推动力、中国减贫经验证明了经济增长是减贫的先决条件的基础性结论(汪三贵,2008)。国际经验显示,经济增长、分配政策和贫困之间存在非常复杂的关系(Kakwani,1993;Ravallion,1997;Dollar et al.,2002;Wan et al.,2021)。中国政府利用相应扶贫政策调动各类经济主体的主观能动性,通过形成包容性益贫市场,兼顾贫困地区的发展和贫困人口就业、创业发展等相关问题,激发和释放贫困人口潜在生产力,从而令中国改革开放以来的整体发展环境以及扶贫政策具有益贫特性,为贫困农户改善经济条件和提高发展能力提供了空间(万广华和张茵,2006;沈扬扬,2012;陈岑等,2022)。

四是坚持开发式扶贫与兜底保障政策相结合。开发式扶贫与救济式扶贫相结合是中国农村扶贫工作的基本方针,也是中国扶贫事业顺利推进的一条宝贵经验。1986年中国开始实施开发式扶贫战略,通过开发贫困地区优势资源,支持经济和产业发展,特别是引导贫困地区发展特色产业来提高其自身的"造血功能",增加贫困家庭劳动力的就业机会和收入,实现了在有限的财力条件下的扶贫效用最大化目标。然而,对于那些缺乏劳动能力的贫困群体,开发式扶贫远远不能解决他们的基本生活需要,必须对他们采取救济式扶贫方式。基于此,中国政府积极推动开发式扶贫与救济式扶贫相结合,有力保障了中国扶贫事业的持续推进。

五是坚持动员社会力量参与扶贫工作。改革开放以来,中国政府积极调动社会上的各类参与主体,为农村扶贫工作贡献力量。形成了专项扶贫、行业扶贫、社会扶贫的"三位一体"大扶贫格局。精准扶贫战略实施以来,万企帮万村、电商扶贫、消费扶贫等一系列政策,不仅发动央企、国企,也同时发动了民营企业以及人民群众的力量。这一全社会共同参与的扶贫体系,不仅帮助贫困地区、贫困人口发展产业，增强造血能力，也为贫困地区的优良农副产品打开了销路，促进贫困人口长期持续增收。

二、"精准扶贫"时期中国扶贫治理体系的新发展

党的十八大以来，中国实行"精准扶贫"战略，力求在2020年全面消除现行标准下的农村极端贫困，完成全面建成小康社会的底线目标。在"精准扶贫"时期，中国扶贫举措在思路和手段上有所突破。本书将这些新的突破归纳为以下几个方面：

第一，以"两不愁、三保障"新减贫目标，切实提升贫困群体的生存和发展能力。"两不愁、三保障"即不愁吃、不愁穿，实现保障义务教育、基本医疗、住房安全。值得强调的是，"两不愁、三保障"超越了前期阶段仅以收入或消费作为识别贫困人口的方式，转而采取以家庭收入为基础，同时综合考虑住房、教育、健康等变量的方式。这种新的扶贫标准与著名发展经济学家阿玛蒂亚·森所倡导的通过提升"可行能力"（Sen，1985）来消除贫困的理念不谋而合，也表明了中国实践上践行着国际社会所倡导的多维贫困理念（UNDP，2010，2020）。在笔者以往的调研中也观察到，地方政府将多维贫困的理念应用于实践，以"土方法"更加准确地识别出最困难的人群。例如，宁夏回族自治区固原市隆德县，在贫困户识别中采取倒排队法，按照"五看"顺序①；建档立卡贫困户脱贫要达到"三不愁四保障七有"，以及收入达到国家脱贫标准②；贫困户识别和退出过程中执行"九不准"和"六个精准"③。上述方法既显示出中国扶贫模式自上而下的创新机制，同时也展现出地方经验"自下而上"的实践有效性。

第二，以"建档立卡"新识别方式，将精准识别扩展到人到户。在精准扶贫之前，中国贫困人口的总量主要是通过国家统计局推算得到，地方区域内贫困人

---

① "五看"指：先看房，次看粮，再看读书郎，四看劳动力强不强，最后看有没有残疾人躺在床。

② "三不愁"指：不愁吃、不愁穿、不愁冬季取暖。"四保障"指：义务教育、基本医疗、基本养老、住房得到切实保障。"七有"指：有增收产业、有培训转移就业人员、有安全住房、有安全饮水、有基本社会保障、有清洁能源、有帮扶责任人。

③ "九不准"指对不能被评定为建档立卡贫困户的九类家庭的简称。具体为：（1）举家外出一年以上的；（2）家庭成员中有财政供养人员的；（3）家庭成员是村两委主要负责人的（家庭成员中有重大残疾或疾病的除外）；（4）家庭成员在中心集镇、县级以上城市购置商品或营业房的；（5）家庭成员购置非生产经营性机动车辆，或者购置生产经营性机动车辆价格在2万元以上的；（6）家庭成员购置大中型农业机械在2万元以上的；（7）家庭成员在中心集镇、县级以上城市有经营实体的；（8）经营场地、种养大户；（9）"农转非"的。"六个精准"是扶持对象精准、项目安排精准、资金使用精准、措施到户精准、因村派人精准、脱贫成效精准。

口规模则是通过"规模分解"的方式来进行分配，容易造成贫困人口到底是谁、因为什么贫困等信息不清晰的问题。2013年11月，习近平总书记考察湖南省花垣县十八洞村，首次提出"精准扶贫"。①"精准扶贫"的主要精神是扶贫政策要瞄准贫困人口，打赢脱贫攻坚战，确保到2020年所有贫困地区和贫困人口一道迈入全面小康社会。由此，精准到人、精准到户的精准扶贫模式应运而生。在这个从无到有的制度设计中，为确保扶贫对象精准，无论是全国顶层设计还是地方实践均进行了数轮的改进和调整。首轮建档立卡和扶贫对象基础信息采集工作于2014年11月完成，基础信息库涵盖了全国28个省份近9000万贫困人口、12.8万个贫困村和832个贫困县。2015年8月至2016年6月，扶贫办组织建档立卡"回头看"行动，清退识别不准的贫困户、补录新识别的贫困户。可以说，建档立卡制度的建立和完善，是推动中国扶贫政策从"大水漫灌"到"精准滴灌"实质性改进的关键措施。

第三，划定"深度贫困地区"新战场，打好脱贫攻坚战。2017年，习近平在深度贫困地区脱贫攻坚座谈会上指出："深度贫困地区是脱贫攻坚的坚中之坚。""主要难在以下几种地区：一是连片的深度贫困地区，西藏和四省藏区、南疆四地州、四川凉山、云南怒江、甘肃临夏等地区，生存环境恶劣，致贫原因复杂，基础设施和公共服务缺口大，贫困发生率普遍在20%左右。二是深度贫困县，据国务院扶贫办对全国最困难的20%的贫困县所做的分析，贫困发生率平均在23%，县均贫困人口近3万人，分布在14个省区。三是贫困村，全国12.8万个建档立卡贫困村居住着60%的贫困人口，基础设施和公共服务严重滞后，村两委班子能力普遍不强，3/4的村无合作经济组织，2/3的村无集体经济，无人管事、无人干事、无钱办事现象突出。"② 针对这些深度贫困地区的贫困"病根"，中央提出了加大投入支持力度，加大各方帮扶力度，加大内生动力培育力度等一系列战略方针，经过不懈努力，深度贫困地区的脱贫问题得到了初步解决。

第四，以"五个一批"新行动方案，"对症下药"解决贫困问题。"建档立卡"如果被比作"寻穷根"，则"五个一批"可以称之为"对症下药"。"五个一批"是"发展生产脱贫一批、易地搬迁脱贫一批、生态补偿脱贫一批、发展教育脱贫一批、社会保障兜底一批"的简称，是解决"怎么扶"问题的具体手段。在其功能上，"五个一批"有利于协调各部门的扶贫行动，改变了传统政府单兵作战模式，有助于发挥市场组织及各类政府和社会组织的扶贫职能（黄承伟和王猛，2017）。从成果上看，"五个一批"确实产生了显著成效：2020年90%以上

---

① 《人类减贫的中国实践》白皮书。
② 习近平．在深度贫困地区脱贫攻坚座谈会上的讲话［EB/OL］．http://www.xinhuanet.com//politics/2017-08/31/c_1121580205.htm．

建档立卡贫困人口得到了产业扶贫和就业扶贫支持,2/3以上主要靠外出务工和产业脱贫[①];2019年中国小学净入学率达到99.94%,初中阶段毛入学率达到102.6%[②];2015~2020年,超过1000万农村居民搬离不适宜人类居住的高寒山区、灾害频发、生态脆弱区域,融入更好的社区环境[③];近2000万贫困群众享受低保和特困救助供养,2400多万困难和重度残疾人拿到了生活和护理补贴[④]。

第五,以"两项制度衔接"新制度举措,大幅提升低保兜底的保障力度。作为扶贫的开发工作最重要的政策之一,农村最低生活保障政策主要通过现金转移支付的形式解决了农村地区困难人群的温饱问题,被赋予"兜底"的作用。低保制度采用转移支付手段直接提高受助对象收入,有效解决了贫困人口基本生活困难,体现了"输血式"扶贫策略;扶贫项目注重发挥困难群众的发展意识,强调贫困人口和贫困地区的自我发展,通过扶贫项目帮助贫困人口和贫困地区从根本上解决贫困问题,体现"造血式"扶贫策略。两大扶贫策略具有很强的互补性。由于两类策略分别由民政部门和扶贫部门所负责,涉及人群、扶助标准、施策方式均有所区别,难免存在不一致和不协调的问题。为了解决这个问题,2016年9月,国务院办公厅转发了《关于做好农村最低生活保障制度与扶贫开发政策有效衔接的指导意见》,部署做好农村最低生活保障制度和扶贫开发政策有效衔接工作。由此,最低生活保障和扶贫"两项制度衔接"、低保线和贫困线"双线合并"得到贯彻。

本 章 附 录

表1　　　　　　　　　　中国在千年发展目标中的进展

MDGs及指标		早期	近期进展
MDG2A	文盲率	2000年:6.7%	2014年:4.1%
	成人文盲率	2000年:2.8%	2014年:1.0%
	学龄儿童的入学率	2000年:99.1%	2014年:99.8%

---

① 国新办举行就业扶贫实施有关工作情况和主要成效发布会 [EB/OL]. http://www.scio.gov.cn/xwfbh/xwbfbh/wqfbh/42311/44258/index.htm.
② 义务教育有保障的目标基本实现 [EB/OL]. http://www.scio.gov.cn/xwbfbh/wqfbh/42311/43774/zy43778/Document/1688252/1688252.htm.
③ 国新办举行易地扶贫搬迁工作新闻发布会 [EB/OL]. http://www.gov.cn/xinwen/2020-12/03/content_5566773.htm.
④ 习近平. 在全国脱贫攻坚总结表彰大会上的讲话 [EB/OL]. http://www.gov.cn/xinwen/2021-02/25/content_5588869.htm.

续表

MDGs 及指标		早期	近期进展
MDG4A	5 岁以下儿童死亡率	1991 年：61‰	2013 年：12‰
MDG1C	5 岁以下儿童营养不良率	2000 年：11.2%	2010 年：3.6%
	营养不良率	1990~1992 年：23.9%	2012~2014 年：10.6%
MDG7C	城镇安全饮用水覆盖率	1990 年：98%	2012 年：98%
	农村安全饮用水覆盖率	1990 年：58%	2012 年：85%
	城镇卫生厕所覆盖率	1990 年：49%	2012 年：98%
	农村卫生厕所覆盖率	1993 年：7.5%	2012 年：74.1%

资料来源：外交部与联合国驻华系统共同发布《中国实施千年发展目标报告》［EB/OL］. https://www.fmprc.gov.cn/ce/cemr/chn/zgyw/t1283856.htm.

第二章 贫困理论的演进历程及多维贫困的国际实践新进展[①]

多维贫困理念起源于阿玛蒂亚·森的"可行能力理论",推广于联合国发布的《2010年人类发展报告》,目前已经在超过30个国家形成官方标准。中国尚未在官方层面使用多维贫困指数,但21世纪以来的减贫目标都充分体现了"多维"思想。本章承接前面的论述,对贫困理论的演进、多维贫困理论的产生、多维贫困理论的国际应用与实践等内容进行介绍。本部分的整体逻辑是:首先,比较一维贫困和多维贫困的产生和发展历程,介绍多维贫困的内涵、发展和常用的测算思路。其次,比较分析多维贫困的优势。再次,以哥伦比亚、墨西哥和巴基斯坦的官方多维贫困指标体系为例,介绍多维贫困的国际实践。最后,回到中国扶贫实践,简评多维贫困在我国扶贫工作中的现实意义和应用前景。

第一节 贫困的演进历程:从一维贫困到多维贫困

一、一维度贫困界定

学术界对低收入群体及贫困人口的系统研究始于20世纪初(Rowntree,1901;Booth,1902),将贫困定义为收入或消费不足以维持个人身体有效活动的最低需要,核心是围绕维系生计及基本生存需求构建贫困的测度指标。20世纪中期,基本需求概念被扩宽(Townsend,1979),更多非物质需求被包括进来。此后,从基本需求的角度认知贫困问题就成为贫困理论研究和反贫困实践的基础,用货币(收入或消费)界定贫困人口(Deaton,2016)的方法也因简单直接而被绝大多数发展中国家和部分发达国家(如中国、美国、印度、南非、俄罗

[①] 本章部分内容来源于笔者合著文章:张琦,沈扬扬. 不同相对贫困标准的国际比较及对中国的启示[J]. 南京农业大学学报(社会科学版),2020 (4).

斯）所使用。目前来看，基本需求方法至今仍是发展中国家常用的绝对贫困设定方式，核心是找出长期维持个人健康福祉所需的最基本资源及其种类和数量，相应折换成收入/消费作为贫困线。目前，使用绝对贫困线的国家包括中国、美国、俄罗斯、意大利（兼用相对贫困线）、波兰[①]、瑞士（兼用相对贫困线）[②]、荷兰[③]、印度[④]、南非（2014年兼用多维贫困标准）、智利（兼用多维贫困）、秘鲁、韩国（兼用相对贫困线）、菲律宾、马来西亚（2015年极端贫困消除后，使用多维贫困标准）、泰国、越南（2016年胡志明市转而使用多维贫困标准）[⑤]、印度尼西亚等国。此外，在国际应用方面，世界银行自1990年以来一直使用绝对贫困线进行国际贫困的测量和比较[⑥]。

考虑到贫困与不平等概念密不可分，因而带有相对含义，意味着遭受相对排斥与相对剥夺[⑦]。正如亚当·斯密（Adam Smith，1776）所说，"生活标准这个概念是伴随时间推移而不断调整的，今天的奢侈品会成为明天的必需品，对穷人来讲也是如此"；加尔布雷斯（Galbraith，1958）也提出，"贫困人口是那些即便收入水平足以支持生存所需，但只要严重落后于所处社会的整体发展水平，那么就是贫困"[⑧]。从概念上看，与独立于收入分配格局的绝对贫困不同的是，相对贫困主要反映"经济差距"[⑨]。贫困线设定方式是：选取居民中位收入的一个固定比例作为相对贫困线，常用标准是50%或60%居民收入中位数标准。多数欧盟和OECD国家使用相对贫困线。例如英国在20世纪50年代废除了"购物

[①] 波兰将每人每天收入低于4.3美元视为贫困人口。

[②] 瑞士使用绝对贫困标准，将贫困定义为"无法负担维持社会生活所需的必须产品和服务"（或社会救济标准）。其中，2015年单身成员的月收入在2239法郎，两个成人两个孩子月收入低于3948法郎即为贫困，等等。

[③] 荷兰社会文化办公室（SCP）指出，贫困线综合考虑到满足衣、食以及参与社会活动的基本收入。贫困线因家庭构成而异。

[④] 印度贫困线标准考虑的是最低生活水平支出，不包括教育和健康。

[⑤] 越南的贫困标准分阶段、分年度。2005~2010分城乡各有一个标准；2011~2015年则更新了标准。

[⑥] 2008年，世界银行根据15个最穷国家（马拉维、马里、埃塞俄比亚、塞拉利昂、尼日尔、乌干达、冈比亚、卢旺达、坦桑尼亚、几内亚比绍、塔吉克斯坦、莫桑比克、乍得、尼泊尔和加纳）的平均国家贫困标准，确定每天1.25美元的标准（"基本温饱水平"的极端贫困标准）。同时，世界银行根据其他发展中国家的国家贫困标准的中位数，确定每天2美元的标准（"稳定温饱水平"的高贫困标准）。2015年，世行将每天1.25美元的标准提高到1.9美元，每天2美元的标准被调整为3.1美元。

[⑦] 相对剥夺（relative deprivation）概念最先由美国学者斯托夫（Stauffer）于1949年提出，用于分析不同地区美国士兵的行为和心理状况之间的差异，是一个社会学概念。后期，经过学者不断扩展和丰富，引入了社会识别、社会比较、分配正义等理论，扩充了相对剥夺概念的应用范围。

[⑧] 持类似观点还有罗斯·弗里德曼（Ross Friedman，1965）、汤森德（Townsend，1979）。

[⑨] 相对贫困有时还会被赋予"适度贫困"（moderate poverty）内涵，将那些满足基本需求（饮水、食物、衣着、住房、健康保健），却仍然显著低于所考察的整体样本平均生活水平的状态，也视为相对贫困。

篮子"方法，转而使用60%中位收入相对贫困线。目前，使用相对贫困线的国家主要有OECD国家，如日本①、韩国②、澳大利亚；欧盟国家，如英国、意大利、法国③、德国、瑞典、奥地利④、希腊⑤、芬兰。此外，巴西也使用相对贫困线。

绝对贫困的优势是在相当长一段时间内、在不同地域之间是统一和不变的——这令贫困的度量与比较更为简单化。同时，绝对贫困线也是"经济的"，在衡量落后国家或发展中国家极端贫困状况时，无须过多考虑其他发展条件。对应地，绝对贫困的劣势也体现在此。首先，绝对贫困线设定具有较强的主观性；其次，在选取维持基本生存和生活标准的替代变量方面，对异质性强的国家和地区则很难做到"放之四海而皆准"；再次，一个挑战来自区域间价格指数的差异，最典型的例子是世界银行的"1天1.9美元"标准，饱受争议的一方面就在于不同地区或国家之间、不同时间序列内，以绝对货币标准很难进行横向比较；最后，从贫困救助角度，由于货币体现的是贫困的结果而非根源，从而令消除贫困缺乏明确政策指导。

相对贫困线的优点在于：可操作性强、计算简单、节省评估成本（已知国民收入便可得到相对贫困线）；体现特定发展时期社会对公平正义的追求。后一理念与很多经济学家对贫困理念的理解不谋而合。但是，相对贫困也存在局限性，主要在于：第一，相对贫困的内核并不是贫困的本质，而是一个不平等的子课题；第二，相对贫困依赖收入分布的中位数值（或平均值），会造成两类来自整体收入水平不正常变动而形成的误导。我们称第一类误导为"虚假繁荣下的被贫困"。20世纪90年代的爱尔兰便是真实的例子。该时期爱尔兰由于大规模境外直接投资而出现飞速经济增长，尽管同期中低和低收入居民收入水平并没实质改善，但受到高收入群体在泡沫经济时期收入虚假增长的影响，人均可支配收入中位数水平提升，相对贫困线上移，很多非贫困群体被识别为贫困，增加了财政负担。第二类误导被称为"萎靡经济下的被脱贫"，往往发生于经济倒退期。例如，2008年经济危机之后，欧洲许多国家遭受重创，经济在一段时期内难以复苏，甚至出现负增长。此时，中位（或平均）收入水平下降，相对贫困标准伴随下

---

① 日本目前还没有颁布官方贫困线，但一般测算选取中位家庭收入的一半作为标准。
② 韩国使用家户中位收入的一半。
③ 法国参照法国国家统计及经济研究局（INSEE）标准，以中位收入的一半作为相对贫困线。
④ 一些OECD国家并没有官方贫困线。如奥地利、加拿大、比利时、丹麦等。以奥地利为例，尽管2012年政府开始重视贫困的概念，但始终没有官方标准，且贫困度量方式在政府中具有争议性。左翼认为相对贫困是合理的，将收入低于50%或60%中位收入的群体视为相对贫困人口；但右翼政治家认为绝对贫困依然存在，应该予以重视。
⑤ 希腊将收入不足全国家庭平均收入一半的家庭，视为贫困家庭；此外，他们也关注失业和物质资料不足的剥夺情况。

降。由此产生的后果是,很多原本被识别为贫困的人口被剔除出去,无法享受相应的扶贫救助待遇,产生贫困人群的"被脱贫"问题。

综上所述,尽管两类贫困线各具优势,但货币贫困仍存在一些难以克服的缺点:一是货币贫困最大的问题在于无法回答为什么穷人陷入了贫困状态,无法提供线索找寻贫困的根源。二是从操作上看,收入/消费信息获取成本较高①,且容易出现信息失真。三是贫困门槛(贫困线)附近,略高或略低收入区间所展现的贫困差异或许不明显,但由于"固定门槛"的存在,差异不大的两类人所得救济与享受政策可能差异很大。四是只关注收入或消费,而不关注能力提升,容易引起政策偏差②。总体上讲,货币信息不能作为度量贫困内涵的完美代理变量。

二、多维贫困理论的产生

贫困实际上是一种综合性、复杂性现象。如前所述,以货币度量贫困存在一些难以克服的缺点,并且伴随经济发展水平以及人们需求层次的提高,收入(或消费)贫困的局限性越来越大③。经由各种理由,多维贫困开始进入学者的视野。

为更好地理解贫困问题,20世纪70~80年代,阿玛蒂亚·森将"可行能力理论"和"功能性活动簇"概念引入贫困研究。阿玛蒂亚·森在其著作《以自由看待发展》中提出,贫困表现为"基本可行能力"的剥夺,并将可行能力定义为"人们能够做自己想做的事情、过上自己想过的生活的能力"(Sen, 1982, 1983, 1985)。基本可行能力由一系列功能构成,如免受饥饿、疾病的功能,满足营养需求、接受教育、参与社区社会活动的功能等,并提出一方面这些功能的丧失是贫困产生的原因,另一方面它们本身也是贫困的外化表现。以此视角定义贫困,催生了多维贫困理论。按照多维贫困理论,收入匮乏是一系列功能性活动中的一种,要正确衡量个体或家庭的贫困程度,就必须从多个基本功能性维度出发,考虑个体或家庭被剥夺的状况。一个可行的方式是构建多维贫困测度指数(Sen, 1985)。可行能力奠定了多维贫困研究的理论基础(Atkinson, 1982; Jenkins and

---

① 牛津大学贫困与人类发展研究中心(OPHI)设计出过一份多维贫困问卷,其调查时间仅需要30~45分钟;而一份正规的收入消费调查问卷可能需要1~2个小时。

② 我们关注健康,因为它与贫困紧密相连:个人可能由于身体不健康而无法进入劳动力市场,从而收入水平低下;或者个人由于收入水平低而买不起营养品,导致营养不良。在两类因果关系之间,货币贫困线并不能协助我们判断二者之间的因果关联。

③ 斯蒂格利茨—森—费图西委员会(Stiglitz-Sen-Fitoussi Commission)倡议超越经济范畴的福利测度方式,并在诸如英国、芬兰、意大利、德国、澳大利亚、加拿大、不丹、玻利维亚、厄瓜多尔等国家开展实验;还可参见 Alkire and Seth(2015)。

Micklewright，2007）。多维贫困理论认为，收入匮乏作为一系列功能性活动中的一种，在市场不完善或不存在的现实情境下，无法作为工具性变量完全反映个体或家庭的被剥夺程度（Sen，1985）。而要正确衡量个体或家庭的贫困程度，就必须从多个功能性维度来考虑个体或家庭被剥夺的状况，构建多维贫困测度指数。

  基于可行能力理论，1990年联合国开发计划署（UNDP）构造了人类发展指数（HDI），用于衡量一国在人类发展三个基本方面取得的成就：健康长寿的生活、知识的获取以及体面生活。1995年，联合国提出将对贫困的理解推向非货币维度①。1997年，UNDP从寿命、读写能力和生活水平三个维度构造出人类贫困指数（HPI）。然而，无论是HDI还是HPI，都无法把信息细化到个人层面，因此也就无法发挥实质上的贫困救助功能。2008年，基于微观数据可获取性提高，AF方法由牛津大学萨比娜·阿尔基尔（Sabina Alkire）及其合作者吉姆斯·福斯特（James Foster）提出，使多维贫困的微观测度成为现实。2010年，联合国发布的《2010年人类发展报告》将基于AF方法测算的MPI作为贫困度量的新指标，以年度报告形式发布了全球100多个国家MPI结果（UNDP，2010）。2016年，一直公布收入贫困的世界银行也表现出对多维贫困的研究兴趣②。

  进一步，2003年两篇标志性文章将多维贫困研究推向公众视野。一篇是布吉尼翁和查克拉瓦蒂（Bourguignon and Chakravarty，2003），两位学者将经典的贫困指数（Foster-Greer-Thorbecke，FGT）扩展到多维，探讨了各维度之间的关系；另一篇是阿特金森（Atkinson，2003）的，其将欧洲实践的计数剥夺法③与多维贫困公理性联系起来，证明多维计数法可以作为福利经济的有效测度法。这两篇文章掀起了学界对MPI的探索热潮。多维贫困理念最先被应用于计算HDI（UNDP，1997），两年后扩展为HPI。在21世纪的第十个年头，MPI被发布于《2010年人类发展报告》。2016年底，《全球贫困监测报告》（又称《阿特金森报告》）强调了贫困的多维属性和缓解多维贫困的重要性④；联合国可持续发展目标（SDGs）也将"消除一切形式的贫困"作为2015～2030年的全球性发展指导⑤。后续研

---

  ① 匮乏表现在食物、安全饮用水、卫生厕所、健康、住房、教育、信息获取和能否获取到基础服务（教育、融资、法制、社交等）（Indicators of Poverty and Hunger，2008）。
  ② 国新办举行就业扶贫实施有关工作情况和主要成效发布会［EB/OL］. http://www.scio.gov.cn/xwfbh/xwbfbh/wqfbh/42311/44258/index.htm.
  ③ 参见 Eurostat（2015）对资料剥夺的界定。
  ④ Measuring Global Poverty: Atkinson Report Launch 4 November 2016 Characterised by Honesty［EB/OL］. https://ophi.org.uk/ophi_stories/measuring-global-poverty-atkinson-report-launch-4-november-2016-characterised-by-honesty/.
  ⑤ SDGs1.1提道："贫困不仅是缺乏收入和资源导致难以维持生计，还表现为饥饿和营养不良、无法充分获得教育和其他基本公共服务、受社会歧视和排斥以及无法参与决策。经济增长必须具有包容性，才能提供可持续的就业并促进公平。"

究则如雨后春笋般涌现。具体论述可参照各章节的文献综述部分，在此不一一赘述。

第二节 多维贫困实证分析中的几个争议问题及其主要优势

一、多维贫困实证分析中的几个争议性问题

阿玛蒂亚·森提出的可行理论得到普遍认可，但对基于该理论构造的多维贫困指数，学界仍存在争议。概括来讲，一是能否构建多维贫困的合宜指数（Ravallion，2011）；二是权重、维度以及剥夺阈值的选取存在主观性和随意性问题。

于是，对多维贫困的实证分析，产生了以下几个争议性问题。

（1）对于能否在现实情境下构建出准确替代贫困内涵的多维贫困指数，分化为两派意见。反对者指出，能否将多维度贫困加总形成有利于反贫困政策的综合性指数有待商榷（Lusting，2011；Ravallion，2011）。支持者提出，单一多维贫困指数未必能给政策制定者提供更多有效信息，"可行能力"直指从功能性和能力两个核心概念的角度出发，论证贫困内涵可以被一系列可观测个人成就的外在化指数所反映，构建多维贫困指数具有理论和现实基础。换言之，支持者认为一系列可观测个人成就的外在化（例如，健康状况、学识、工作等）能够构成合理"个人功能汇总指数"[1]，并通过指数可分解性为政策的制定和修改提供准确的信息（Alkire，2015）。[2] 例如，阿尔基尔和福斯特（Alkire and Foster，2011）提出的 AF 多维贫困方法，易于理解测算简单，具有很强的政策应用空间。

（2）权重设置存在主观随意性。为规避上述问题，学者们不断探索权重设置途径。在研究权重设置方法的途径上，一般分为数据导向型、规范讨论型（价值判断）以及混合方式三种类型。

其中，数据导向即"让数据说话"，权重设置方式依托于数据的分布，与价值判断无关。例如多伊奇和西尔柏（Deutsch and Silber，2005）经研究提出较少遭受剥夺的指标应该被给予更高的权重。但这种方法在实践中被证明不具有稳定性，原因是与发生频率相关的权重设置方式含有"美好生活建立在不同维度间的相对剥夺差异上"的强假定，与现实不符（Brandolini，2009）。主成

---

[1] 参见 Stiglitz-Sen-Fitoussi Report（2009）；也可参见 Alkire（2015）。

[2] 由此也衍生出对 AF 方法本身的一些争论（Duclos and Tiverti，2014）。

分分析法（Boelhouwer，2002）和要素分析法（Krishnakumar and Nadar，2008）是数据导向的代表。这类权重分析法的主要问题在于，多要素之间的相关关系不足以取代要素对居民福利的影响程度，从而令数据导向也带有一定价值判断色彩。

规范讨论体系包括专家咨询法和等权重设置法。选取专家的系统性偏差以及专家主观意见性偏差是专家咨询法存在的主要问题。关于等权重设置法，马丁·瑞沃林（Ravallion，2011）曾提出质疑。他以人类发展指数为例，提出等权重设置方式会弱化落后国家在某些维度（如教育）改善的边际效用，不利于全球比较。尽管等权重赋权法存在这样或那样的问题，但其仍然是实践中被最广泛应用的赋权方式。

混合方式是指兼容数据分布和主观评价的赋权方式，包括代表评价法（Halleröd，1996）、主观幸福评价反推法（Schokkaert，2007）等。前者被认为在数据质量得以提高的情形下将会成为构建合宜多维贫困指数体系的维度选取趋势；后者依托于回归方法，具有较强的客观性，不足之处在于，一旦维度间相关性过高，结果会产生偏差（Decancq and Lugo，2012）。

（3）维度及其剥夺阈值的选取和设定的理论与实践依据。对于前者，有学者认为维度的选取需要回溯到"功能"概念（Bourguignon and Chakravarty，2003）；对于后者，有学者认为在现实中，剥夺阈值的确定与国家面临的实际问题相关（Alkire and Foster，2011；Alkire，2015）。

二、多维贫困理论的主要优势

从目前来看，学界和政界愈发认可多维贫困理论及其应用。本部分介绍多维贫困理论在减贫中的主要优势。

（一）突破了单纯聚焦"生存"的绝对主义思想禁锢

有学者认为，多维贫困理论突破了单纯聚焦"生存"的绝对主义思想禁锢（王婴、唐钧，2020）。从绝对贫困到相对贫困再到多维贫困，当代社会的贫困理论研究，把单纯围绕生计及生存需求、依赖收入、消费来测度贫困的一维贫困理论，发展为以"能力"为核心、涵盖多种非货币因素（如除收入外的教育、医疗及公共物品的获得等）的多维贫困理论，不仅加深了人们对贫困内涵的认识，还进一步提高了扶贫政策的精准度，弥补了一维贫困维度缺失、精准度不高的不足。以印度为例，与经济快速发展不一致的是，其儿童营养不良程度并未同期改善（Drèze and Sen，2013），从一个方面说明了仅以收入或消费为指标的一维贫困体系，难以客观全面地反映贫困的真实原因和现状。而多维贫困指标体系恰好能够全面客观地观测和评估贫困的真实原因和现状，为制定和推进更为全面和精准的扶贫、减贫政策提供依据。

（二）更加全面准确地反映了贫困群体对自身贫困的认识

以往一维贫困理论的研究，主要集中于关注贫困群体的收入和消费状况，这与贫困群体自身对其贫困状况的认知相脱节。在现实中，贫困人群对自身贫困的理解与判断是多元化的。当询问贫困人群自身"贫困表现在哪些方面"，往往会得到教育不足、营养不良、健康不佳、居住条件差、暴力、羞愧、社会地位低等答案（Narayan，2000），充分显现了贫困的复杂性和多样性。由此可见，单纯以收入或消费指标难以充分表现现实中贫困的多样性和复杂性，与贫困群体对自身贫困的认知不符。多维贫困理论和指标体系的建立，恰好反映了贫困的多样性和复杂性，与现实中贫困群体自身对贫困的认知相吻合。

（三）使政府扶贫政策制定与实施的瞄准度更加精准

与一维贫困聚焦点单一、无法真实反映贫困全貌、政策制定实施瞄准度不精高的特性相反，多维贫困全面涵盖了所有贫困现象及原因，全面提升了政策制定和实施的精准度。毋庸置疑，只有贫困指标体系中体现出越多的与贫困相关的信息，政策制定和执行者才能越容易有的放矢、全面准确、精准地制定和实施扶贫减贫对策。例如，在实践中往往会出现一国内部某些区域主要致贫原因是教育资源的匮乏及分配不均问题，而另一个则是交通、或医疗、或饮水安全问题。因而，准确判断各类群体的内部致贫原因以及群体之间的贫困差异非常重要。仅采用收入贫困的一维贫困指标，无法充分度量上述差异，因而无法制定和实施精准的扶贫、减贫措施。

（四）AF多维贫困测度方法具有衍生应用价值

AF多维贫困测度方法还具有衍生应用价值，可以被应用在瞄准性公共服务、有条件转移支付的表现等方面。

第三节 多维贫困的国际政策实践

2010年后，多维贫困逐渐成为新趋势。理由在于多维贫困能够弥补金钱在反映贫困方面的局限性[1]，对反贫困战略具有直观政策指导作用，符合联合国后

---

[1] Ravallion（2011b）提出，考虑市场价格在反映需求方面的欠缺，收入/消费方法不足以全面反映贫困。其他文献参见：Hoff and Sen（2005），Alkire and Seth（2015）。

千年发展计划（SDGs）中有关"消除一切形式和维度贫困"①的要求。

2013 年，多维贫困高层同行网络（Multidimensional Poverty Peer Network, MPPN）正式建立，包括中国在内的 62 个国家和地区以及 19 个国际组织成为其成员。② 在这些成员中，截至 2021 年底，有超过 30 个国家颁布了官方多维贫困指数。按颁布照时间排序，这些国家和地区分别是：墨西哥（2009 年）、不丹（2010 年）、哥伦比亚（2011 年）、越南胡志明市（2014 年）、智利（2015 年）、萨尔瓦多（2015 年）、哥斯达黎加（2015 年）、越南（2015 年）、厄瓜多尔（2016 年）、巴基斯坦（2016 年）、洪都拉斯（2016 年）、莫桑比克（2016 年）、阿美尼亚（2016 年）、巴拿马（2017 年）、多米尼加（2017 年）、尼泊尔（2017 年）、尼日利亚（2018 年）、菲律宾（2018 年）、卢旺达（2018 年）、危地马拉（2019 年）、阿富汗（2019 年）、塞拉利昂（2019 年）、安哥拉（2019 年）、塞舌尔（2020 年）、马尔代夫（2020 年）、巴勒斯坦（2020 年）、加纳（2020 年）、巴拉圭（2021 年）、纳米比亚（2021 年）、马拉维（2021 年）、斯里兰卡（2021 年）、印度（2021 年）。③

在实践应用过程中，国家会根据本国对贫困的理解制定符合自身发展需求的多维贫困维度和指标，从而更好地监督本国多维贫困变动，并为公共政策的制定提供有效的参考信息。本章附录中给出了部分国家和地区的多维贫困指数颁布年份、参与部门、主要维度和多维贫困程度信息。下面，着重介绍几个典型国家的官方多维贫困指数。

一、哥伦比亚的多维贫困监测与反贫困政策体系

哥伦比亚 MPI 主要基于 AF 方法计算，用于反映四个层面的信息：（1）反映社会政策目标。（2）协调各公共部门制定政策。（3）监测公共政策实施效率。（4）反作用于政策制定。哥伦比亚 MPI 包括五大维度、15 个细化指标（见表 2-1），每个指标均落实到具体政府部门。哥伦比亚根据五大维度、15 细化指标的剥夺发生率以及目标，设置了"红绿灯预警体系"监督和指导各部门的

---

① 同时可参见 SDGs 目标 1.2。
② MPPN 中的国际组织包括：世界银行（World Bank）、联合国开发计划署（UNDP）、联合国儿童基金会（UNICEF）、经济合作与发展组织（OECD）、世界粮食计划署（WFP）、牛津大学贫困与发展研究中心（OPHI）、西亚经济社会委员会（ESCWA）、德国联邦国际合作与发展部（BMZ）、拉美经委会（ECLAC）、东加勒比国家组织（OECS）、泛美开发银行（IDB）、伊斯兰开发银行（IDB）、美洲国家组织（OAS）、瑞典国际发展合作署（SIDA）、南部非洲发展共同体（SADC）、拉美经济体系（SELA）、经济和社会研究及培训中心（SESRIC）、非洲发展银行（African Development Bank）、英联邦（Commonwealth of Nations），这些国际组织加入了对多维贫困的研究行列（资料统计结果截至 2022 年 1 月底）。
③ 参见 MPPN 官网，https://mppn.org/applications/national-measures/。

工作。分为达标（空心）、变动趋势良好（横纹）、有待改善（灰色）、变动态势恶劣（实心），亟待改善。

表 2-1　哥伦比亚多维贫困分项指标的统计追踪和评估手段　　单位：%

维度	指标	2008 年达标水平	2012 年达标水平	年度评估结果	目标
	整体多维贫困状况	34.70	27.00	⊜	22.50
成人教育水平	受教育水平	58.80	53.50	⊜	52.80
	识字率	14.20	12.10	⊜	12.00
儿童教育	6~16 岁儿童入学状况	5.40	4.10	⊜	3.50
	7~17 岁儿童留级状况	33.40	33.30	○	33.10
	0~5 岁幼儿享有健康公共服务	12.10	9.40	⊜	10.60
	12~17 岁童工	5.50	3.70	⊜	2.90
就业	长期失业状态	9.60	10.00	●	9.30
	正规就业状况	80.60	80.00	●	74.70
健康公共服务	健康保险	24.20	17.90	○	0.50
	获取基本健康公共服务	8.90	6.60	○	2.40
	获得安全水源	12.90	12.30	○	10.90
居住环境	安全卫生设施	14.10	12.10	⊜	11.30
	房屋地面状况	7.50	5.90	⊜	5.60
	房屋外墙	3.10	2.20	⊜	2.10
	过于拥挤的住宿环境	15.70	13.10	⊜	8.40

资料来源：笔者根据相关资料整理，https://sustainabledevelopment.un.org/content/documents/12644VNR%20Colombia.pdf。

二、墨西哥的多维贫困监测与反贫困政策体系

同哥伦比亚类似，墨西哥也是中高收入国家。为了有效缓解贫困，墨西哥成为最早探索和使用多维贫困的国家。墨西哥多维贫困指标体系设计项目启动于 2009 年，并于 2010 年颁布多维贫困指数。维度及指标设计依据是 2004 年墨西哥《基本法》提到的与减贫发展相关的内容。与很多国家不同的是，指标体系内纳入了收入维度——目前只有巴勒斯坦的多维贫困指标体系与之相类似。其中，收入贫困线是根据食品和非食品"篮子"联合确立，其他维度采集于墨西哥《基本法》，所覆盖涉及公民社会权益的六大维度，分别是教育、健康公共服务获取、社会安全、品质住房、社区基础服务和食品获取。

墨西哥的多维贫困判定模式较为复杂（见图2-1），判定体系旨在考察多层次剥夺和贫困状况。图形横轴显示的是非收入维度被剥夺的个数，从右至左数字从0到6，越靠左被剥夺程度越高。纵轴是收入，自下至上收入水平不断提高，收入贫困线以下为收入贫困群体。由此可确定几部分人群：（1）极端贫困群体——收入低于极端贫困线且被剥夺维度等于超过3个（黑色区域）。（2）适度贫困群体——收入低于一般贫困线且至少在一个维度上遭受剥夺的非极端贫困群体（浅灰色区域）。（3）非贫困非脆弱群体——右上方区域为收入高于贫困线且没遭到任何其他剥夺（格子区域）。（4）社会权益被剥夺的脆弱群体——左上白色区域，即收入超越贫困线但在至少一个社会权益指标上遭受剥夺的群体。（5）收入脆弱贫困群体——右下角白色区域，即仅陷入收入贫困的群体。基于此形成政府整体性政策目标：通过社会政策令所有群体向格子区域转移。

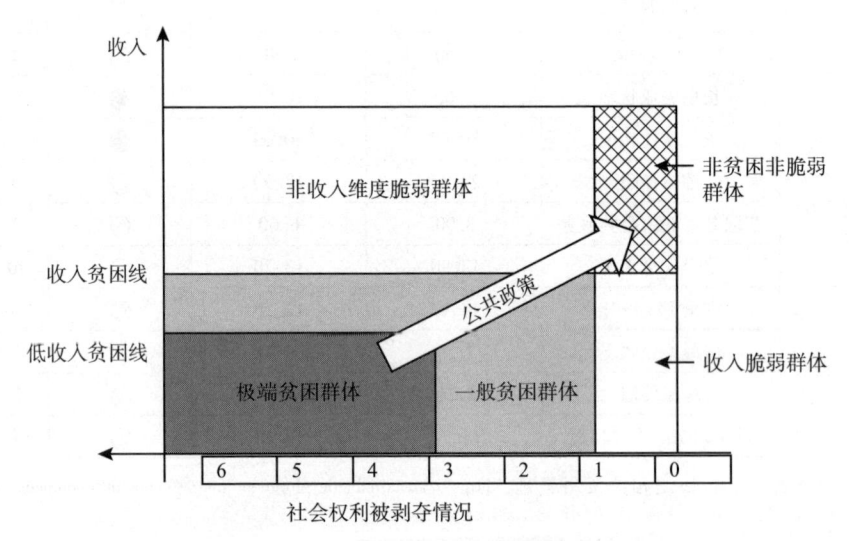

图2-1 墨西哥多维贫困指标体系

资料来源：墨西哥社会政策评估委员会（Coneval）资料，笔者整理。

三、巴基斯坦的多维贫困监测与反贫困政策体系

巴基斯坦是中低收入国家，经济发展相对落后，如何在发展中有效缓解贫困一直是巴基斯坦面临的主要问题。

2014年，在UNDP与OPHI的协助下，巴基斯坦国家发展部开始重新思考贫困的度量与贫困救助问题，并以解决以下三个问题为目标：贫困标准是否涵盖了所有贫困群体？如何利用政策有效救助贫困人群？怎样将贫困缓解与联合国千年发展目标有效结合起来？经过为期两年的准备，2016年，巴基斯坦公

布了国家层面多维贫困指数。该指标涵盖三个核心维度：教育、健康和生活标准，下设 15 个贫困衡量指标（见表 2-2）。用于测算的基础数据来源于巴基斯坦社会与生活状况调查（PSLM），研究单位是家户，贫困判定标准为家户剥夺得分超过 1/3 即被视为多维贫困。经测算，2014~2015 年其全国多维贫困发生率为 38.8%，分城乡测的农村贫困发生率为 54.6%，城镇为 9.4%。尽管该结果高于收入贫困，但巴基斯坦认为多维贫困指数有助于更好地制定反贫政策解决贫困问题。

表 2-2　巴基斯坦多维贫困的维度、指标、权重和各项指标的剥夺临界值

维度	指标（括号内为权重）	剥夺临界条件
教育	受教育年限（1/6）	家庭内 10 岁以上成员均没有完成 5 年教育
	儿童入学（1/8）	6~11 岁学龄儿童没有上学
	教育质量（1/24）	儿童因为以下与学校质量相关因素辍学：师资力量不足、学校太远、学费太贵、缺少男性/女性教师、教学质量低；或者在上学，但对正在接受的教育服务不满意
健康	诊所（1/6）	无法享受到医疗服务，或者由于获取方面的约束而享受频次较低（如距离远、太贵、没有合适医疗服务、医院或诊所没有特定工具或者缺少工作人员、没有特定医疗设备）
	免疫（1/18）	五岁以下儿童没有接受全套免疫
	产前保健（1/18）	家庭中三年内有过生育行为的妇女在生育前没有接受过任何产前保健
	助产（1/18）	家庭中三年内有过生育行为的妇女在生育过程中，为其接生的是未经训练的接生人员（自家家庭成员、朋友等），或没有在正规地方生产（如在家）
生活标准	饮水（1/21）	饮水条件不符合 SDGs 的要求
	厕所（1/21）	厕所条件不符合 SDGs 要求
	墙壁（1/21）	未改善墙壁材料（泥土、未经烧制的泥土/砖、木头/竹子、其他）
	过度拥挤（1/21）	房屋内过度拥挤（四个或以上人居住在同一个屋子内）
	通电（1/21）	没有通电
	炊事燃料（1/21）	使用固体炊事燃料（木柴、粪便、农作物边角料、煤等）
	家庭资产（1/21）	拥有以下小资产少于两样：录音机、电视、电熨斗、电话、风扇、缝纫机、椅子、手表、冷风机、自行车；没有大型资产（电冰箱、空调、拖拉机、电脑、摩托车）；没有小汽车

续表

维度	指标（括号内为权重）	剥夺临界条件
生活标准	土地和牲畜（仅考虑农村地区；城镇户视为在该指标上不遭受剥夺）(1/21)	家庭同时在农用耕地和牲畜方面遭受剥夺，条件为： 1. 在农地方面遭受剥夺：家庭非灌溉地少于 2.25 英亩，灌溉地少于 1.125 英亩； 2. 在牲畜方面遭受剥夺：家庭牛少于 2 头，绵羊/山羊少于 3 头，养鸡数量少于 5 只，以及没有可以作为交通工具的牲畜

资料来源：巴基斯坦社会发展部，http://mppn.org/participantes/pakistan/，笔者整理。

第四节 多维减贫对农村构建贫困治理体系的政策启示

一、本章小结

本章简述了常用的一维贫困指标和多维贫困指标的产生和发展过程，并比较了二者的特征差异。由于在政策瞄准方面具有更好的指导意义，多维贫困指标正逐渐被越来越多的国家官方使用。中国在官方层面虽然并没有明确使用多维贫困指数，但 21 世纪以来的减贫目标和具体扶贫措施都包含着相当成分的多维思想。例如 2015 年《关于打赢脱贫攻坚战的决定》中提及的"两不愁、三保障"目标，若经过统计方法量化，就可以形成一个具体的多维贫困指标体系。

二、多维减贫对农村构建贫困治理体系的政策启示

（一）有利于更精确地识别贫困人群

精准扶贫是当前扶贫工作的重中之重，是"好钢用在刀刃上"将有限的财力用在关键群体上的重要环节，也是精准施策的前提。2014 年开展的贫困人口建档立卡工程，便是将"精准"瞄准到户的有效手段。目前阶段，围绕"两不愁、三保障"这一脱贫标准，地方政府用贫困户识别口诀，如"一看房、二看粮、三看有没有读书郎、四看家里有没有病患瘫在床"。事实上，这正是一种多维贫困识别理念。多维贫困识别体系有利于基于发展个体可行能力，检验不同群体能力状态，准确识别那些在发展过程中因自身发展能力不足而陷入贫困状态的个人和家庭，并综合判断这些群体的贫困深度。

(二) 有利于更有目的性地因人施策

精准扶贫更背后的深层次含义是确保准确定位贫困人口，把握贫困程度，摸清致贫原因，由此做到因户施策、因人施策，实现扶真贫、真扶贫。精准扶贫政策开展之前，地方在执行该政策所面临的一个困境是，搜集数据后无法实现对贫困户的精细化分析。而多维贫困指数则可以实现对个体贫困主要致贫原因、群体（如大队、村、镇、县）主要致贫原因、个体贫困深度、群体贫困广度和深度分析、群体贫困差异比较等问题的分析，从而实现有效利用数据而形成更有针对性的分析和施策方向。

(三) 有利于更有效地评估减贫成果

虽然国家统计局主要公布收入或消费贫困人口发生率，但是实际扶贫的工作目标和所转化的成果没有局限在上述层面。精准扶贫时期所产生的贫困群体儿童入学率、新农合参保率的快速提高，安全饮水、卫生厕所覆盖率的显著提升等，便是重要证据。而上述成果也转化为我国提前完成诸多联合国千年发展目标的现实成效。[①] 基于此，沈扬扬等（2017）以"两不愁、三保障"为中心构建多维贫困指标体系，测度了农村多维贫困变动，并发现：中国农村多维贫困程度不断下降。MPI 指数从 1995 年的 0.151 显著下降到 2013 年的 0.019。同期多维贫困发生率从 41.6% 下降到 5.9%。沈和李（Shen and Li, 2022）利用 2013~2018 年数据测算发现，农村多维贫困发生率的年均下降幅度达到了 47.7%。由此可见，使用多维贫困评估体系能够更有效评估综合性减贫成果。

(四) 有利于巩固扎实的扶贫成效

多维贫困的核心理论基础——"可行能力"强调的是发展人的可行能力，也就是实现人在基础性发展过程中的能力提升，如免受饥饿、满足营养需求、接受教育、参与社区社会活动的功能等。一旦提高上述基础性能力的获取性，就相当于为个人的基础及扩展性发展创造了公平的起点。由此可见，基于可行能力内涵的多维贫困在实践工作中具有长远意义，为巩固反贫困成果起到积极作用。其途径是通过赋予贫困人群发展能力，为其创造良好的生存与发展环境，推动这些贫困人口持续向上，形成良性循环，在发展过程中增强其应对风险的能力，降低返贫概率，降低贫困脆弱性，实现真脱贫。

(五) 有利于建立更为国际化的减贫与发展目标

改革开放初期，中国贫困标准很低。经历了改革开放及经济腾飞。2011 年

---

① 外交部与联合国驻华系统共同发布《中国实施千年发展目标报告》 [EB/OL]. https://www.fmprc.gov.cn/ce/cemr/chn/zgyw/t1283856.htm.

以来，国家出台新的贫困标准，不仅从数值上高于世界银行 1.9 美元标准（王萍萍，2016），并且引入了多维理念。可见，我国正不断改进对于贫困界定和救助贫困层面的理解，并在减贫政策制定中承担了更多责任。2015 年，中国从中低收入国家步入中等偏上收入国家行列。2025 年中国有望跻身高收入国家行列。[①] 在这一发展过程中，中国必然需要更为充分地履行大国责任，在保持中国发展特色的同时，开阔国际视野，有效吸收国际发展经验，迎合国际发展目标。例如，可有效将我国减贫目标与 SDGs 发展目标衔接起来，实现"中国作为负责任的发展中大国，以发展为第一要务，将落实可持续发展议程作为履行国际责任的重要方面"[②] 的承诺。

当然，引进和开发多维贫困指标体系，并将其应用于中国实践同样具有一定挑战。例如，合宜维度的选取、指标的选取，权重的选取；如何考虑区域差异问题；从动态上看，是否在未来随着社会发展而进行调整；需要对应的高质量的住户调查信息，现有住户调查还不能完美满足要求；如何看待中国现实背景下多维贫困和收入贫困的关系、多维不平等和多维贫困之间的关系；等等。不难想象，上述问题也同样存在于其他国家引进和开发多维贫困指标体系的探索过程中，同时也在实践过程中不断被完善，从而解决更实际的贫困问题。

本 章 附 录

表 1　　部分国家和地区官方多维贫困指标体系的设置概览

国家和地区	颁布年份	参与部门	主要维度	贫困程度	补充信息
墨西哥	2009	社会政策评估委员会、社会发展部	七大维度：收入；儿童留级；健康服务；社会保障；住房和居住空间；家户基本效用品获取；食物获取	H: 43.6% (2016)	墨西哥政府于 2010 年公布包含收入维度的多维贫困指数，这是该国第一个包含广度深度信息的贫困指数。墨西哥社会政策评估委员会作为独立于政府的第三方机构，对 MPI 进行评估，并将结果反映到社会发展部，后者依照结果履行减贫职责

---

① 王一鸣：2020 年中国基本进入高收入国家行列 [EB/OL]. http://www.guancha.cn/economy/2016_03_20_354435.shtml.

② 中国发布《落实 2030 年可持续发展议程中方立场文件》[EB/OL]. http://www.fmprc.gov.cn/web/wjb_673085/zzjg_673183/gjjjs_674249/xgxw_674251/t1356278.shtml.

续表

国家和地区	颁布年份	参与部门	主要维度	贫困程度	补充信息
不丹	2010	不丹国家统计局	三大维度：健康；教育；生活条件	H：5.8%（2017）	2013年开始，MPI被作为中央和地方政府配置资源投入的重要指标指导扶贫工作，MPI指数拥有45%的权重
哥伦比亚	2011	国家社会发展部	五大维度：教育；儿童和青少年基本状况；工作；健康；公共服务和住房	H：21.9%（2014）H：18.1%（2020）	2011年哥伦比亚总统胡安·曼努埃尔·桑托斯倡议将多维贫困纳入新一轮社会发展规划，通过测算哥伦比亚MPI指数，连同货币贫困信息，作为监测和指导国家公共政策安排的重要参照信息
越南—胡志明市	2014	国家劳工、弱势群体和社会保障部	五大维度：教育；健康；居住环境；信息获取和抗风险能力；居民生活	H：11.35%（2014）	多维贫困在胡志明市的应用，具有政策制定、公共服务传递、贫困家户和个体准确定位的优势，是货币贫困度量方式的有效补充
智利	2015	社会发展部	五大维度：教育；健康；劳工和社会保障；住房和区域环境改善；人际网络和社会融合	H：20.4%（2015）	智利政府于2015年公布MPI，将多维贫困作为收入贫困度量的重要补充。政府希望得到更加完整的家户和个体的社会—经济特征，提高对社会政策的评估精准度
萨尔瓦多	2015	总统府	五大维度：儿童和青少年教育；住房；工作；健康和食品安全；栖息地	H：35.2%（2012）H：33.4%（2017）	萨尔瓦多测算MPI，并用于监测SDG1的进展
越南	2015	越南国家统计局	五大维度：健康；教育；住房；居住标准；信息获取	H：6.7%（2017）	越南统计局每两年开展一次居民住户调查，用于收入与多维贫困的统计
哥斯达黎加	2015	社会和人类发展部，国家统计局	五大维度：教育；健康；住房；就业；社会保障和社会正义	H：21.8%（2015）H：16.6%（2019）	哥斯达黎加富有特色的设计了针对企业雇员的多维贫困指数（Business-MPI，bMPI）

续表

国家和地区	颁布年份	参与部门	主要维度	贫困程度	补充信息
厄瓜多尔	2016	国家统计局、社会发展部、国家计划和发展委员会	四大维度：教育；就业与社会保障；健康、饮水与卫生厕所；住房与健康环境	H：34.6%（2017）	厄瓜多尔的多维贫困指数设计主要来自"美好生活"（Buen Vivir）项目以及"对穷人权益保障"计划
巴基斯坦	2016	社会规划、发展和改革部	三大维度：健康；教育；生活条件	H：38.8%（2014/2015）	巴基斯坦的多维贫困指数立足于G-MPI，保留了三大维度。基于本国实际情况个别指标有所调节
洪都拉斯	2016	政府协调部	四大维度：健康；教育；就业；生活标准	H：57.2%（2016）H：59.6%（2018）	洪都拉斯在构建多维贫困指数过程中，不仅考虑了一般性多维贫困，同时引入对重度（severe）多维贫困的测量
莫桑比克	2016	莫桑比克国家统计局	三大维度：健康；教育；生活条件	H：53%（2014/2015）	莫桑比克为非洲首个公布官方多维贫困指数的国家。设计了三大维度，17个细化指标
亚美尼亚	2016	亚美尼亚国家统计局	五大维度：基本需求；住房；教育；劳动力；健康	H：41.2%（2010）H：29.1%（2015）	亚美尼亚的多维贫困指数是在世界银行的支持下完成。其经济含义是：贫困的本质是多元化的，是一种来源于基本需求的"经济稀缺"（economic scarcity of basic needs）
巴拿马	2017	巴拿马内阁、巴拿马国家统计局	五大维度：教育；住房/基础服务/互联网；环境/社区环境/卫生设施；就业；健康	H：19.1%（2017）	巴拿马的多维贫困是基于巴拿马发展规划为了巴拿马的全部人民：零贫困目标（Panama For All：Zero Poverty）中提出的诸项目标所制定
多米尼加	2017	多美尼亚社会保障部Siuben	四大维度：健康/教育和儿童照料；就业与生计；住房与居住环境；数字信息差距与社会融合度	H：35.6%（2017）	多米尼加共和国多维贫困指数由副总统于2017年6月正式公布，其中，数字信息、社会歧视和社会参与三类指标的设计具有创新性

续表

国家和地区	颁布年份	参与部门	主要维度	贫困程度	补充信息
尼泊尔	2017	尼泊尔国家计划委员会	三大维度：健康；教育；生活标准	H：28.6%（2014） H：17.4%（2021）	在2017年指标体系基础上，2021年尼泊尔对多维贫困指标体系进行了更新与替换
尼日利亚	2018	尼日利亚国家统计局	四大维度：教育；健康；居住条件；失业	仅提供了各区域多维贫困程度，没有全国结果	尼日利亚国家统计局在UNDP的支持下测算了本国的MPI指数
菲律宾	2018	菲律宾国家统计局	四大维度：教育；健康和营养；住房/饮水/厕所；就业	H：30.6%（2008） H：17.3%（2017）	菲律宾政府将多维贫困作为《菲律宾发展规划（2011~2016）》中反贫困战略的重要构成
卢旺达	2018	卢旺达国家统计局	四大维度：教育；住房；公共服务；社会服务和经济活动	H：29%（2016/2017）	卢旺达多维贫困测算来源于其家庭住户一体化调查，并以统计报告形式发布
危地马拉	2019	社会发展部	五大维度：健康、食物和营养安全；教育；体面就业；公共服务获取；住房	H：61.6%（2014）	2017年危地马拉政府宣布正式开展国家层面上的多维贫困指数的研发工作，并于2019年正式发布国家多维贫困指数
阿富汗	2019	阿富汗国家统计局（ASIA）	五大维度：健康；教育；生活条件；工作；抗冲击能力等	H：51.7%（2016~2017）	阿富汗的多维贫困同时还能够用于进行儿童的专题分析
塞拉利昂	2019	国家计划与经济发展部、塞拉利昂国家统计局	五大维度：教育、健康、住房、生活条件、能源	H：64.8%（2019）	塞拉利昂设计的"能源"指标中包含了互联网获取、安全炊事燃料使用以及电力获取，具有创新性
安哥拉	2020	安哥拉国家统计局	四大维度：健康；教育；生活质量；就业	H：54%（2015~2016）	安哥拉多维贫困指数是在UNDP和OPHI联合协助下完成；除了全国多维贫困，安哥拉还在2019年先行公布了市级层面的多维贫困指数

续表

国家和地区	颁布年份	参与部门	主要维度	贫困程度	补充信息
塞舌尔	2020	国家减贫办公室；社会保障部	四大维度：教育；健康；就业；社会保障	H：11.88%（2019）	塞舌尔是典型的居民拥有较高收入但国土面积有限的小国，其减贫目标与多数国家不同。其富有创新性地在指标体系中引入了包括超重、药物滥用和犯罪等指标，也可用于评估社会公共政策执行成效
马尔代夫	2020	马尔代夫国家统计局	三大维度：健康；教育；生活条件	H：28%（2016）	马尔代夫国家统计局在UNDP和OPHI的支持下测算了本国的MPI指数
巴勒斯坦	2020	巴勒斯坦国家统计局	六大维度：教育；健康；就业；居住条件与公共服务获取；安全和财产；个人自由；收入贫困	H：24%（2016/2017）	巴勒斯坦MPI由西亚经济委员会（ESCWA）和OPHI联合支持，官方MPI考虑了两个范围：经济福祉和社会福祉。前者由货币贫困来评估
加纳	2020	加纳国家统计局	三大维度：健康；教育；生活条件	H：46%（2017）	加纳统计局得到了UNDP、GIZ和OPHI的联合支持。国家MPI使用加纳生活水平调查（GLSS）2016/2017年以及2011年和2018年加纳多指标类集调查（MICS）计算得到
巴拉圭	2021	巴拉圭国家统计局、扶贫技术委员会	四大维度：就业和社会安全；住房和公共服务；健康与环境；教育	H：29.4%（2020）	巴拉圭MPI主要发布目的是用于监测减贫成果
纳米比亚	2021	纳米比亚国家统计局	三大维度：健康；教育；生活条件	H：43.3%（2016）	纳米比亚将MPI作为一个战略工具，为预算编制和决策提供信息，以及为SDG1监测提供数据结果
马拉维	2021	马拉维国家统计局、经济发展部、国家发展计划步	四大维度：健康与人口；教育；环境；就业	H：61.7%（2019/2020）	马拉维的MPI用途有两个：一是为确保实现"马拉维2063国家愿景"服务；二是监测SOG1进展

续表

国家	颁布年份	参与部门	主要维度	贫困程度	补充信息
斯里兰卡	2021	斯里兰卡国家统计局、经济政策制定与计划委员会	三大维度：健康；教育；生活条件	H：16.0%（2019）	在OPHI和UNICEF的支持下，斯里兰卡除了测算全国MPI，还专门测度了儿童MPI。是世界上第一个应用"抽屉法"（drawer-apprach）测算儿童多维贫困的国家。在指标体系设置上，针对0~4岁儿童发展需求，涵盖了儿童营养不良和儿童早期发展的相关信息
印度（安得拉邦）	2021	安得拉邦政府	三大维度：健康；教育；生活条件	H：21%（2016~2017） H：25.1%（2021）	为衡量多部门减贫政策的有效性和跟SDG1.2的进展情况提供基础

注：H为多维贫困发生率。
资料来源：笔者根据相关信息整理。

第三章 多维贫困的测度方法

AF 方法是贯穿本书的多维贫困测算主要研究方法。该方法的理论根源为诺贝尔经济学奖获得者阿玛蒂亚·森于 20 世纪提出的"可行能力理论"。回顾本书第二章内容可知,"可行能力"由一系列功能构成,如免受饥饿、疾病的功能、满足营养需求、接受教育、参与社区社会活动的功能等。按照森的观点,上述可行能力的丧失是贫困产生的根源或原因。在如何测算多维贫困方面,一个可行的方式是构建多维贫困测度指数。但多维贫困指数的构建依赖于微观数据的发展,同时依赖于测算方法的创新。2008 年,可用于微观数据多维计算的 AF 方法被研发出来;2010 年,联合国《人类发展报告》将基于 AF 方法测算的 MPI 作为贫困度量的新指标。至此之后,很多国际结构、政府和学者将 AF 方法作为多维贫困的基础性方法。本章将对 AF 方法及其跨期分解方式进行介绍。

第一节 MPI 测算方法:AF 方法

一、AF 方法简介

假设社会中有 n 个个体,个体 i 福利状况可由 d 个指标度量,个体 i 在每个指标 j 上的取值可由 x_{ij} 表达。其中,$x_{ij} \in \mathbb{R}$,$i=1$,…,n,$j=1$,…,d。令 $n \times d$ 矩阵 X 表达 n 个个体在 d 个指标上的取值集合。其中,矩阵中的行代表个人,列代表指标。

$$X = \begin{bmatrix} x_{11} & \cdots & x_{1d} \\ \vdots & \ddots & \vdots \\ x_{n1} & \cdots & x_{nd} \end{bmatrix} \quad (3-1)$$

AF 方法是一种计数方法,识别贫困群体依托于两个临界值:z 临界值和 k 临界值。z 临界值类似于贫困线,用于确定个体在特定指标上是否遭受剥夺。令向量 z 表示剥夺临界值集合($z_j > 0$),有

$$z = [z_1 \quad \cdots \quad z_d] \tag{3-2}$$

g_{ij} 作为个体 i 在指标 j 上的未达标状态，则如果个体 i 在指标 j 上的取值低于临界值 z_j，识别其在指标 j 上遭受剥夺，有 $g_{ij}=1$；反之，视为个体在特定指标上未遭受剥夺，即 $g_{ij}=0$。k 临界值通过比较个体在所有指标上的剥夺程度（即"加权剥夺得分"概念）与 k 临界值的关系，确定个体是否陷入多维贫困。如果个体加权剥夺得分高于 k 临界值，则被判定为多维贫困。考虑各剥夺指标的相对重要性，计算个体剥夺得分前首先要引入权数向量 z。

$$z = [w_1 \quad \cdots \quad w_d] \tag{3-3}$$

令指标 j 权重为 w_j（$0<w_j<1$），有 $\sum_{j=1}^{d} w_j = 1$，通过将权重作用到个体 i 对应的各个指标完成赋权过程。需要指出的是，全球 MPI 指数选取了等权重方式，先以等权重形式为选取的维度赋权。之后，加总个体 i 在所有 d 个指标上的加权分数，得到个体 i 的加权剥夺总分 c_i，$c_i \in [0, 1]$，$c_i = \sum_{j=1}^{d} w_j g_{ij}$，通过比较 c_i 与 k 临界值（$k \in (0, 1]$）的关系确定个体的多维贫困状态：若 $c_i \geq k$，个体遭受程度超过容忍范围，个体 i 被视为多维贫困；反之，结论相反。

基于上述信息得到多维贫困指数——M_0。简单来讲，在特定 k 临界值下，依据聚焦定理可得到贫困人口剥夺分数向量 $c(k)$。多维贫困框架实际包括两类聚焦公理：其一与剥夺指标相关，意指被判定为非剥夺的福利改善不会影响贫困测度结果；其二与贫困人群相关，意指任意非贫困人群的福利改善不会影响贫困测度结果（Bourguignon，2002；Alkire and Foster，2011）。当 $c_i \geq k$，有 $c_i(k) = c_i$；当 $c_i < k$，则 $c_i(k) = 0$。于是，M_0 等于贫困人群的剥夺分数均值，或在全部人口在全部可能剥夺维度上遭受剥夺的假定条件下，贫困人群剥夺分数占比为：

$$M_0 = \frac{1}{n} \sum_{j=1}^{d} c_i(k) \tag{3-4}$$

M_0 还可以被拆分为贫困广度和深度，表达式为：

$$M_0 = \frac{q}{n} \times \frac{1}{q} \sum_{j=1}^{d} c_i(k) = H \times A \tag{3-5}$$

其中，q 是贫困人口数量，H 为多维贫困发生率，A 为多维贫困人群平均未达标程度。由于 H 或 A 变动均会改变困指数 M_0，对 H、A 和 M_0 的观测同样重要。有学者经过公式的进一步推导，发现 M_0 的变动可以被表示为：$\Delta M_0 = \Delta H + \Delta A + \Delta H \times \Delta A$（Apablaza and Yalonetzky，2013）。

AF 多维贫困指数可以实现子维度的分解，给出各项指标的剥夺程度，通过分析各项指标的差异性，回答贫困人口因何贫困、如何改善的问题。对各项指标剥夺情况，可以做两类分析：一是不考虑门槛 k，计算全体居民在各项指标的剥夺程度；二是考虑门槛 k，假设非多维贫困人群在全部指标上达标，只考虑多维贫困人群的剥夺状态，以剥夺发生率表示，计算方法如下：

无门槛的剥夺发生率：

$$h_j = \frac{\sum_i g_{ij}}{n} \times 100\% \qquad (3-6)$$

有门槛的剥夺发生率：

$$h_j^{Censored} = \frac{\sum_i (g_{ij} \cdot I(c_i \geq k))}{n} \times 100\% \qquad (3-7)$$

其中，$I(\cdot)$ 是一个门槛函数，当括号内条件为真时取值为 1，否则取值为 0。添加一个门槛，不满足条件 $c_i \geq k$ 的 g_{ij} 将会被转变为 0。因而，有门槛的剥夺发生率一般会低于无门槛的剥夺发生率。

二、AF 方法在中国的应用

对我国来讲，学者们自 20 世纪 90 年代开始探索贫困的多维特性。例如，吴国宝（1997）从农户受教育程度、家庭财产、热量摄取、生活饮水、住房条件、健康状况、时间利用和社会联系等方面研究了穷人的多维特征。李小云等（2005）构建了包括生产、生活、卫生教育状况等 8 个指标的参与式贫困指数。上述研究是我国多维贫困领域的探索先锋，但构建体系采用的是宏观汇总数据而非个人微观数据，没能实现细致到人的微观分析。2010 年开始，随着国际上多维贫困微观分析方法的日趋成熟，以及"两不愁、三保障"的提出，学者们逐步认可多维贫困的分析方式，如郭建宇、吴国宝（2012）提出多维贫困可以更好地反映中国农村贫困的多元性。张立冬（2017）建议将农村扶贫瞄准方式调整为收入、教育、健康、生活水平和资产"五位一体"的多维贫困，注重对农村贫困人口的能力开发。邹薇、方迎风（2012）对国际上流行的几种多维贫困指数做了综述性比较，并指出以 FGT 方法为基础的多维贫困指数解释力最强，同时指出要格外重视维度选取和权重设定。与既有文献比较，多数中国研究者采用了 AF 多维贫困测算方法，主要研究贡献包括：发现中国多维贫困程度跨期下降（高艳云，2012）、多维贫困具有显著的区域差别（王小林和 Alkire，2009；冯怡琳和邸建亮，2017）和人群特征差别（郭熙保和周强，2016）、多维贫困与收入贫困的错位关系逐渐增强（Wang et al.，2016；Alkire and Shen，2017；侯亚景和周云波，2017）、维度选取和权重设定影响多维贫困结果（郭建宇和吴国宝，2012）、公共服务政策显著影响多维贫困程度（王曦璟和高艳云，2017；张立冬，2017），且我国农村多维贫困的持续降低主要来自教育和医疗公共服务要素的改善（张全红等，2017）。此外，还有一些学者研究了特殊群体和特殊地域的多维贫困。例如刘小珉（2017）对少数民族多维贫困做了分析；郑长德、单德朋

(2016) 测算了集中连片特困地区 663 个贫困县的多维贫困程度，提出经济增长涓滴效应无法匹配连片特困区特殊性减贫需求。

第二节 多维贫困跨期变动的分解式：Shapley 分解法及其拓展[①]

"贫困三角"的基本假定是，结合收入分布的跨期变动，可以将收入贫困的变动分解为增长效应和差距效应（Bourguignon，2004）。其中，增长效应可以被理解为收入变量离中趋势（即洛伦兹曲线形态）不变条件下的均值变化，差距效应是保持均值不变的情况下，离中趋势变动造成的。通过研究，一些学者发现我国农村居民收入增长有利于减少收入贫困，但收入差距的扩大则抵消了部分减贫成效（林伯强，2003；万广华和张茵，2006；沈扬扬，2012）。

考虑到既有"贫困三角"分解工具仅适合单一维度连续变量（如收入），尚未出现多维贫困领域的分析。本书尝试应用 Shapley 值分解思路（Shorrocks，2013），基于多维贫困—增长—不平等框架建立新的多维贫困分解模型，借鉴上述思路，将"贫困三角"分析思路应用于多维贫困框架。结合夏普里值分解思路和 AF 方法的"双重门槛"的决定机制，可以推断出多维贫困的跨期变动同时取决于（多维贫困体系中）各个指标本身的均值和差距跨期变动，以及各个指标之间均值和差距的变动关系。结合前述逻辑，以下为具体分析策略。

一、离散变量的连续化

无论是连续型变量还是离散型变量，跨期变动都可以理解为两个部分变动：一是结构不变的前提下整体平均水平上升，本书将其界定为"均值变化"；二是平均水平不变前提下的结构改变，本书将其界定为"结构变化"。

对连续型变量而言，"均值变化"表现为整体水平按等比例扩大或缩小，而离散型变量存在上界和下界，等比例扩大或缩小在实际操作上很难。因此，将离散变量的"平均变动"界定为每个个体以相同概率同方向变化一个单位。离散型变量的"结构变化"仍然界定为平均水平不变时分布结构的变化，其中不仅包括统计意义上各个取值频率占比的变化，而且包括各个取值在不同人群中分布特征的变化。

本书将离散型变量各个类别取值分别设定为自然数，若是有序离散变量，则

[①] 本部分的模型分析主要来源于笔者与合作者刚发表的论文《"共同富裕"视角下的中国农村多维贫困——来自 CHIP2013 – 2018 的证据》，载于《经济科学》2022 年第 3 期。

将最差的类别定义为0，其他取值逐一增加；若是无序离散变量，则转化为多个虚拟变量，基准类别取值为0，其他类别分别取值为1。离散型变量的"平均值"界定为这些取值的算术平均数。① 定义多分类离散型变量的平均水平为：

$$\bar{X}_t = \sum_i w_{t,i} X_i \qquad (3-8)$$

其中，X_i 表示第 i 个类别的类别序号，数值越大，表示该变量反映的状况越好（例如受教育程度越高）；$w_{t,i}$ 表示第 t 时期第 i 个类别的个体占比，并且 $\sum_i w_i = 1$。

对于离散变量的"均值变化"和"结构变化"，首先以二分类变量为例进行说明。从汇总的统计数据看，二分类变量的均值变化与结构变化是完全相辅相成的。但是，在均值变化中存在哪些人会发生变化、哪些人不发生变化的问题，这其中也包含了结构性的变化，例如更多穷人的单维度取值从 0 变为 1，与更多富人发生相同变化，这两种情形下虽然平均水平可以不变，但被剥夺比例会存在较大差异（见图3-1）。在这里，后者差异的来源也被理解为平均水平变化之外的结构变化部分。多分类变量的情形类似。②

针对更一般的离散变量，特定维度下"平均水平"的增加主要表现为：$\bar{X}$ 增加，结构不变。不过，由于离散变量一般存在上下界，$\bar{X}$ 的增加不可避免地伴随着一些结构性变化。为了尽可能控制结构性变化的影响，我们把"平均水平"的增加界定为：所有能够变得更好的个体，都以相同概率从一个较差的分类转为较好的分类，使得平均水平从 $\bar{X}_0$ 增加为 $\bar{X}_1$。为了在数量上实现这个过程，我们借助蒙特卡罗模拟方法，随机抽选固定比例的样本，使其在特定维度的取值从"较差的分类转为较好的分类"，然后计算单次模拟下的统计量。这个过程重复 n 次，取 n 次模拟的平均值作为"平均水平增加"的取值。

---

① 这样可以尽可能保证离散型变量的平均水平及其变动存在的实际意义。对于有序离散型变量，"直接计算不同类别取值的算术平均数"实际上假定了不同类别之间的差异相同。当改变为另一种分类方式时，结果可能会发生变化。为了保证评估结果不受分类方式的改变而改变，不同时期相同变量的口径、分类方式必须相同。经过我们的计算测试，改变部分有序离散型变量的分类方式对最终结果的影响很小。由于篇幅限制，本书没有报告相关结果。有兴趣的读者可以直接与作者交流。

② 另一个三分类变量的例子：假定某变量的取值分别为 1、2、3。第 0 期的个体比例分布为 0.98、0.01、0.01，平均水平为 1.03；第 1 期的个体比例分布为 0.01、0.96、0.03，平均水平为 2.02。此时，第 0 期分布、第 1 期平均水平的个体比例反事实分布为 0、0.98、0.02，平均水平为 2.02。第 1 期实际结果与反事实结果的差异，主要体现在第 1 个和第 3 个分类的比例略高，即在整体水平增加 0.99 的同时，不平等程度有所增强。第 1 期分布、第 0 期平均水平的反事实个体分布比例类似。根据这些结果，可以推算平均水平变动和结构变动分别对单维度被剥夺状况的贡献。这只是从总体比例变化观察"整体水平的增加"和"其他部分"。在总体比例变化的同时，哪些群体发生状态改变，或者说不同群体状态改变的概率差异，也反映了结构性变动的特征。由于不同群体状态改变概率的差异性影响，必须通过蒙特卡罗方法重复模拟，以获取整体水平变动的平均影响。

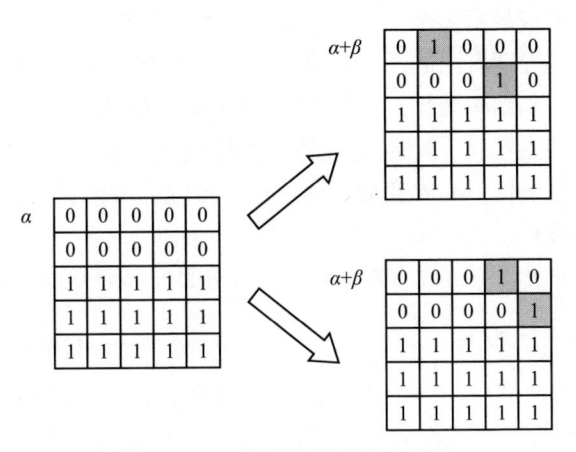

图 3 – 1　二分类变量的状态变化

二、Shapley 分解方法的拓展

根据 Shapley 分解思路，可以将单个指标的变动分解为式（3 - 9）：

$$f_1(X^1) - f_0(X^0) = \frac{1}{2}[(f_1(X^1) - f_0(X^1)) + (f_1(X^0) - f_0(X^0))]$$
$$+ \frac{1}{2}[(f_1(X^1) - f_1(X^0)) + (f_0(X^1) - f_0(X^0))] \quad (3-9)$$

其中，$f_0(X^0)$ 表示第 0 时期分布和第 0 时期平均水平下某统计指标的输出值，$f_1(X^1)$ 表示第 1 时期分布和第 1 时期平均水平下某统计指标的输出值，$f_0(X^1)$ 表示第 0 时期分布对应第 1 时期平均水平的反事实结果，$f_1(X^0)$ 表示第 1 时期分布对应第 0 时期平均水平的反事实结果。获得后面两个反事实结果是实现 Shapley 分解的关键。式（3 - 9）中，右侧 $f_1(X^1) - f_0(X^1)$ 和 $f_1(X^0) - f_0(X^0)$ 表示平均水平相同、结构不同时统计指标的差异，因而第一个部分被界定为"结构变化"的部分；类似地，第二个部分仅包含平均水平的差异，被界定为"均值变动"的部分。

对于连续型变量，$f_0(X^1)$ 可以在 $f_0(X^0)$ 基础上所有个体等比例变化 $\overline{X^1}/\overline{X^0}$ 得到；$f_1(X^0)$ 可以在 $f_1(X^1)$ 基础上所有个体等比例变化 $\overline{X^0}/\overline{X^1}$ 得到。离散型变量的平均水平变动不同于 Shapley 分解的常规做法，需要进行扩展。根据蒙特卡罗随机过程重复试验得到各种反事实分布，即反事实的 $f_0(X^1)$ 和 $f_1(X^0)$，进而得到相应的分解结果。由于涉及蒙特卡罗随机过程，结果可能存在误差。不过根据稳健性检验部分的测试，这种处理方法带来的误差很小，不会影响整体性结论。

由于多维贫困指数由多个指标未达标状况综合计算得到，单个指标的均值变化和结构变化仅能发挥有限的作用，剩余部分将来自其他指标的影响。为了估算单个指标均值变化和结构变化对整体 MPI 的影响，延续 Shapley 分解思路。不同之处在于，分解结果包含三个部分：MPI 整体变化 = 指标 i 的结构变化 + 指标 i 的均值变化 + 其他指标引起的变动。由于识别单纯的结构变化比较困难，需要通过两次分解分别得到：

分解 1（MPI 变动中指标 i 平均水平变动引起的部分和剩余部分）：

$$MPI_1 - MPI_0 = \frac{1}{2}[(MPI_1 - MPI_{\text{指标}i\text{为}0\text{期平均水平},1\text{期数据和结构}})$$
$$+ (MPI_{0\text{期数据和结构},\text{指标}i\text{为}1\text{期平均水平}} - MPI_0)] + r_1 \quad (3-10)$$

分解 2（MPI 变动中指标 i 平均水平 + 结构变化引起的部分和剩余部分）：

$$MPI_1 - MPI_0 = \frac{1}{2}[(MPI_1 - MPI_{\text{指标}i\text{为}0\text{期平均水平和结构},1\text{期数据}})$$
$$+ (MPI_{0\text{期数据},\text{指标}i\text{为}1\text{期平均水平和结构}} - MPI_0)] + r_2 \quad (3-11)$$

其中，$MPI_{\text{指标}i\text{为}0\text{期平均水平},1\text{期数据和结构}}$ 是将 1 期数据进行反事实模拟，调整其中指标 i 的平均水平为第 0 期水平；$MPI_{\text{指标}i\text{为}0\text{期数据和结构},1\text{期平均水平}}$ 表示调整第 0 期数据，使其维度 i 的平均水平为第 1 期水平。类似地，$MPI_{\text{指标}i\text{为}0\text{期平均水平和结构},1\text{期数据}}$ 和 $MPI_{0\text{期数据},\text{指标}i\text{为}1\text{期平均水平和结构}}$ 分别表示同时调整平均水平和结构得到的结果。

结合式（3-11），令

$$Con_1 = \frac{1}{2}[(MPI_1 - MPI_{\text{指标}i\text{为}0\text{期平均水平},1\text{期数据和结构}})$$
$$+ (MPI_{0\text{期数据和结构},\text{指标}i\text{为}1\text{期平均水平}} - MPI_0)] \quad (3-12)$$

表示指标 i 的平均水平变动的贡献，

$$Con_2 = \frac{1}{2}[(MPI_1 - MPI_{\text{指标}i\text{为}0\text{期平均水平和结构},1\text{期数据}})$$
$$+ (MPI_{0\text{期数据},\text{指标}i\text{为}1\text{期平均水平和结构}} - MPI_0)] \quad (3-13)$$

表示指标 i 的平均水平变动和结构变化的共同贡献，因而 $Con_2 - Con_1$ 表示指标 i 的结构变化的贡献。式（3-13）可以转换为：

$$MPI_1 - MPI_0 = \frac{1}{2}[(MPI_1 - MPI_{\text{指标}i\text{为}0\text{期平均水平},1\text{期数据和结构}})$$
$$+ (MPI_{0\text{期数据和结构},\text{指标}i\text{为}1\text{期平均水平}} - MPI_0)]$$
$$+ \left\{\frac{1}{2}[(MPI_1 - MPI_{\text{指标}i\text{为}0\text{期平均水平和结构},1\text{期数据}})\right.$$
$$+ (MPI_{0\text{期数据},\text{指标}i\text{为}1\text{期平均水平和结构}} - MPI_0)]$$
$$\left. - \frac{1}{2}[(MPI_1 - MPI_{\text{指标}i\text{为}0\text{期平均水平},1\text{期数据和结构}})\right.$$

$$+\left(MPI_{0\text{期数据和结构},指标i为1期平均水平} - MPI_0\right)]\}$$

$$+\frac{1}{2}[\left(MPI_1 - MPI_{0\text{期数据},指标i为期平均水平和结构}\right)$$

$$+\left(MPI_{指标i为0期平均水平和结构,1期数据} - MPI_0\right)]$$

$$= Con_1 + (Con_2 - Con_1) + rest \tag{3-14}$$

其中，rest 被定义为"余量"，主要来自其他因素或因素之间的交叉关系。由于 M_0 指标由多个指标综合得出，单个指标分布变动对整体 M_0 的贡献依赖于其他指标的分布特征。当其他指标分布发生变化时，某特定指标贡献可能发生变化。

第三节　AF 方法下的应用：全球多维贫困指标体系

一、全球多维贫困指标体系

作为综合性统计指标，多维贫困指数的测算过程可以通过多个途径，包括因子分析法、层次分析法等。不过，在扶贫实践领域，应用最多的是 AF 多维贫困测算方法；影响最广的多维贫困指标体系是由牛津大学贫困与人类发展研究中心（OPHI）与联合国开发计划署（UNDP）所提出的多维贫困指数（MPI）。其中，全球多维贫困指数（Global MPI, G-MPI）是牛津大学构建的一套衡量全球欠发达国家和发展中国家多维贫困程度的指标体系。该指标体系包括三大维度，分别是教育、健康和生活标准，下设十个指标，如表 3-1 所示。

表 3-1　全球 MPI 指数的标准维度、指标和剥夺临界值

维度	指标	剥夺临界值	权重
教育（1/3）	受教育年限	家庭中不在校成员接受教育年限均不足五年或没有达到小学文化水平	1/6
	儿童入学	介于 7~15 岁之间的学龄儿童没有在上学	1/6
健康（1/3）	儿童死亡率	家庭中至少有一个儿童死亡	1/6
	营养	家庭中至少有一个 70 岁以下成员营养不良	1/6
生活标准（1/3）	电力	家庭中不通电	1/18
	厕所	家庭成员使用公共厕所（无论室内或室外，水冲或旱厕）	1/18
	饮用水	家庭成员无法饮用安全饮用水（安全饮水包括安全井水/泉水、自来水、矿泉水/过滤或纯净水等）	1/18

续表

维度	指标	剥夺临界值	权重
生活标准 (1/3)	炊事燃料	家庭以动物粪便、木头或木炭作为炊事燃料	1/18
	地面材料	家庭以泥土或动物粪便为主要地面材料	1/18
	资产	家庭没有车且只拥有少于一样如下资产：电视、手机、电动自行车、摩托车和冰箱	1/18

资料来源：http://www.ophi.org.uk。

二、全球多维贫困指数的测算

在数据方面，研究多维贫困较好的数据是微观数据。回顾多维贫困研究的历程，较早阶段的贫困和发展指数更多是宏观层面的，例如，联合国开发计划署（UNDP）先后于1990年、1997年发布了HDI指数[1]和HPI指数[2]，用于测度各国的多维度贫困程度（UNDP，1990；UNDP，1997）[3]。伴随技术进步，微观数据搜集成本降低，富含丰富信息的微观数据成为贫困测算领域的新贵。同时，因人而异、因户而异的贫困状态属性也决定了具体到个体和家户层面的微观数据是贫困研究的良好选择。

结合"可行能力理论"（Sen，1985），多维贫困重点关注对与个体发展相关的指标和维度。例如，个体受教育程度、个体健康状况、家庭居住环境、家庭资产、社区基础设施条件等。相对地，对收入信息及其准确性的要求不高。理由是如果将贫困归因于必要发展集合的匮乏，利用非收入维度的信息亦可以实现贫困的测度。这条性质降低了对收入准确性的要求，但也提高了对其他信息获取的精

---

[1] 人类发展指数（HDI）主要涵盖了长寿且健康的生活、教育及体面生活、尊严三个维度的问题。这一指数建立在"人类发展"概念基础上，将人类发展视角定义为"一个有关个人福祉、社会安排以及政策设计和评估的规范性框架"。

[2] 森本人对HDI指数给出了较高评价，但同时指出除HDI三个维度外，赋权、公共治理、环境、人权等同样是人类可行能力的必要组成部分（Sen，1985；Sen，1999；Alkire，2002；Fukuda-Parr and Kumar，2003；Ranis et al.，2006）。后期，森进一步提出"能力贫困"概念，提出贫困产生的根源在于能力——由一系列功能构成，包括免于饥饿、免于疾病、接受教育的功能——的匮乏。在森的倡导下，UNDP于1997年推出人类贫困指数（HPI），该指数在HDI三个维度的基础上，兼顾了参与、社会包容等其他方面的剥夺（UNDP，1997）。

[3] 1997年，UNDP（1997）还根据贫困的最近研究成果，提出了人文贫困（human poverty）这一全新概念，并指出所谓人文贫困，主要包括收入贫困、权利贫困、人力贫困和知识贫困。其中，收入贫困指最低收入和支出水平的贫困；权利贫困指缺少本应享有的公民权、政治权、文化权和基本人权；人力贫困是指缺乏基本的人类能力，包括识字水平、足够营养、预防疾病、健康长寿等；知识贫困是指获取、交流、创造和信息能力的匮乏。

度要求（如营养指标往往需要实际对个体做身高体重测量）。

在数据获取的周期上，考虑到贫困的缓解及其变动过程不是一蹴而就的，且很多与个人和家庭状态相关的变量其变动过程也比较缓慢，年度数据即可基本满足基本分析需求。从数据形式上看，截面数据（cross-sectional data）可以实现对多维贫困的状态分析，面板数据（panel data）的优势是能够跟踪群体贫困状态变动，辅以额外变量挖掘出致贫要素的因果机制。

第四章 全球多维贫困指数框架下的中国多维贫困[①]

本章是全书定量分析的总起，主要通过以国际可比的全球多维贫困指标体系（G-MPI）来测算中国整体性多维贫困程度。在指标和权重的选择上，本章严格参照全球可比的多维贫困指标选取方法，并辅助以稳健性检验，规避了指标、维度、权重选取科学性不足的问题。在满足稳健性的前提下，我们将研究扩展到全国，并讨论了城乡之间、不同地区、不同社会特征群体在不同指标上多维贫困的差异，得到了一些具有政策含义和价值的结论。

本章主要使用中国家庭追踪调查（China family panel studies，CFPS）2010~2014年数据，依据全球 MPI 标准，测算并分析中国整体性多维贫困状况。研究发现，中国整体性多维贫困程度并不高，并且随着时间的推移呈现下降趋势；区域发展不平衡对多维贫困有着显著的影响；贫困人群普遍在健康、教育等方面遭受了剥夺，但细化到各群组，指标贡献度各有差异；经济贫困与多维贫困的交叠程度呈跨期递减趋势。总体而言，中国政府采取的以发展为中心的扶贫政策在实践中取得了显著的成效，贫困人口的发展能力得到了显著提升，这构成了中国在减贫领域取得巨大成就的一条重要经验。

第一节 所用数据和多维贫困指标

一、本章所用数据

本章所用数据为 CFPS 2010 年、2012 年和 2014 年的三轮追踪数据。其调查样本覆盖了全国 25 个省份（不包括新疆、青海、内蒙古、宁夏、西藏、海南、香港、澳门和台湾地区），所覆盖区域占全国总人口的 95%，其加权样本具有全

[①] 本章部分内容来源于笔者合著文章：沈扬扬，Sabina Alkire，詹鹏. 中国多维贫困的测度与分解[J]. 南开经济研究，2018（5）.

国代表性。其中，2010 年、2012 年和 2014 年符合多维贫困研究条件的样本量分别为 42251 人、43683 人和 44514 人。没有使用最新年份数据的主要原因是 CFPS2016 年全样本中只有 60% 的子样本具有全国代表性，从而限制了本书对区域性、人群性的细化分析；此外，2016 年和 2018 年追踪数据删除了有关卫生厕所等相关问题，导致后期多维贫困信息不连续。

需要说明的是，CFPS 2012 年和 2014 年数据将家庭成员分为两类："基因成员"是 2010 年接受调查的初始人员及其下一代（例如新生婴儿、收养儿童）；"核心成员"则是与基因成员一起生活，并在随后几年与基因成员结婚有血缘关系的人。当核心成员不再与基因成员一起生活便不再被跟踪。由于 CFPS 2012 年和 2014 年数据提供了基因成员的个人权数，但没有给出核心家庭成员权数（谢宇等，2014），这部分人口规模达到两千多，考虑到核心成员特征属性影响 MPI 的测算结果，笔者与 UNDP 的专业人员反复讨论，确定了重新赋权方式[①]，将核心成员纳入考察范围。这种处理方式一方面提高了 2012 年和 2014 年测算多维贫困过程中的样本使用率，并保障了不同年份具有全国代表性[②]，使三个年份测算数据跨期可比。

二、本章构建的中国多维贫困指标体系

本章构建的多维贫困测度体系主要参照 G-MPI。如前所述，使用这一指标体系得到的结果具有国际可比性，这是本章采用的中国多维贫困指标体系的最大优势。在此，我们严格参照 UNDP 和牛津大学公布的全球多维贫困指数（G-MPI）的测算标准和测算步骤，选取三大维度——教育、健康和生活标准，下设十个指标（见表 4-1）。在个体多维贫困的判定中，选取贫困临界值 $k=1/3$，即一个人未达标得分等于或超过 1/3，被视为处于多维贫困状态。例如，一个人分别在受教育年限、儿童入学、营养和炊事燃料上不达标，总得分为 $1/6 + 1/6 + 1/6 + 1/18 = 5/9$。由于 5/9 大于 1/3，即可判断个体陷于多维贫困。需要说明的是，对比全球 MPI，指标体系有两处调整：未纳入"地面材料"变量，以及调整了部分指标剥夺阈值。还需要说明的是，在 k 值和 z 值的选取上，参照国际标准，令测算结果具备国际可比性（Alkire and Shen，2017）。当然，从实践

[①] 赋权数过程综合考虑了样本性别、年龄、城乡和省份分布信息。在此一并感谢联合国开发计划署的西西莉亚·卡德龙（Cecilia Calderon）帮助完成重新赋权数过程。以 2012 年为例通过重新赋权数，我们得到了 13 亿人口代表量。与 2012 年 13.5 亿的人口总量相比，重新赋权更接近实际（仅考虑基因成员权数，样本数据具有 12 亿人口的代表总量）。

[②] 重新赋权后的结果在人口总规模、性别比例、省份分布、年龄结构等方面具有全国可比性，保证了不同年份 CFPS 数据的全国代表性。

角度，不同国家根据现实中的反贫困目标，会量体裁衣地制定本国的多维贫困方案。例如，哥伦比亚设定了包括教育、儿童和青少年基本发展状况，工作和就业，健康、公共服务和住房，共计五大维度，设权方式是维度间等权重、维度内指标等权重的方法；越南的胡志明市在国际标准基础上额外增加了信息获取和抗风险能力、居民的基本物质需求和精神需求等维度。而另一些国家，如尼泊尔等国家，则完全参照国际指标（详见第二章内容）。

表 4-1　　　　　　中国 MPI 的维度、指标、权重和剥夺临界值

维度	指数	z 临界值（被剥夺阈值）	权重
教育	受教育年限	家庭中 10 岁及以上成员接受教育年限均不足五年	1/6
	儿童入学	介于 7~15 岁之间的学龄儿童没有在上学	1/6
健康	儿童死亡率	家庭中至少有一个儿童死亡	1/6
	营养	家庭中至少有一个 70 岁以下成员营养不良	1/6
生活水平	电力	家庭中不通电	1/15
	厕所	家庭成员使用公共厕所	1/15
	饮用水	家庭成员无法饮用安全饮用水	1/15
	炊事燃料	家庭以动物粪便、木头或木炭作为炊事燃料	1/15
	资产	家庭没有车且只拥有少于一样如下资产：电视、手机、电动自行车、摩托车和冰箱	1/15

注：CFPS 2010 年没有关于冰箱或交通车辆的数据。

第二节　中国多维贫困的整体状况及跨期变动

一、我国多维贫困状况及其跨期动态变动

表 4-2 给出了 G-MPI 体系下的中国多维贫困程度。以全球多维贫困的标准来看，中国的多维贫困程度并不高。参照 2017 年的结果，在全球 103 个发展中和落后国家中，中国排第 27 位，2010 年、2012 年和 2014 年的 MPI 分别为 0.035、0.023 和 0.017。可以看出，中国多维贫困随着时间的推移，贫困程度呈现不断下降的趋势，是中国在减贫领域取得巨大成就的一条重要经验。

表 4-2　　　　　　　　中国多维贫困程度主要结果

项目	MPI	95%置信区间	H（%）	95%置信区间	A（%）	95%置信区间
2010 年						
多维贫困	0.035	[0.027, 0.042]	8.2	[6.7, 9.7]	42.4	[41.3, 43.5]
赤贫	0.007	[0.004, 0.011]	1.3	[0.8, 1.9]	57.2	[56.0, 58.4]
2012 年						
多维贫困	0.023	[0.016, 0.030]	5.4	[4.1, 6.8]	43.0	[40.2, 45.8]
赤贫	0.006	[0.001, 0.011]	1.0	[0.1, 1.8]	58.8	[56.6, 61.0]
2014 年						
多维贫困	0.017	[0.013, 0.020]	4.0	[3.2, 4.9]	41.3	[40.1, 42.5]
赤贫	0.569	[0.544, 0.594]	0.3	[0.1, 0.5]	56.9	[54.4, 59.4]

注：（1）赤贫为 k 临界值为 0.5 时的测算结果。赤贫门槛更高，因此测算得到的贫困度相对更低。
（2）方括号内报告了 95% 置信区间。
资料来源：CFPS2010 年、CFPS2012 年和 CFPS2014 年数据。

表 4-2 具体分析了中国整体性多维贫困的跨期变动结果。可以看出，2010~2014 年中国整体性多维贫困程度（MPI）从 0.035 下降到 0.017，年均下降 0.045。整体性贫困发生率（H）从 8.2% 降至 4.0%，下降幅度超过 50%，且跨期变动具有统计显著性。尽管现阶段中国的多维度贫困发生率并不高，但覆盖人口达到 7000 多万人。其中，被确定为多维贫困人群内部平均受剥夺程度（100% 为最大值，即全部被剥夺）的贫困深度（A 值），从 42.4% 下降到 41.3%，下降幅度较小且年度趋势统计不显著。

对应当前深度贫困问题，可结合起来探讨多维贫困群体内的一个子集——赤贫群体做深入探讨。赤贫人群被定义为被遭受剥夺的程度大于等于 50%，即将门槛 k 从 1/3 提高到 1/2。从经济含义上，即将那些遭遇剥夺程度超过 50% 及以上的人群判定为遭遇贫困程度更深的群体——赤贫群体。这种设置方式通过增加个体被剥夺程度判定门槛的方式，进一步捕捉那些遭受剥夺程度更高的群体。测算结果显示，2010 年整体来看，我国存在约 1.3% 的赤贫群体，2014 年大幅下降到 0.3%。从数量上看，赤贫人口约占全部多维贫困群体的 7.5%，约 500 万人。尽管数量不多，但背后反映的贫困问题更加复杂，贫困程度更深。

二、我国居民的多维剥夺状况及其跨期动态变动

表 4-3 呈现了各指标有门槛、无门槛下的剥夺发生率。测算结果显示，全国层面上，"炊事燃料"和"饮用水"是最易遭受剥夺的指标，其次是"营养""厕所"和"受教育年限"。以"炊事燃料"为例，2010 年全国将近半数以上居

民在"炊事燃料"上不达标，在室内使用木头或木炭等生火做饭。结合区域测算结果，问题主要集中在农村地区，最主要的受影响群体为农村的妇女和儿童。这些人群使用不安全的炊事燃料做饭，释放的烟尘以及一氧化碳、二氧化碳、氮氧化合物等，会引发呼吸道疾病如气管炎，也会增加患肺癌的概率。当然，随着农村居民住房条件的改善，炊事燃料被剥夺的状况逐渐得到缓解，全国层面上的剥夺比例从2010年的47%下降到2014年的33.4%。如果将多维贫困群体作为一个整体折算下来，2010年多维贫困群体在炊事燃料指标上遭受剥夺的比例为87.8%。2014年该比例下降到70%，尽管有所改善，但占比仍然很高，这说明该指标是引致多维贫困的重要因素。

表4-3　　　　　　无门槛和有门槛剥夺发生率的跨期变动　　　　　　单位：%

项目	无门槛剥夺发生率			有门槛剥夺发生率		
	2010年	2012年	2014年	2010年	2012年	2014年
受教育年限	8.8 [7.7, 9.9]	6.3 [5.1, 7.5]	5.6 [4.7, 6.4]	3.9 [3.1, 4.8]	2.6 [1.5, 3.7]	1.6 [1.1, 2.2]
儿童入学	2.4 [1.9, 3.0]	3.0 [2.2, 3.8]	2.3 [1.7, 2.9]	1.5 [1.0, 2.1]	1.6 [1.0, 2.3]	1.3 [0.8, 1.8]
儿童死亡率	2.7 [2.2, 3.2]	2.7 [2.2, 3.3]	2.8 [2.3, 3.3]	1.3 [1.0, 1.7]	1.0 [0.7, 1.3]	1.2 [0.9, 1.5]
营养	27.3 [25.8, 28.8]	27.5 [25.9, 29.1]	25.0 [23.5, 26.5]	5.4 [4.6, 6.3]	3.7 [2.9, 4.5]	3.3 [2.6, 4.0]
电力	0.7 [0.1, 1.2]	0.4 [0.1, 0.7]	0.2 [0.1, 0.3]	0.3 [-0.1, 0.7]	0.2 [0.0, 0.4]	0.0 [0.0, 0.1]
厕所	13.4 [10.9, 15.9]	10.1 [8.4, 11.7]	5.9 [4.8, 7.0]	4.2 [2.7, 5.7]	1.7 [1.2, 2.3]	1.0 [0.6, 1.4]
饮用水	39.3 [35.5, 43.1]	35.1 [31.7, 38.6]	29.0 [25.9, 32.1]	6.0 [4.6, 7.5]	3.6 [2.3, 4.9]	1.8 [1.5, 2.1]
炊事燃料	47.0 [43.6, 50.5]	36.4 [33.1, 39.7]	33.4 [30.5, 36.3]	7.2 [5.6, 8.7]	4.2 [2.8, 5.5]	2.8 [2.1, 3.4]
资产	8.8 [7.4, 10.1]	4.8 [3.7, 6.0]	2.7 [2.3, 3.1]	3.5 [2.4, 4.5]	2.0 [0.4, 3.6]	0.7 [0.5, 0.9]

注：方括号内给出的是95%置信区间。
资料来源：CFPS2010年、CFPS2012年和CFPS2014年数据。

从各剥夺指标的跨期变动上看，总体的改善趋势明显："受教育年限"年均降低0.8%，"营养"年均降低0.6%，"厕所"年均降低1.9%，"安全饮用水"年均降低2.6%，"炊事燃料"年均降低1.6%。"儿童入学""儿童死亡率"和"电力"几项指标没有显著变化，主要原因在于这些指标已经在前期得到了很好的改善，改进空间较小。这里我们可以重点关注一下"安全饮水"的改善。基于对"可行能力"中功能性定义的理解，喝到安全水是人们应该具备的基本功能需求。饮水安全可以减少寄生虫、传染病和流行病患病概率，对儿童生长发育尤为重要，影响到个体的整个生命周期。但是，安全饮水功能的获取，很难通过个人经济条件改善来实现。安全饮水是工程建设，属于社区基础设施建设中的一环。我国城镇安全饮水工程建设较为完善，而农村与城镇则有较大差距。根据本章附录表1的区域性分解结果，也可以看出遭遇安全饮水困难的人群主要集中于农村地区。因此，实际上安全饮水指标的跨期改善主要发生在农村，其与国家的农村饮水安全工程显著相关。沈扬扬等（2018）利用CHIP 1995~2013年跨期追踪数据测算发现，农村居民在安全饮水上的改善主要集中在2005年之后，这展现了国家施行农村安全饮水工程建设的成效。在2017年前后，精准脱贫第三方评估当中，安全饮水被补充到"两不愁"的考核指标当中，再次体现出国家对保障农村居民安全饮水的重视。这也说明单纯注重经济救助的扶贫手段是不充分的，必须要基于民生发展、赋能赋权和基本型功能性保障的视角，构造有助于贫困人群脱贫和发展的扶贫救助网络。

就2014年的群体遭受剥夺状况来看，中国居民的健康问题最值得关注。2014年营养指标的无门槛和有门槛剥夺发生率分别为25.0%和3.3%，在无门槛剥夺指标中居于第三位，在有门槛剥夺指标中位列第一，这意味着营养不良已成为多维贫困的最主要表现形式。前面提到，我国居民尤其是农村居民在"炊事燃料""厕所"和"安全饮水"上的达标率不高。不难想象，上述矛盾会随着时间的推移，逐渐从指标本身的功能性获取受限问题，转变为影响个体健康人力资本积累的现实问题。这种由单一或多种指标作用引发的传递效应，解释了2010~2014年我国居民在"营养"指标上改善速度缓慢并逐渐成为突出问题的成因。进一步地，这说明我国多维贫困中的一个重要短板在于健康问题。从根源上看，这主要源于部分农村基础设施建设不够完善的外生性矛盾。当然，在精准扶贫攻坚战时期，国家已经在不断改善农村落后地区的饮水安全和住房安全等问题，并将"厕所革命"作为解决深度贫困的重要建设目标，以巩固拓展脱贫攻坚成果，统筹推进"乡村振兴"发展战略中的重要基础公共设施改善。

第三节　中国多维贫困的分解分析

一、我国多维贫困的区域差别

（一）多维贫困的城乡差别

表4-4给出了分区域分城乡的多维贫困分解结果。从城乡差别上看，相比于城市，农村居民贫困度更高。如2010年农村多维贫困发生率为12.6%，而城市多维贫困发生率仅为3.5%，二者相差近3倍。当然，该结果是建立在城乡相同的多维贫困指标构建体系下，其优势在于基于相同标准呈现了城乡分化程度高的突出矛盾。但必须承认，从政策实施层面来讲，分城乡设置不同的指标体系才是优化方案，其有助于我们更具针对性地评估城镇和农村的贫困问题，从而制定行动方案。

多维贫困指数的指标分解显示，农村居民各项指标的受剥夺程度高于城镇居民，并以"炊事燃料""饮用水"和"营养"为主要剥夺指标。跨期变动则显示贫困度随时间推移而下降。农村地区 MPI 从 2010 年的 0.054 降至 2014 年的 0.028，且具有统计显著性；同期贫困发生率由 12.6% 下降至 6.7%。城镇 MPI 从 2010 年的 0.014 下降至 2014 年的 0.007。与城镇相比，农村贫困的缓解速度仍相对较慢。

（二）东中西三大区域的多维贫困比较

依照地理区位和经济发达程度，我们将中国省级行政区域划分为三大区域[①]，其中，东部最为发达，中部其次，西部以山区和丘陵为主，且是农村居民（73%的农村人口）和少数民族的主要聚居区。分解结果显示，西部与东部或中部地区相比显著贫困，且西部不仅面临着健康营养方面的被剥夺，且教育剥夺问题也非常严重。

---

① 东部包括：北京、天津、河北、辽宁、上海、江苏、浙江、福建、山东和广东。中部包括：山西、吉林、黑龙江、安徽、江西、河南、湖北和湖南。西部包括：广西、重庆、四川、贵州、云南、陕西和甘肃。

表 4-4　2010~2014 年中国整体性区域多维贫困状况

分组		人口占比(%)	贫困程度			指标分解（有门槛剥夺发生率）(%)								
			MPI	H(%)	A(%)	受教育年限	儿童入学	儿童死亡率	营养	电力	厕所	饮用水	炊事燃料	资产
农村	2010年	51.2	0.054 [0.041, 0.067]	12.6 [9.9, 15.3]	43.1 [41.9, 44.3]	6.4 [4.8, 7.9]	2.3 [1.4, 3.3]	1.8 [1.3, 2.3]	8.0 [6.5, 9.5]	0.6 [0.0, 1.3]	7.2 [4.4, 9.9]	9.8 [7.3, 12.4]	11.7 [8.9, 14.4]	5.8 [3.9, 7.7]
	2012年	49.9	0.038 [0.024, 0.052]	8.6 [6.1, 11.2]	44.0 [40.7, 47.2]	4.2 [2.1, 6.3]	2.9 [1.5, 4.2]	1.4 [0.9, 2.0]	6.1 [4.7, 7.6]	0.3 [0.0, 0.9]	3.1 [2.0, 4.2]	6.2 [3.8, 8.7]	7.3 [4.8, 9.8]	3.4 [1.3, 5.5]
	2014年	44.70	0.028 [0.022, 0.035]	6.7 [5.3, 8.2]	42.1 [40.8, 43.5]	3.1 [1.9, 4.2]	1.8 [1.1, 2.6]	2.0 [1.3, 2.6]	5.4 [4.3, 6.6]	0.1 [0.0, 0.1]	1.9 [1.0, 2.8]	3.2 [2.6, 3.9]	5.2 [3.9, 6.5]	1.3 [0.9, 1.8]
城镇	2010年	48.8	0.014 [0.010, 0.018]	3.5 [2.6, 4.5]	39.6 [38.3, 41.0]	1.4 [0.9, 1.9]	0.7 [0.4, 1.0]	0.8 [0.5, 1.2]	2.8 [2.0, 3.6]	0.0 [0.0, 0.0]	1.1 [0.6, 1.6]	2.1 [1.4, 2.8]	2.4 [1.6, 3.3]	1.0 [0.6, 1.4]
	2012年	50.1	0.009 [0.007, 0.011]	2.3 [1.7, 2.9]	39.2 [37.9, 40.4]	0.7 [0.5, 0.9]	0.8 [0.4, 1.1]	0.6 [0.3, 0.9]	1.9 [1.4, 2.5]	0.0 [0.0, 0.0]	0.4 [0.2, 0.7]	1.2 [0.7, 1.7]	1.2 [0.8, 1.7]	0.6 [0.4, 0.9]
	2014年	55.30	0.007 [0.004, 0.011]	1.9 [1.0, 2.7]	38.9 [37.6, 40.2]	0.5 [0.3, 0.7]	0.8 [0.2, 1.4]	0.6 [0.3, 0.9]	1.7 [0.8, 2.5]	0.0 [0.0, 0.0]	0.3 [0.1, 0.5]	0.6 [0.4, 0.9]	0.9 [0.5, 1.3]	0.2 [0.1, 0.3]

续表

分组		人口占比 (%)	贫困程度			指标分解（有门槛剥夺发生率）(%)							
			MPI	H (%)	A (%)	受教育年限	儿童入学	儿童死亡率	营养	电力	厕所	饮用水	炊事燃料	资产
东部	2010年	37.2	0.018 [0.015, 0.022]	4.6 [3.7, 5.6]	39.8 [38.9, 40.7]	2.0 [1.4, 2.6]	0.8 [0.6, 1.1]	1.0 [0.5, 1.5]	3.5 [2.7, 4.3]	0.0 [0.0, 0.0]	1.4 [0.9, 1.9]	3.0 [2.2, 3.9]	3.3 [2.4, 4.1]	1.4 [0.9, 1.9]
	2012年	39.5	0.011 [0.008, 0.014]	2.8 [2.1, 3.5]	39.1 [37.8, 40.4]	1.1 [0.7, 1.4]	0.8 [0.4, 1.2]	0.5 [0.3, 0.8]	2.3 [1.6, 2.9]	0.0 [0.0, 0.0]	0.7 [0.3, 1.1]	1.6 [1.0, 2.1]	1.8 [1.2, 2.4]	0.8 [0.5, 1.1]
	2014年	39.9	0.008 [0.006, 0.010]	1.9 [1.5, 2.4]	40.6 [39.4, 41.8]	0.9 [0.6, 1.1]	0.6 [0.3, 0.9]	0.4 [0.2, 0.7]	1.7 [1.2, 2.1]	0.0 [0.0, 0.1]	0.3 [0.1, 0.5]	1.1 [0.7, 1.5]	1.2 [0.8, 1.6]	0.4 [0.2, 0.5]
中部	2010年	34.6	0.024 [0.019, 0.030]	6.1 [4.8, 7.4]	40.2 [39.4, 41.0]	2.4 [1.8, 2.9]	0.9 [0.5, 1.2]	1.0 [0.6, 1.4]	4.3 [3.2, 5.3]	0.2 [0.1, 0.5]	2.6 [1.6, 3.7]	5.0 [3.7, 6.3]	5.5 [4.2, 6.7]	2.1 [1.6, 2.6]
	2012年	39.5	0.015 [0.011, 0.018]	3.6 [2.7, 4.5]	41.1 [40.0, 42.3]	1.4 [1.0, 1.8]	0.8 [0.4, 1.1]	0.8 [0.4, 1.2]	2.9 [2.1, 3.7]	0.0 [0.0, 0.0]	1.2 [0.6, 1.8]	2.6 [1.8, 3.5]	2.9 [2.1, 3.8]	0.8 [0.5, 1.2]
	2014年	33.2	0.013 [0.010, 0.016]	3.2 [2.5, 4.0]	40.5 [39.3, 41.7]	0.9 [0.5, 1.3]	1.0 [0.6, 1.4]	1.0 [0.5, 1.4]	2.8 [2.1, 3.6]	0.0 [0.0, 0.1]	0.6 [0.2, 0.9]	2.0 [1.3, 2.6]	2.3 [1.6, 3.0]	0.5 [0.2, 0.7]

续表

分组		人口占比(%)	贫困程度			指标分解（有门槛剥夺发生率）(%)								
			MPI	H(%)	A(%)	受教育年限	儿童入学	儿童死亡率	营养	电力	厕所	饮用水	炊事燃料	资产
西部	2010年	28.2	0.068 [0.046, 0.090]	15.4 [10.8, 20.0]	44.4 [43.0, 45.8]	8.4 [5.8, 11.1]	3.3 [1.6, 4.9]	2.1 [1.3, 2.9]	9.5 [7.1, 11.8]	0.8 [0.0, 2.0]	9.8 [5.1, 14.6]	11.4 [7.0, 15.7]	14.4 [9.7, 19.1]	7.8 [4.6, 11.1]
	2012年	26.7	0.052 [0.028, 0.076]	11.6 [7.1, 16.1]	45.1 [41.0, 49.2]	5.8 [2.0, 9.6]	4.6 [2.2, 6.9]	2.0 [1.1, 2.9]	8.0 [5.6, 10.5]	0.6 [0.0, 1.6]	4.0 [2.1, 5.8]	8.1 [3.7, 12.5]	9.4 [4.9, 14.0]	5.2 [1.5, 9.0]
	2014年	26.9	0.034 [0.023, 0.046]	8.1 [5.5, 10.7]	41.9 [39.9, 43.9]	3.7 [1.9, 5.5]	2.7 [1.1, 4.2]	2.6 [1.6, 3.6]	6.4 [4.2, 8.7]	0.1 [0.0, 0.2]	2.7 [1.2, 4.1]	2.6 [1.8, 3.5]	5.8 [3.7, 7.9]	1.5 [0.7, 2.3]

注：方括号内给出的是95%置信区间。
资料来源：CFPS2010年、CFPS2012年和CFPS2014年数据。

二、我国多维贫困家庭的结构性特征

本章附录表1依照家户的社会、经济特征分组进行了分解分析。需指出的是，部分结果的跨期比较不具有统计显著差异，但组间比较结论值得探索。

（一）户主受教育程度

大量文献显示，教育与收入贫困间具有显著联系。考虑到户主是家庭的主要决策者，故本书按照户主的受教育程度进行分组。研究发现，在多维贫困下也存在类似特征，即户主接受教育程度越高，家户贫困程度越低。文盲户主所在家庭的多维贫困状况最为严重，组内多维贫困发生率高达21.1%。当然，不能排除统计结果中存在多维贫困指数本身与教育的相关性问题。但多维贫困剥夺指标分解结果显示，除了受教育年限，低教育程度户主在炊事燃料和营养方面也同步遭受剥夺，这反映出教育程度低的家庭健康意识也偏低。与之形成鲜明对比的是，高教育程度户主所在家庭，在儿童入学及健康维度上有非常好的表现，这表明受教育程度更高的父母经济能力更强，且拥有更高的对子女进行人力资本投资的意愿。

（二）户主年龄

通常来讲，户主年龄与家庭福利存在倒"U"形关系。家庭福利首先伴随户主年龄增长而提升，并与其受教育程度和人力资本积累正相关；达到一定年龄后，随着户主的衰老并逐渐退出劳动力市场，家庭的劳动产出能力下降，因而家庭福利也随之递减。为探究中国户主年龄与多维贫困的关系，我们绘制了16岁及以上户主家庭（收入贫困与多维贫困）贫困的年龄分布图（见图4-1、图4-2）。图中显示，贫困度与年龄分布呈现先下降而后缓慢上升的趋势。24岁左右为贫困程度最低点[①]，35~60岁年龄区间内贫困度呈现波动性稳定态势，60岁以上区间贫困度波动性递增。

根据户主年龄，我们将所有样本分为四组：16~25岁、26~40岁、41~60岁、61岁及以上。参照此分组测算的多维贫困结果显示，最贫困的是60岁以上户主家庭，其次是26~40岁，41~60岁组排在第三位，贫困度最低的是18~25岁组。这表明，贫困—年龄分布呈现鲜明的时代性和队列性。年轻户主是"90后"，他们成长于良好的社会与家庭环境中，在可行能力构建上最为完善。老年

---

① 对16~18岁户主家庭的贫困度偏高问题，本书认为原因在于，按照中国法律的结婚年龄为女性不得早于20周岁、男性不得早于22周岁，较早结婚的个体可能生长自具有一些文化陋习或者家庭环境并不是很好的家庭，因而其贫困度较高。

组最贫困,在于这部分群体出生于社会资源匮乏的新中国成立前或成立初期,同时在"受教育年限""健康"方面遭受剥夺。"70 后"和"80 后"组成的 26~40 岁群组人群贫困度也较高,他们极易在"儿童入学""受教育年限""营养"上遭受剥夺,这正好对应了当前农民工外出务工所遭遇的社会保障和福利不足的问题。

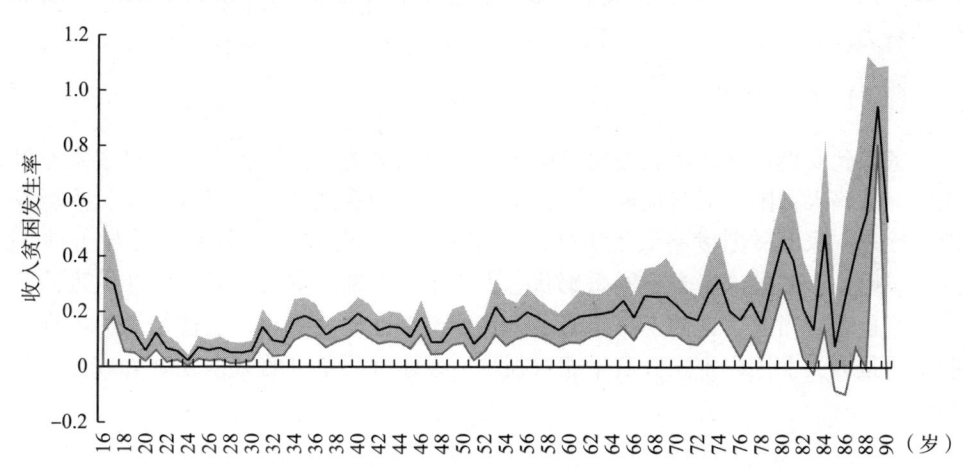

图 4-1 伴随户主年龄变动的收入贫困发生率

资料来源:笔者结合 CFPS2014 年数据计算得出。

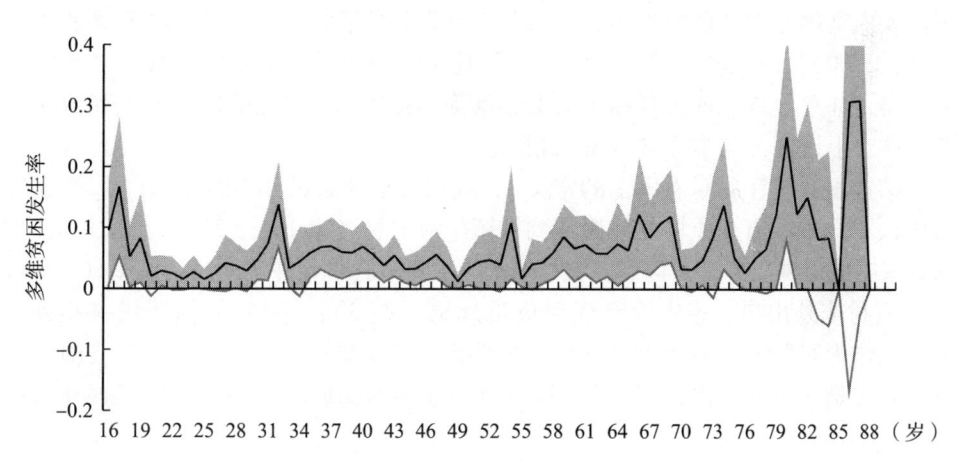

图 4-2 伴随户主年龄变动的多维贫困发生率

注:图中灰色部分是 95% 置信区间。
资料来源:笔者结合 CFPS2014 年数据计算得出。

(三)不同家庭规模

家庭规模也是在收入贫困中被广泛考察的变量。研究显示,小规模家户(并非单亲或者丧偶家庭）贫困度通常较低（罗楚亮，2012），这主要是由于小规模家户一般由经济更为独立的成员组成，不需要依靠亲戚同住来分担开支。下面的测算结果显示，家庭规模与贫困度呈正比。三口之家的贫困度最低，家庭规模越大，贫困度越高。家中有 1 名成员或者 2 名成员的家庭分解结果显示，组内贫困人群在"受教育年限"上遭受了高度剥夺。结合家庭人员状态来看，这些贫困群体均来自离异和丧偶家庭①，据此，单亲家庭可作为未来反贫困政策的着力点之一。

（四）户主性别

考虑到女性在社会和家庭角色中居于相对弱势地位，经验上女性户主家庭可能更容易陷入贫困。但与预期不同，本书未观测到多维贫困的性别差异，甚至发现女性户主家庭贫困度略低于男性户主家庭，只是该结果不具有统计显著性。②进一步地，本书尝试考察不同婚姻状态下户主的性别——贫困差异，但亦发现该差异并不显著。当然，这并不意味着多维贫困不存在性别差异，上述结果的出现可能主要是因为女性户主家庭数量相对很少，以家庭为单位的数据处理方式会干扰结论。

（五）农民工

为获取更高收入，大批农民进城务工，成为城市中的特殊社会群体——农民工。收入贫困方面的研究指出，外出务工行为对缓解收入贫困具有显著效果（罗楚亮，2010）。但流转过程中，农民工及其家庭遭遇了户籍制度、城乡二元体制的障碍，如落户难、就医难和子女上学难等，并形成了大量的留守老人和留守儿童群体。上述问题与多维贫困密切相关。

结合国家统计局对农民工的定义③，我们将全部居民分为四类：（1）举家外出户，农户举家离开原居住地搬迁到城镇生活居住（组 1）；（2）非举家外出户，部分家庭成员外出务工，但仍以农村老家为主要家庭单元并共享经济成果（组 2）；(3) 农村非外出户，家中没有任何成员外出（组 3）；（4）城镇居民（组 4）。组 4 仅作为对照组，不做重点分析。多维贫困结果显示，农村非外出户贫困度最高，其次是非举家外出户④，举家外出户多维贫困度最低。关于如何理解外出行

---

① 篇幅所限，没有在本章列出。读者如有需要可联系笔者。
② 邹薇和方迎风（2011）发现了同样的结论，但未提供解释。
③ 农民工指户籍仍在农村，在本地从事非农产业或外出从业 6 个月及以上的劳动者。并分为本地农民工（在户籍所在乡镇地域以内从业的农民工）、外出农民工（在户籍所在乡镇地域外从业的农民工）和举家外出农民工（农村劳动力及家人离开原居住地，到户籍所在乡镇以外的区域居住）三类。本章研究中将第一、第二类归为一类，即非举家外出农民工。
④ 组 3 和组 2 群体的差别仅在 10% 条件下具有统计显著性。

为与多维贫困的联系，本书通过比较移民与非移民家户间在各类指标上的差异，结合分析再次给出了三种可能的解释。第一，经济动机。如果单纯以逐利为目的，农民是不必举家外出的。但是，如果务工者与家庭形成分割，那么留守子女和老人在健康、教育等指标上则易遭受剥夺（见本章附录表2），这使非移民家户尽管能够改善自身经济状况，但无法解决其他维度的深层次矛盾。为此，同样是务工行为，非举家外出户的多维贫困程度却要高于举家外出户。第二，初始人力资本。由于城镇工作对人力资本的要求更高，初始人力资本禀赋越高的农民越可能成为农民工。这部分地解释了两类外出务工户比非外出务工户的贫困度更低（沈扬扬，2012）。第三，环境差异。由于城乡基础设施与基本生活标准有显著差别，相比农村，迁居到城镇会自发改善"生活标准"，令举家外出户在"生活标准"维度得到改善。总体上看，由于外出动机不同、初始资本不同，外出的农民工将经由不同机制改善家庭的多维贫困状态。

三、不同权重下的稳健性检验

多维贫困主要依托于可行能力理论，其理论基础目前已较为完善，但在指标体系构建方面却存在一定程度的主观性和随意性（Ravallion，2011）。为此，下面通过调整权重结构进行稳健性检验，以保证结论的严谨性。

本书采用的权重调整方法是，将其中一个维度的权重从1/3放大到1/2，其余两个维度权重从1/3等比缩小到1/4。由此形成三种权重设置方式W1、W2和W3（见表4-5）。使用不同的权重结构来评估MPI水平以及子样本或者各时间段的MPI排名，观察是否会发生变化。有三种可供选择的方法用来评估权重的稳健性：(1) 对样本分布进行假设检验；(2) 对标准差进行成对t检验；(3) 对置信区间进行成对t检验（Alkire et al.，2015）。鉴于样本不能分解成多个子群体，重点选用方法1和方法3。

表4-5　　　　原始权重向量和附加三个权重结构向量

维度	指标	W0 维度和指标权重		W1 维度和指标权重		W2 维度和指标权重		W3 维度和指标权重	
教育	受教育年限	1/3	1/6	1/2	1/4	1/4	1/8	1/4	1/8
	儿童入学		1/6		1/4		1/8		1/8
健康	儿童死亡率	1/3	1/6	1/4	1/8	1/2	1/4	1/4	1/8
	营养		1/6		1/8		1/4		1/8

续表

维度	指标	W0 维度和指标权重		W1 维度和指标权重		W2 维度和指标权重		W3 维度和指标权重	
生活水平	电力	1/3	1/15	1/4	1/20	1/4	1/20	1/2	1/10
	厕所		1/15		1/20		1/20		1/10
	饮用水		1/15		1/20		1/20		1/10
	炊事燃料		1/15		1/20		1/20		1/10
	资产		1/15		1/20		1/20		1/10

资料来源：笔者整理。

结果表明，如果使用原始权重，W1 和 W3 估计的 MPI 和 H 没有显著差异。然而使用 W2 估计的 MPI 和 H 显著高于其他结果。原因可能是自汇报的营养信息偏差或非抽样测量误差。如果数据质量问题得到解决，那么应该得到 MPI 对健康问题的稳健结论。本书选用自举法（Bootstrap）和核密度分析估计的结果进行验证。理论上 Bootstrap 过程可以产生一致分布。同时，选取蒙特卡罗近似法，对数据进行 1000 次重复抽样，获得分布结果。然后用抽样所得的样本在 4 种权重下分别进行估计，以评估不同权重和时间的子样本的 MPI 和 H 排名。该方式下的 MPI、H 和 A 并不是一个数值，而是一个统计分布，相应地，我们给出了估计变化范围 95% 水平的置信区间。图 4-3 显示了 2010~2014 年数据在不同权重下的 MPI 指数，图中的灰色区域表示置信区间。①

由图 4-3 可知：第一，2010~2012 年在 W0、W1 和 W3 权重结构下 MPI 值高度重叠。2014 年虽然分布不同，但绝对值非常接近，MPI 值已经相当低。这与前面的结论是一致的，即教育和生活水平维度的 MPI 指数在合理范围是稳健的。第二，2010 年的 W3 分布在 W1 和 W0 的右侧，这意味着提高生活水平权重会令 MPI 值变大。然而，2012 年和 2014 年观察到相反的结果。这意味着，2012 年以后生活水平快速提高增加了多维贫困对权重选取的敏感性。第三，提高健康维度的权重时，MPI 的估计结果稳健。

---

① 估计概率密度曲线时，带宽是一个关键点。带宽将 MPI 值分为非重叠区域，并计算每个区域内的概率（频率）。默认情况下，为了选择高斯核密度估计器的带宽，我们选用 Silverman 法则（Silverman，1986）方程（3.31）做计算。

MPI, bootstrap, 2010~2014

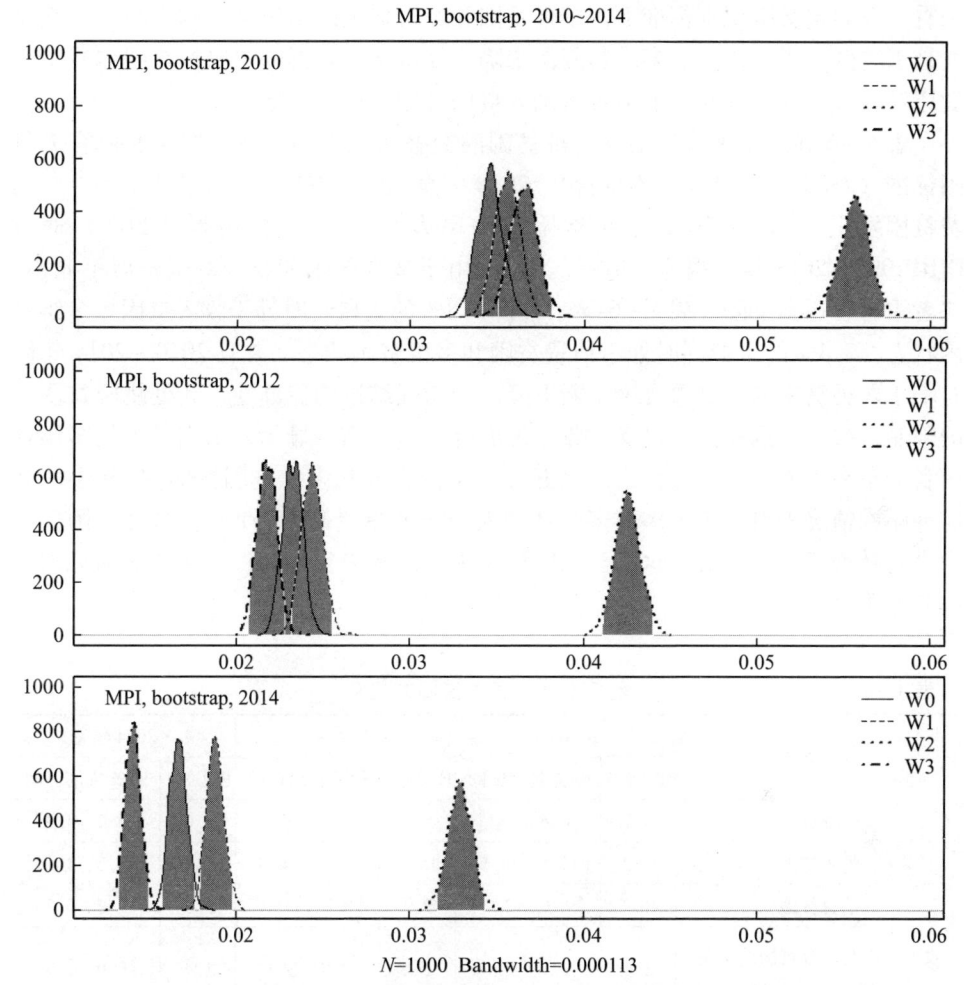

图 4-3　不同权重下的 MPI 估计值分布

资料来源：笔者结合 CFPS 2014 年数据计算得出。

第四节　我国居民的多维贫困与经济贫困

一、多维贫困与经济贫困的交叠错位关系

CFPS 数据包含家庭收入和支出信息，可供测算经济贫困，为研究多维贫困和经济贫困的交叠错位关系提供了条件。我们通过比较发现：第一，从时序趋势

来看，在固定贫困识别标准下，多维贫困和经济贫困的错位关系越来越高，交叠度越来越低。第二，陷于多维贫困但未陷于经济贫困人群的主要致贫问题集中于健康和教育，这点和整体上多维贫困人群的贫困特征是一致的。

表4-6显示了多维贫困与经济贫困的交叠错位变动关系。按照农村官方贫困标准（2300元，2010年不变价），2010年全国收入贫困发生率为13.1%①，消费贫困发生率为10.7%，多维贫困发生率为8.2%。沈扬扬等（2017）通过CHIP1995~2013年数据跨期追踪②，发现由于多维贫困和收入贫困发展不同步，二者重合度逐渐下降。表4-6显示，仅2.8%的人口同时处于收入贫困和多维贫困状态，2.4%的人群同时处于消费贫困和多维贫困状态，并且2010~2014年同时陷于两类贫困的人群重合度不断下降。为增强结论的稳健性，此处跳脱贫困线的限制，按全国居民人均可支配收入做五等分组。结果显示，不到一半的多维贫困者分布在收入的下五分位组，上五分位组内也存在多维贫困群体。③ 从领取政府补贴的情况来看，绝大多数多维贫困人群未能享受政府补助④，多维贫困群体内享有补助者不到三成，这从侧面印证了朱梦冰和李实（2017）关于农村低保瞄准效率不高的结论。

表4-6　　　　　　　　经济贫困和多维贫困的关系

贫困类型	2010年 H(%)	95%置信区间	2012年 H(%)	95%置信区间	2014年 H(%)	95%置信区间
多维贫困	8.2	[6.6, 9.7]	5.4	[4.1, 6.8]	4.0	[3.2, 4.9]
收入贫困	13.1	[11.5, 14.8]	15.0	[13.5, 16.4]	15.0	[13.6, 16.4]
消费贫困	10.7	[9.3, 12.2]	9.9	[8.8, 11.0]	5.8	[4.9, 6.7]
收入贫困与多维贫困的交叠（多维且收入贫困）	2.8	[1.7, 3.8]	2.2	[1.1, 3.3]	1.4	[0.9, 1.9]
消费贫困与多维贫困的交叠（多维且消费贫困）	2.4	[1.5, 3.4]	1.3	[0.9, 1.8]	0.8	[0.4, 1.1]

① CFPS测算的收入贫困发生率高于官方公布的测算结果。参见Xie and Zhou（2014）。
② 与本书此处构建的多维贫困指标体系不同，沈扬扬等（2017）额外将收入维度也纳入了多维贫困框架。
③ 因篇幅所限，没有在文中汇报结果。可联系笔者索取。
④ CFPS问卷对政府补助的分类为：(1)低保（低保的保障对象是家庭年人均纯收入低于当地最低生活保障标准的农村居民。2014年起，低保在中国扶贫工作中起到至关重要的"兜底"作用）。(2)退耕还林补助。(3)农业补助。(4)五保户补助。(5)特困户补助。(6)工伤人员供养直系亲属抚恤金。(7)救济金、赈灾款（包括实物形式）。(8)其他。(9)以上都没有。此处的分析，将(1)、(4)、(5)、(6)、(7)视为"接受补助"类型。

续表

贫困类型	2010 年	2012 年	2014 年
多维贫困群体中： 收入贫困人群占比（%）	33.9	40.7	35.0
多维贫困群体中： 消费贫困人群占比（%）	29.8	24.4	19.4
收入贫困群体中： 多维贫困人群占比（%）	21.1	14.7	9.4
消费贫困群体中： 多维贫困人群占比（%）	22.7	13.3	13.4

注：方括号内给出的是95%置信区间。
资料来源：笔者结合CFPS2014年数据计算得出。

两类贫困群体存在错位关系，说明贫困人群的贫困特征往往是超越经济约束单一困境的。回顾我国经济发展历程，改革开放初期我国农村居民普遍生活条件差，经济贫困与能力贫困、多维贫困重合度很高。但伴随经济的快速增长，尽管农村居民经济贫困得到了大幅度改善，但营养不良、健康程度差、平均寿命短、生活质量低、教育质量差等问题没有被同步解决。此时，多维贫困和收入贫困的重合度降低，错位度加大。从这个意义上讲，我国的多维贫困从来就不是新问题，只是在现阶段表现得更为突出。

二、两类贫困交叠错位的跨期变动

贫困的跨期变动结果显示，相当多的经济贫困人群避免了发展能力被剥夺，具备良好脱贫前景，这是中国实现快速减贫的重要基础。但一些经济相对富裕人群也面临潜在贫困威胁。根据前面的分析，潜在风险主要来自健康和教育指标。单维度经济增长的目标虽然有助于一时的经济脱贫，但从长远角度看缺乏可持续性，会负向影响减贫成效。也正是基于该结论，我们认为可以将多维贫困作为经济贫困的一个重要补充，从识别上强化精准性，从手段上为扶贫救助模式提供参考依据，也令减贫考核兼具脱贫和发展两重含义。

本章附录

表1　基于家户特征的贫困度比较

分组		人口占比（%）	贫困程度			指标分解（有门槛剥夺发生率，%）							
			MPI	H (%)	A (%)	受教育年限	儿童入学	儿童死亡率	营养	电力	厕所	饮用水	炊事燃料	资产
文盲		11.8	0.099 [0.051, 0.146]	21.1 [12.7, 29.5]	46.8 [42.6, 51.1]	18.1 [10.6, 25.5]	6.1 [1.2, 10.9]	1.9 [0.5, 3.2]	11.1 [7.1, 15.0]	1.3 [-1.0, 1.6]	7.1 [3.7, 10.4]	15.4 [6.6, 24.2]	19.2 [10.6, 27.8]	12.6 [5.1, 20.1]
户主受教育年限	1~6年	17.9	0.026 [0.02, 0.032]	6.3 [4.8, 7.8]	41.3 [39.8, 42.7]	2.3 [1.5, 3.2]	2.3 [1.4, 3.2]	1.3 [0.7, 2.0]	5.2 [3.8, 6.6]	0.0 [0.0, 0.0]	1.5 [0.8, 2.1]	3.8 [2.7, 4.9]	4.2 [3.0, 5.4]	1.2 [0.8, 1.7]
	7~9年	39.6	0.010 [0.007, 0.013]	2.5 [1.8, 3.2]	39.4 [38.1, 40.6]	0.0 [0.0, 0.0]	0.8 [0.4, 1.2]	0.8 [0.4, 1.1]	2.3 [1.7, 3]	0.0 [0.0, 0.0]	1.2 [0.7, 1.7]	1.8 [1.2, 2.4]	2.0 [1.3, 2.6]	0.4 [0.1, 0.7]
	9年以上	30.7	0.008 [0.005, 0.01]	2.0 [1.3, 2.7]	38.0 [36.3, 39.7]	0.0 [0.0, 0.0]	0.6 [0.2, 1.1]	0.8 [0.4, 1.2]	1.8 [1.2, 2.4]	0.0 [0.0, 0.0]	0.6 [0.2, 0.9]	1.3 [0.7, 1.9]	1.2 [0.6, 1.7]	0.4 [0.0, 0.8]
户主年龄	16~25岁	15.0	0.014 [0.009, 0.02]	3.5 [2.2, 4.8]	40.6 [38.9, 42.4]	0.6 [0.0, 1.1]	1.0 [0.3, 1.7]	0.9 [0.4, 1.4]	3.0 [1.8, 4.1]	0.0 [0.0, 0.0]	1.5 [0.7, 2.2]	2.6 [1.6, 3.7]	3.0 [1.8, 4.2]	0.8 [0.2, 1.4]
	26~40岁	37.8	0.026 [0.013, 0.038]	5.8 [3.4, 8.1]	44.6 [39.7, 49.4]	2.6 [0.5, 4.7]	2.3 [1.0, 3.7]	1.2 [0.6, 1.8]	4.2 [2.9, 5.4]	0.3 [-0.3, 0.4]	1.7 [1.0, 2.5]	3.9 [1.6, 6.1]	4.6 [2.3, 6.9]	2.2 [0.4, 4.0]

第四章 全球多维贫困指数框架下的中国多维贫困 | 65

续表

分组		人口占比(%)	贫困程度			指标分解（有门槛剥夺发生率,%）									
			MPI	H(%)	A(%)	受教育年限	儿童入学	儿童死亡率	营养	电力	厕所	饮用水	炊事燃料	资产
户主年龄	41~60岁	36.7	0.020 [0.014, 0.025]	4.5 [3.3, 5.7]	43.5 [41.2, 45.9]	2.2 [1.4, 2.9]	1.6 [1.0, 2.1]	0.9 [0.6, 1.3]	3.4 [2.5, 4.3]	0.1 [0.0, 0.1]	1.7 [1.0, 2.4]	2.9 [1.9, 4.0]	3.3 [2.2, 4.4]	1.4 [0.5, 2.4]
	61岁及以上	10.5	0.033 [0.027, 0.04]	8.2 [6.6, 9.9]	40.5 [39.4, 41.6]	6.6 [5.2, 8.1]	0.4 [-0.1, 0.9]	0.6 [0.1, 1.1]	4.1 [3.0, 5.2]	0.0 [0.0, 0.0]	2.1 [1.2, 3.0]	6.4 [4.9, 7.9]	7.2 [5.6, 8.8]	5.0 [3.8, 6.2]
家庭人口规模	1~2个成员	17.5	0.025 [0.02, 0.03]	6.2 [5.0, 7.4]	40.5 [39.6, 41.4]	5.3 [4.3, 6.4]	0.0 [0.0, 0.0]	0.4 [0.2, 0.7]	2.9 [2.2, 3.5]	0.0 [0.0, 0.0]	1.8 [1.2, 2.5]	4.7 [3.6, 5.8]	5.4 [4.3, 6.6]	3.8 [3.0, 4.7]
	3个成员	24.9	0.008 [0.006, 0.011]	2.1 [1.5, 2.7]	40 [38.4, 41.6]	1.1 [0.7, 1.5]	0.5 [0.7, 1.5]	0.6 [0.3, 0.8]	1.5 [0.3, 0.9]	0.0 [1.0, 2.0]	0.6 [0.0, 0.0]	1.1 [0.3, 1.0]	1.3 [0.7, 1.5]	0.6 [0.9, 1.8]
	4个成员	21.4	0.019 [0.013, 0.025]	4.5 [3.1, 5.8]	41.8 [39, 44.7]	2.0 [0.9, 3.0]	1.4 [0.8, 2.1]	0.5 [0.1, 0.9]	3.6 [2.6, 4.6]	0.1 [-0.1, 0.1]	1.7 [0.9, 2.5]	3.1 [1.9, 4.3]	3.3 [2.0, 4.5]	1.3 [0.3, 2.2]
	5个成员	17.9	0.020 [0.01, 0.03]	4.2 [2.3, 6.0]	47.8 [43.1, 52.4]	1.6 [0.3, 2.9]	2.2 [0.9, 3.6]	1.0 [0.4, 1.5]	3.4 [2.0, 4.7]	0.2 [-0.2, 0.6]	1.4 [0.5, 2.3]	2.8 [1.1, 4.5]	3.6 [1.8, 5.4]	1.4 [0.1, 2.7]
	6个及以上成员	18.3	0.047 [0.025, 0.069]	10.5 [6.3, 14.7]	44.4 [40.2, 48.6]	3.5 [0.2, 6.8]	4.5 [2.2, 6.7]	2.7 [1.5, 4.0]	8.0 [5.5, 10.5]	0.4 [-0.4, 1.2]	3.6 [1.9, 5.2]	7.4 [3.4, 11.3]	8.3 [4.2, 12.5]	3.6 [0.3, 6.8]

续表

分组		人口占比(%)	贫困程度			指标分解（有门槛剥夺发生率，%）							
			MPI	H(%)	A(%)	受教育年限	儿童入学	儿童死亡率	营养	电力	厕所	饮用水	炊事燃料	资产
户主性别	女性	24.8	0.021 [0.016, 0.025]	5.0 [3.9, 6.1]	41.4 [39.9, 43.0]	2.2 [1.6, 2.9]	1.4 [0.8, 2.0]	1 [0.5, 1.4]	3.8 [2.8, 4.7]	0.0 [0.0, 0.0]	1.6 [1.0, 2.2]	3.1 [2.3, 4.0]	3.8 [2.9, 4.8]	1.7 [1.0, 2.4]
	男性	74.2	0.024 [0.016, 0.033]	5.6 [4.0, 7.2]	43.4 [40.1, 46.7]	2.5 [1.2, 3.8]	1.9 [1.1, 2.7]	1 [0.7, 1.4]	4.1 [3.2, 5.0]	0.2 [−0.01, 0.6]	1.8 [1.1, 2.5]	3.9 [2.3, 5.4]	4.3 [2.8, 5.9]	2.1 [0.8, 3.3]
务工	组-1	23.6	0.013 [0.009, 0.016]	3.1 [2.2, 4.0]	40.2 [39.0, 41.4]	1.2 [00.8, 1.7]	0.8 [0.3, 1.2]	0.8 [0.4, 1.2]	2.6 [1.7, 3.5]	0.0 [0.0, 0.0]	0.5 [0.2, 0.8]	1.9 [1.2, 2.7]	1.9 [1.3, 2.6]	1.0 [0.6, 1.4]
	组-2	18.9	0.031 [0.022, 0.041]	7.1 [5.2, 9.0]	44.2 [41.2, 47.2]	2.5 [1.1, 3.9]	3.1 [1.8, 4.4]	2.0 [1.2, 2.8]	5.1 [3.7, 6.4]	0.0 [0.0, 0.0]	2.8 [1.6, 4.0]	4.3 [2.7, 5.9]	5.8 [3.9, 7.6]	2.5 [1.3, 3.7]
	组-3	30.4	0.042 [0.025, 0.06]	9.6 [6.2, 13.0]	44.1 [40.4, 47.7]	5.7 [2.9, 8.5]	2.6 [1.0, 4.2]	1.0 [0.5, 1.5]	6.5 [4.5, 8.4]	0.5 [−0.4, 1.4]	3.5 [2.2, 4.8]	7.5 [4.2, 10.8]	8.3 [4.9, 11.7]	4.1 [1.3, 6.9]
	组-4	27.2	0.003 [0.002, 0.005]	1.0 [0.5, 1.4]	36.4 [34.4, 38.3]	0.3 [0.1, 0.4]	0.3 [0.0, 0.6]	0.5 [0.1, 0.8]	0.7 [0.3, 1.1]	0.0 [0.0, 0.0]	0.2 [0.0, 0.3]	0.2 [0.1, 0.3]	0.3 [0.1, 0.5]	0.2 [0.0, 0.3]

注：方括号内报告的是95%置信区间。
资料来源：笔者结合CFPS2014年数据计算得出。

第五章 扶贫政策演进下的中国农村多维贫困[①]

第四章研究指出，迄今为止，中国的贫困问题仍集中在农村地区。后续章节会以定量的方式重点分析中国农村的变动趋势。借助多维贫困指标体系，本章测算了1995~2018年农村地区多维贫困跨期变化，分解出主要减贫因子，并建立减贫因子与国家惠农、减贫政策之间的关联。

第一节 农村多维贫困指标体系构建

一、有关惠贫政策缓解农村多维贫困的基础性分析

回顾中国减贫历程，1986年，国务院成立贫困地区经济开发领导小组（1993年更名为国务院扶贫开发领导小组），明确扶贫开发方针要用"造血"替代"输血"，对贫困地区进行开发性生产建设，在发展中逐步形成贫困地区和贫困户的自我积累和发展能力；1994年，国务院印发《国家八七扶贫攻坚计划》，并将奋斗目标确定在三个层面上：解决贫困人口温饱、加强基础设施建设、改善教育文化卫生落后状况；2001年，国务院印发《中国农村扶贫开发纲要（2001—2010年）》，开展整村推进项目，重视基础建设、社会服务、文化培训的融合发展。中国扶贫战略的演进适应了经济的不同发展阶段，也对应了贫困人口结构和贫困类型的变化。更重要的是，中国扶贫政策贯穿多维度"赋能"理念，表现为经济环境改善、就业机会增加、更公平的社会发展氛围、人力资本的改善、逐步完善的福利体系，以及中国政府对贫困人口和弱势群体自始至终的政策关注（Shen，2022）。在21世纪第二个十年期间中国政府进一步将多维扶贫标准纳入政策文件中来，如《中国农村扶贫开发纲要（2011—2020年）》将扶贫政策

[①] 本章部分内容来自笔者与詹鹏、李实合作研究成果。成果为《扶贫政策演进下的中国农村多维贫困：1995-2013》，发表于《经济学动态》2018年第7期。

总体目标确定为"到 2020 年，稳定实现扶贫对象不愁吃、不愁穿，保障其义务教育、基本医疗和住房"。

党的十八大以来，我国开始逐步推行精准扶贫政策，实践中创新运用的精准识别"五看法"、精准帮扶"五个一批"等，都蕴含了多维度扶贫的理念。虽然我国还未正式颁布多维贫困指数，评估贫困的官方指标还是收入贫困线——2010 年价格 2300 元/人（年），但我国的扶贫减贫实践已经先于收入贫困线标准，开始以多维的视角认识和解决贫困问题[①]。2017 年，习近平总书记在党的十九大报告中提出"让贫困人口和贫困地区同全国一道进入全面小康社会是我们党的庄严承诺"，并且强调"提高保障和改善民生水平"，需要"优先发展教育事业""提高就业质量和人民收入水平""加强社会保障体系建设""实施健康中国战略"等[②]。可以说，尽管多维贫困在理论上是国际先行，但实践层面则是中国先行。在中国传统理念中贫困便是多维的。从汉语构词角度来看，"贫"为匮乏、缺失，"困"为受阻、受限，延伸为物质资料和发展能力的匮乏（Wang et al.，2016）。承袭这一传统理念，1986 年国务院扶贫开发领导小组（原名贫困地区经济开发领导小组）在成立之初即将"造血式"扶贫作为工作重点，旨在通过扶贫开发提高贫困人口的能力。回溯扶贫政策，中国农村扶贫并非停留在浅层次的经济救助，在将多维贫困概念化并诉诸扶贫政策实施方面，中国走在了世界的前列（陈宗胜，2017）。

本章主要通过引入不同时期的政策变革来解析中国多维贫困减贫历程的动态变动。我们将不同时期的多维贫困改善分解为"个体驱动"和"政策驱动"，将其归纳为以下四个方面：一是中央政府的主导作用。行政主导是中国扶贫工作区别于多数国家的重要特征（黄承伟，2016），将贫困人口的个人福利上升到国家战略的高度（谢岳，2020），是中国扶贫事业取得脱贫成效的重要基础。二是农村改革与扶贫工作相结合。1985 年中国实施了以市场化为导向的农产品流通体制改革，促进了农产品市场的发展，提高了农村贫困人口的收入（张磊，2007）。进入 21 世纪，中国深化农村税费改革，并辅以再分配政策和兜底保障政策，缓解了农村贫困人口的生活负担，起到了明显的减贫作用（陈斌开和李银银，2020；Shen et al.，2021；Shen and Li，2022）。三是促进经济增长带动脱贫。随着经济高速增长，农村剩余劳动力开始从农业向非农业（乡镇企业）转移，贫困家庭的劳动力有了更多的就业机会。特别是 20 世纪 80 年代和 90 年代，在政府扶贫能力不足的情况下，农村贫困人口较大幅度减少的一个重要

---

① 农村反贫困实际的扶贫目标并不局限于提高贫困居民收入水平，而是包含了教育、医疗、住房等多方面的改善，参见《中国农村扶贫开发纲要 2011—2020》。

② 习近平．决胜全面建成小康社会 夺取新时代中国特色社会主义伟大胜利——在中国共产党第十九次全国代表大会上的报告［EB/OL］．https://www.12371.cn/2017/10/27/ARTI1509103656574313.shtml.

原因是经济增长的扶贫效应（沈扬扬，2012）。四是党的十八大以来，中国政府探索精准扶贫方略，建立精准扶贫工作机制，深入分析致贫原因，逐村逐户制定帮扶措施，加强了扶贫政策的针对性，确保扶贫更为精准（汪三贵和曾小溪，2018；李实和沈扬扬，2021）。

二、适用于中国农村"两不愁、三保障"的多维贫困指标体系

贫困是人类社会的顽疾，是全世界面临的共同挑战。贫困及其伴生的饥饿、疾病、社会冲突等一系列难题，严重阻碍了人们对美好生活的追求。2021年2月，习近平总书记在全国脱贫攻坚总结表彰大会上庄严宣告，中国"完成了消除绝对贫困的艰巨任务"。[①] 回顾中国减贫历程及阶段性减贫成果，有利于客观看待其历史成就，精准认知农村贫困现状，为建立新时期减贫政策体系提供参考。

在测算层面上，度量中国多维贫困的首要前提，是构建落脚于中国农村的多维贫困指标体系。2011年，中国政府进一步将多维扶贫标准纳入政策文件中，如《中国农村扶贫开发纲要（2011—2020年）》将扶贫政策总体目标确定为"到2020年，稳定实现扶贫对象不愁吃、不愁穿，保障其义务教育、基本医疗和住房"。为避免维度选取的随意性，本章以"两不愁、三保障"为中心，将收入、教育、健康和居住条件纳入指标体系当中。其中，收入维度对应"两不愁"标准，以贫困线（2300元，2010年不变价）为门槛[②]；教育、健康和居住条件维度对应"三保障"。整体上，本章乃至全书所构造的有关农村居民的多维贫困指标体系，均融合了以下几个原则。

第一，以全球多维贫困指标框架为基础参照系。联合国开发计划署（UNDP）联合牛津大学贫困与人类发展中心（OPHI）自2010年开始，每年以三大权重、十大指标公布和更新全球多维贫困指数。其指标分别为：健康维度下的"五岁以下儿童死亡率"和"营养"指标，教育维度下的"儿童入学"和"成人受教育年限"指标，以及生活水平维度下的"住房""饮水""卫生厕所""通电""炊事燃料"以及"小资产"指标。上述指标被广泛应用于发展中国家和欠发达国家和地区的多维贫困度量，是目前来讲最为权威的指标体系。其中，我国也参与了其中的多维贫困测度评估，所用的指标为上述指标体系的改进版本。

[①] 习近平. 在全国脱贫攻坚总结表彰大会上的讲话 [EB/OL]. http://www.gov.cn/xinwen/2021-02/25/content_5588869.htm.

[②] 我们计算了表5-9各指标95%的置信区间，结论显示分组贫困的跨期变动统计显著。但限于篇幅没有汇报，感兴趣的读者可向笔者索取。

第二，结合党的十八大以来我国精准扶贫、建档立卡过程中的实际贫困评估与脱贫体系实际情况。我国"两不愁、三保障"指标被公认为是一套多维式贫困识别与认定、救助与脱贫评估体系的参照（陈宗胜等，2018）。从政策文件上看，"两不愁、三保障"的贫困识别与救助指标最早出现于2011年中共中央、国务院印发的《中国农村扶贫开发纲要（2011—2020年）》中，并在"十八大"以来的扶贫攻坚战中发挥了关键作用，对巩固拓展扶贫成果、提高民生福祉具有重要价值。从内涵上看，"两不愁"指不愁吃、不愁穿的物质脱贫，"三保障"则是指"住房""医疗健康"和"教育"维度的安全。再结合我国在精准扶贫时期所采取的住房改造、安全饮水工程、厕所改造等民生基础建设项目等，本书据此在指标框架体系中搭建了教育维度、健康维度和生活水平维度。此外，就业也是缓解贫困的最直接和最具有长效机制的扶贫手段。因此，我们在指标体系中增加了就业维度。

第三，结合国内多维贫困指标体系设计和测算的研究通用方法。自2009年以来，以王小林和阿尔基尔（2009）的文献为标志，涌现出大量使用多维贫困方法研究我国多维贫困的文章。笔者梳理了这些文章的主要指标选取，发现其与本章所选取的维度体系并无二致（王小林和Alkire，2009；郭熙保和周强，2016；冯怡琳和邸建亮，2017；沈扬扬等，2022）。尤其需要指出的是，国家统计局住户办两位专家在2017年《调研世界》所发表的《对中国多维贫困状况的初步测算——基于全球多维贫困指数方法》一文，直接采用了UNDP和OPHI的通用指标。两位作者指出UNDP多维贫困指标体系基本符合中国的减贫发展历程（冯怡琳和邸建亮，2017）。

第四，使用CHIP1995年、CHIP2002年、CHIP2013年和CHIP2018年所共同拥有的变量。受数据内变量有限性因素影响，指标设计的充分性和完备性不可避免会被限制。同时需要强调的是，我们采取了较低的剥夺门槛，由此观测出2018年多维贫困发生率非常低。如此设计的一个重要原因是我们度量的是1995~2018年跨越23年历程的农村多维贫困变动，因此，使用一个能同时表达过去发展与当前成就的指标体系与剥夺门槛更加适宜。当然，在我国的快速发展之下，未来阶段中国农村地区的指标体系下各个指标的识别门槛可以适当提高，但这并不是在做跨期分析中所要重点强调的内容。

第五，指标之间的冗余度分析显示，本章所选取的指标体系足以支撑多维贫困指标构建的基本原则（即所有指标均通过了冗余性测试，见本章附录表1），证明各项指标可进入多维贫困指标体系。此外，在数据结果准确性方面，我们对每一个指标进行了事前合理性分析。以"自费医疗负担"为例，尽管从去医院就医农户支付医疗费用报销比例的变化可以看出，农户自费医疗负担在不断降低，但我们无法判定那些没有去医院就医农户的情况，是否因为其所在地区自费医疗负担依旧很重而选择不去医院。对此类情况，我们也尝试结合国家整体性战略发展和宏观数据做综合性判断，通过查阅国家新农合普及时间、发展历程和覆盖率变动的相关数据，尽量确保计算结果的准确性。

结合 CHIP 变量信息，构建指标体系，如表 5-1 所示。①

表 5-1　　　　　　　　　　多维贫困的指标界定

维度	指标	指标取值规则	未达标界定值	权重
教育	受教育程度	家中非在校成年人最高受教育类型（0 未上过学、1 小学、2 初中、3 高中、中专或技校、4 大专、5 大学本科及以上）	家庭中所有成年人受教育水平低于小学，视为所有家庭成员遭受剥夺	1/10
	儿童入学	1 有儿童且至少一个儿童失学，0 没有儿童失学	家庭中至少存在一名学龄儿童失学，视为所有家庭成员在该指标上遭受剥夺	1/10
健康	身体健康状况	身体健康程度：1 非常好、2 好、3 一般、4 不好、5 非常不好	家庭中有至少一名身体健康很差的成员，视为全体家庭成员在健康上遭受剥夺	1/10
	医疗费用支出	家庭医疗自费支出占全部医疗支出的比例	家庭成员医疗自费支出占全部医疗支出的 50% 以上，则视为全部家庭成员在此指标上遭受剥夺	1/10
居住条件	安全饮水	1 无安全用水，0 有安全用水	家庭没有安全饮用水，视为所有成员遭受剥夺	1/10
	住房面积	人均住房面积	人均住房面积小于 9 平方米，视为所有成员遭受剥夺	1/10
资产和收入	资产	家庭小资产的数目（电视、自行车、摩托车、电冰箱、洗衣机）；小汽车或者拖拉机拥有状况	家庭小资产少于等于一项视为剥夺；如果家中有小汽车或拖拉机中的一项，则视为不剥夺；反之视为所有家庭成员面临资产剥夺	1/10
	收入	家庭人均收入	家庭人均收入低于当年官方贫困标准，则视为所有家庭成员面临收入贫困	1/10

---

① 该结论与阿尔基尔和沈（Alkire and Shen, 2017）、张全红等（2017）的结论一致。

续表

维度	指标	指标取值规则	未达标界定值	权重
就业	失业	16岁以上成年人失业或待业在家的基本信息	至少一名务工成员遭遇失业或待业在家，视为所有家庭成员在此指标上遭受剥夺	1/10
	工作环境	0为工作环境恶劣（高温、危险）或工作福利差（没有养老失业保险，且有被拖欠工资经历）；1为不存在剥夺	至少一名务工成员遭遇工作环境恶劣或工作福利被剥夺问题，则视为所有成员在此维度上遭受剥夺	1/10

注：需要指出，儿童入学和就业维度指标的适用性存在局限，即可能存在家中没有儿童或没有就业人员的家庭。对此，我们按照联合国开发计划署和牛津大学贫困与人类发展研究中心（OPHI）测算全球多维贫困的通用做法，对相应家庭成员做未遭受剥夺处理。参见：联合国《2010年人类发展报告》、OPHI技术报告 *Multidimensional Poverty Index-Winter 2017–18* 和OPHI中国指标设计说明，https://ophi.org.uk/wp-content/uploads/CB_CHN_2021。

资料来源：笔者整理。

第二节　本章所用数据和多维贫困指标：CHIP 1995~2013年

一、本章所用数据

本章的测算数据来自中国家庭收入调查项目（CHIP）。我们主要使用CHIP 1995年、CHIP 2002年和CHIP 2013年的农村样本，没使用1988年数据是由于多维贫困变量信息不全，无法与后续年份形成连续性分析；没有使用2007年数据是由于该年将近四成样本存在多维贫困变量缺失。[1] 最终，本章使用的三年数据分别包含7955个、9191个、9909个住户，以及34561个、37935个、36853个个体。为了让数据具备全国农村人口代表性，本书所有估算结果都经过了加权处理。个人权重的总体人口数据分别来自1995年全国1%人口抽样调查、2000年全国人口普查和2010年全国人口普查，主要使用了其中各省份农村总体人口信息。

---

[1] 相当于有任意三个指标未达标时被认为处于多维贫困状态。以"受教育程度"指标为例，当该维度权重提高，其他维度的权重同比例下降，K值（0.3）附近的C向量呈现如下特征——比K值略小的0.29967有4.53%的样本家庭，比K值略大的0.30077仅有0.34%的样本家庭。前者远高于后者，主要原因是这个维度剥夺发生率低于其他指标的剥夺发生率。此时，4.53%样本家庭将从多维贫困状态改为非多维贫困状态，这导致了MPI指数的跳跃式变化。对应地，若降低"受教育程度"指标的权重，将有0.34%家庭从多维贫困状态转为非贫困状态，由于占比较小，对MPI的影响也较小。

二、构建农村居民多维贫困指标体系

不同时期十个指标的基本统计如表 5-2 所示。从平均值所反映的整体趋势看,受教育情况、医疗健康状况、居住状况和资产收入状况在最近二十余年(1995 年至今)得到了较大改善,就业状况在 2002 年较差,但 2013 年好于 1995 年和 2002 年。这些变化将最终在 MPI 指数中得到反映。

表 5-2 单个指标的描述性统计结果

项目	1995 年 样本量	平均数	最小值	最大值	2002 年 样本量	平均数	最小值	最大值	2013 年 样本量	平均数	最小值	最大值
受教育程度	34561	1.95	0	5	37935	2.20	0	5	36853	2.60	0	8
儿童入学	34561	0.08	0	1	37935	0.05	0	1	36853	0.02	0	1
身体健康状况	34561	0.45	0	8	37935	0.22	0	4	36853	0.26	0	5
医疗费用支出	34561	0.76	0	1	37935	0.50	0	1	36853	0.36	0	1
安全饮水	34561	0.20	0	1	37935	0.14	0	1	36853	0.08	0	1
住房面积	34561	22.71	0	163	37935	28.46	2	250	36853	40.08	2	520
资产	34561	1.98	0	8	37935	3.08	0	8	36853	3.36	0	6
收入	34561	1796	10	49467	37935	2568	0	35225	36853	9998	0	168165
失业	34561	0.06	0	5	37935	0.08	0	4	36853	0.05	0	5
工作环境	34561	0.06	0	1	37935	0.14	0	1	36853	0.02	0	1

注:受教育程度变量在 2013 年的 CHIP 问卷中教育对应编号发生变动(详参 CHIP 问卷 2013)。本书在处理多维贫困变量中对 2013 年对应教育程度进行了 0~5 的重新编号,从而令计算结果跨期可比。

资料来源:CHIP 1995 年、2002 年和 2013 年数据,笔者计算。

第三节 农村多维贫困的跨期变动

一、农村多维贫困程度跨期变动

表5-3第一部分给出了 MPI、H 和 A 的测算结果，显示了我国农村多维贫困跨期变动的总体情况。表5-3第二和第三部分给出了分项指标的跨期变动。在考察期内，农村贫困显著下降。MPI 指数从1995年的0.151下降到2013年的0.019，下降幅度超过了80%。总体变化中，多维贫困发生率（H）从1995年的41.6%下降到2013年的5.9%，共下降了35.7个百分点。多维贫困人口分项指标的平均达标率不断改善，A 值从1995年的36.2%下降到2013的32.0%。表5-3中所给出的数值变动彰显了扶贫成就；同时提示出虽然当前贫困比例很低，但这一时期余下的贫困问题多是难啃的"硬骨头"。利用多维贫困指标优良性质，下面具体回答"因何贫困"的精准识别问题。

表5-3后半部分分别给出了单个维度的剥夺发生率和有门槛的指标被剥夺发生率，前者展现的是指标的整体改善（恶化）程度，后者展现的是多维贫困群体的变动，由此呈现出农村贫困度改善的具体原因。从单个维度的剥夺发生率上看，20世纪90年代，农村居民面临的最大困境来自医疗自费支出负担过重。1995年，该指标的剥夺发生率高达76.6%，将近八成农户面临自费医疗支出负担重的问题；有门槛剥夺发生率为36.7%，为当年有门槛剥夺发生率之首，折算下来，相当于近九成（36.7%/41.6% = 88.2%）多维贫困人群承受医疗负担过重的压力。自费医疗负担过重的问题之所以成为90年代农户遭受剥夺的主要指标，源于特定历史时期下的制度性矛盾：该时期恰好处于农村合作社体制瓦解阶段，新型农村医疗保障制度尚未建立，农村公共医疗机构处于真空期，农户看病无处报销，看病花销对家庭造成了较高负担，影响家庭的经济决策和发展决策，"一人生病，全家贫困"问题突出。当然，这一矛盾伴随"新农合"普惠项目的开展得到缓解。[①] 表5-3中数据显示，1995～2002年医疗自费负担发生率从76.6%下降到50.3%，2013年进一步下降到39.6%；有门槛下的发生率从1995年的36.7%下降到14.8%，2013年进一步下降到4.1%。上述历史追踪数据，如实反映了早期农村医疗保障体系不健全导致的社会问题，以及新农合政策所带

[①] 我国于2002年开始探索实行农村合作医疗制度，旨在设计新型农村合作医疗体制，解决占全国近2/3农村人口的医疗保障问题，并在帮助农民抵御重大疾病风险、减轻农民医疗负担、抑制农民因病致贫、因病返贫等方面发挥了重要作用。

来的福利改善。当然，农户医疗负担重的矛盾依旧存在，因病返贫、因病致贫仍然是反贫困斗争中要应对的重要课题。

表 5 – 3　　各年份多维贫困指标的变动以及分项指标的跨期变动

项目	1995 年	2002 年	2013 年
MPI	0.151	0.068	0.019
H（%）	41.6	19.8	5.9
A（%）	36.2	34.2	32.0
单个维度的剥夺发生率（%）			
受教育程度	4.8	1.2	1.2
儿童入学	7.8	5.0	2.1
身体健康状况	24.7	17.8	20.3
医疗支出负担	76.6	50.3	39.6
安全饮水	19.9	14.2	7.5
住房面积	6.5	3.1	0.7
资产	28.9	14.5	8.3
收入	53.3	30.5	8.1
失业	4.5	6.1	3.6
工作环境	6.3	14.0	2.2
有门槛的剥夺发生率（%）			
受教育程度	3.7	0.8	0.6
儿童入学	6.1	3.0	0.7
身体健康状况	19.3	8.5	4.5
医疗费用支出	36.7	14.8	4.1
安全饮水	15.7	7.4	2.3
住房面积	5.6	2.2	0.2
资产	22.6	8.6	2.9
收入	33.9	14.1	2.4
失业	3.1	2.5	0.8
工作环境	4.0	5.6	0.5

资料来源：CHIP1995 年、2002 年和 2013 年数据，笔者计算。

1995 年被剥夺程度排在第二位的是农户经济收入，即农户贫困问题。单个维度剥夺结果显示，农户贫困发生率有较快的下降：从 1995 年的 53% 下降到

2002 年的 30.5%，2013 年进一步下降到 8.6%。① 与多维贫困的变动趋势相比，一个突出的现象是二者变动并不同步，从而令二者间的错位程度越来越高。根据测算，1995 年超过八成（81%）多维贫困群体同时处于收入贫困状态，收入与非收入维度的交叠程度很高；但及至 2013 年，仅四成（40.7%）多维贫困群体同时陷入收入贫困。阿尔基尔和沈（Alkire and Shen，2017）得到了类似结论，两位学者利用 CFPS2010～2014 年数据测算得到收入与非收入维度的交叠程度逐年下降：2014 年同时处于多维贫困和收入贫困的人群仅是全部收入贫困户的 13%，仅为全部多维贫困户的 35%。上述结果说明一个值得重视的问题：贫困的多元化程度越来越高，伴随发展不平等、社会分化程度加剧，贫困的多维性质会体现得更加明显。

初始剥夺程度排在第三位的是资产拥有状况。1995 年、2002 年单个维度剥夺发生率均为同年收入贫困发生率的一半左右，但 2013 年资产剥夺发生率直接超过了收入贫困发生率；有门槛的剥夺发生率变动趋势与此相类似。上述变动值得思考，说明农户在增收过程中并未及时调整家庭内部的资产拥有状况，折射出农户生产和消费调整的优先次序。再结合教育指标的同期变动，农户在资产方面的滞后调整，一定程度上变相反映出农户对人力资本投资（改善受教育程度和儿童入学项目）的重视。

健康剥夺指标的变动超出我们的预期，呈现出先下降而后上升的态势。健康的单维度剥夺发生率从 1995 年的 24.7% 下降到 2002 年的 17.8%，但在 2013 年小幅度提升到 20.3%；有门槛剥夺发生率的换算结果显示，1995 年多维贫困人群中健康剥夺群体比例为 46.3%，2002 年该比例小幅下降到 43.0%，但是在 2013 年大幅上升到 76.3%，即将近八成多维贫困户家中有至少一名成员处于不健康状态。这反映出身体健康状况差正成为农村贫困的重要体现与成因。② 结合农户自费医疗负担过重问题，本书建议继续强化医疗保险对困难农户的保障作用，同时提升农民对营养健康的重视，培养有病及时就医观念的形成。

初始剥夺程度排在第四位的是安全饮水。1995 年其单个维度剥夺发生率为 19.9%，将近两成农户无法喝上安全饮用水。这会形成该部分群体尤其是妇女和婴幼儿的健康隐患。同年该指标有门槛剥夺发生率为 15.7%，相当于近四成多维贫困农户（15.7%/41.6% =38%）无法获得安全饮用水。由于安全饮水与公共

---

① 相对应地，新贫困标准（2300 元标准，2010 年不变价）下 1995 年和 2013 年我国农村官方贫困发生率分别为 60.5% 和 8.5%（国家统计局，2016 年）。

② 2016 年建档立卡数据显示，全国包括少数民族地区在内的贫困人口中，因病致贫比例为 44%。（全国因病致贫返贫 734 万人 2097 万贫困人口已获基本医疗保险 [EB/OL]. http://news.cyol.com/content/2017 - 08/31/content_16456908. htm. ）

服务建设具有高关联性，很难简单通过提升居民收入来实现改善，可以观察到这项指标变动与我国农村安全饮水工程建设具有同步性。测算显示 1995~2002 年安全饮水获取剥夺发生率仅下降了 1/4，但在 2005 年国家重点推行农村饮水安全工程后（2002~2013 年），安全饮水被剥夺程度下降幅度高达 1/2。[①]

除了上述几个指标，剩余指标的初始被剥夺发生率均低于 10%。其中，儿童入学、住房面积和工作环境的初期被剥夺程度在 5%~10% 之间；受教育程度和失业在 5% 以下。先看儿童入学指标：1995 年其单维度剥夺发生率为 7.8%，表明约 8% 的农户家庭中有至少一名学龄儿童没能入学。我国从 1986 年开始施行义务教育，但 20 世纪八九十年代农村学龄儿童辍学失学现象仍较为突出。伴随国家和农村居民对教育重视程度的提高，儿童入学指标持续改善。2002 年剥夺发生率下降到 5.0%，2013 年下降到 2.1%。[②] 考察成人受教育指标可以发现，越来越多农户跨越了"低教育水平"这一门槛，成人受教育程度被剥夺率从 1995 年的 7.8% 下降到 2013 年的 1.2%。由于教育拥有高投资回报率，上述改进的长远发展意义重大。但要注意的是此处选用的教育剥夺门槛较低，仅为 9 年义务教育，也没能考虑教育质量问题。2017 年 4 月，教育部等四部门印发《高中阶段教育普及攻坚计划（2017-2020 年）》，提出对"中西部贫困地区、民族地区、边远地区、革命老区"等贫困地区高中阶段教育的普及，2018 年 2 月国家进一步将其提升为"三区三州"扶贫攻坚以及缓解深度贫困的重点难点。若选用 2012 年作为受教育程度门槛以及儿童入学门槛，教育维度在贫困构成中的贡献度可能会有所提高。再观察失业和工作环境两个就业指标：农户就业水平曾经在 1995~2002 年经历了一轮恶化，表现为农村居民失业率提高，处于不良工作环境中的人口增多；该情况在后期（2002~2013 年）得到扭转。对比就业维度的变动结果，1995~2002 年的逆向结果对应了"民工潮"到"民工荒"的历史转折时期，反映出制度变迁下落后生产方式与劳动供给之间的矛盾。2002~2013 年，伴随后金融危机时代下企业产业结构调整与升级，农民工的务工环境也相应得到改善。时至今日，我国农民工在工资待遇和工作环境方面均有显著提升（刑春冰等，2021），但如何在快速的城镇化进程中为农民工及其家庭提供有保障的就业生活机会仍是一个挑战。

2013 年的测算结果集中显现了现阶段的主要矛盾。测算结果显示，自费医

[①] 《中国实施千年发展目标报告（2000-2015 年）》显示，1990~2012 年农村安全饮水覆盖率从 58% 提高到 85%。

[②] 《中国实施千年发展目标报告（2000-2015 年）》显示，为实现与教育相关的发展目标（目标 2A），全国实行免费九年义务教育，小学学龄儿童净入学率从 2000 年的 99.1% 上升到 2014 年的 99.8%。本书此处测算出的剥夺发生率更高，因为在剥夺发生率处理过程中，我们将那些家庭中有至少一个学龄失学儿童的所有家庭成员都赋值为被剥夺，故而形成高估结果。

疗负担重仍是贫困的主要表现,农户在身体健康状况和安全饮水获取方面仍存在较大改进空间。是综合缓解农村居民多维贫困的优先攻克方向。

二、不同群体之间的差异

第一,老年户主贫困程度最高。按照户主年龄将考察组分成三个——青年户主家庭(16~35岁)、中年户主家庭(36~65岁)、老年户主家庭(66岁及以上)。表5-4显示,随着时间的推移,各年龄组的多维贫困下降幅度都非常显著,但一个明显的趋势是中青年户主所在家庭贫困下降速度更快。1995~2013年,16~35岁、36~65岁户主家庭多维贫困发生率分别下降了44个和36个百分点,相比较而言66岁及以上户主所在家庭贫困发生率仅下降23个百分点。2013年结果则显示出老年家庭贫困问题值得重视。2013年老年贫困组家庭的MPI分别是中、青年户主家庭的3倍和6倍,贫困发生率也高出平均水平8.3个百分点,凸显出农村老年人多维贫困问题的严峻性。从贫困原因解释上,营养健康对老年家庭贫困有很大影响,是引发老年贫困的重要诱因。[①]

表5-4　　　　户主年龄与多维贫困指标(1995~2013年)

项目	1995年			2002年			2013年		
	16~35岁	36~65岁	66岁及以上	16~35岁	36~65岁	66岁及以上	16~35岁	36~65岁	66岁及以上
人口占比(%)	21.3	75.7	2.9	15.1	81.6	3.2	5.8	81.9	12.3
MPI	0.170	0.146	0.134	0.067	0.066	0.102	0.008	0.015	0.047
H(%)	46.4	40.5	37.4	19.5	19.4	29.8	2.3	4.9	14.2
A(%)	36.5	36.1	35.8	34.6	34.1	34.2	35.3	31.4	33.1

资料来源:CHIP 1995年、2002年和2013年数据,笔者计算。

第二,教育程度与多维贫困度成反向相关。表5-5显示户主接受教育程度越高,家庭贫困程度越低,文盲户主所在家庭多维贫困状况最严重。数据结论凸显教育在缓解贫困方面的重要性,具有较强的政策含义:一方面,要增加贫困儿童接受优质教育的机会,减少贫困代际传递;另一方面,要关注成人的继续教育培训,增强其在劳动力市场上的适应性。当然,并非高学历家庭就没有贫困,高中以上学历农户内部存在一定比例的多维贫困群体,且在医疗支出和身体健康状况两个指标上有较高贫困发生率。

---

① 由于篇幅所限,调整权重后的更多结果没有汇报。有兴趣的读者可以与笔者联系。

表 5-5　　　　　受教育程度与多维贫困指标（1995~2013 年）

项目	1995 年				2002 年				2013 年			
	未上过学	小学	初中	高中及以上	未上过学	小学	初中	高中及以上	未上过学	小学	初中	高中及以上
人口占比（%）	14.8	33.8	38.2	13.2	8.3	28.0	44.9	18.7	6.1	32.8	49.0	12.1
MPI	0.231	0.153	0.130	0.117	0.109	0.081	0.060	0.048	0.056	0.025	0.012	0.009
H（%）	59.4	42.6	36.8	33.2	31.3	23.8	17.4	14.4	16.9	7.8	3.9	2.9
A（%）	39.0	35.8	35.2	35.1	34.9	34.0	34.4	33.2	33.5	31.7	31.7	31.6

资料来源：CHIP 1995 年、2002 年和 2013 年数据，笔者计算。

第三，欠发达区域多维贫困状况更为严重。从区域结构上看（见表 5-6），西部多维贫困程度最高。1995 年，东中西区域的 MPI 值分别为 0.072、0.145 和 0.245，西部地区贫困程度显著高于东部和中部；2013 年，西部地区 MPI 值几乎是东部的 2 倍。1995 年，西部贫困发生率高达 63.9%，比东部高出 42.3 个百分点。尽管 2013 年，东部和西部贫困的绝对贫困发生率有所下降，但贫困人口比率之间的差距仍然很大，东部贫困发生率为 3%，西部为 10%。这说明，当前西部仍然是扶贫工作的重点区域。

表 5-6　　　　　居住区域与多维贫困指标（1995~2013 年）

项目	1995 年			2002 年			2013 年		
	东	中	西	东	中	西	东	中	西
人口占比（%）	34.2	35.1	30.7	32.5	35.2	32.3	33.9	36.4	29.7
MPI	0.072	0.145	0.245	0.024	0.066	0.113	0.009	0.017	0.032
H（%）	21.6	41.6	63.9	7.4	19.4	32.7	2.9	5.3	10.0
A（%）	33.1	34.9	38.3	32.1	34.1	34.7	31.6	31.9	32.2

资料来源：CHIP 1995 年、2002 年和 2013 年数据，笔者计算。

对比贫困县和非贫困县（见表 5-7），1995 年扶贫重点县的贫困发生率高达 63.7%，非重点县为 34.4%，二者在发生率的绝对差距达到近 30 个百分点。但二者之间的差异不断缩小，到 2013 年，二者贫困发生率的绝对差距缩小到 6.3 个百分点，A 值间绝对差异从 1995 年的 3.2 个百分点下降到 2013 年的 0.1 个百分点。MPI 间绝对差距从 1995 年的 0.123 下降到 2013 年的 0.020。该趋同在彰显以扶贫县为重点的扶贫开发模式发挥了巨大成效的同时，也显示出区域（贫困县、村）主导的救助模式精准度逐渐丧失，也证明单一瞄准贫困县的机制存在扶贫资金使用效率降低的矛盾（Park and Wang，2010）。2001年开展的整村推进和2014年提出的建档立卡与"精准扶贫"，将瞄准单位从县精准到村、到户，反映出国家在恰当时期采取了恰当的应对举措。

表5-7 贫困县/非贫困县与多维贫困指标（1995~2013年）

项目	1995年		2002年		2013年	
	非贫困县	贫困县	非贫困县	贫困县	非贫困县	贫困县
人口占比（%）	75.3	24.7	85.5	14.5	81.9	18.1
MPI	0.120	0.243	0.058	0.123	0.015	0.035
H（%）	34.4	63.7	17.1	35.6	4.7	11.0
A（%）	35.0	38.2	34.0	34.6	32.0	32.1

资料来源：CHIP 1995年、2002年和2013年数据，笔者计算。

第四节 稳健性分析

多维贫困依托于可行能力理论，理论基础较为完善。但在指标体系构建方面存在主观性和随意性的争议（Ravallion，2011）。此处指标构建依托于"两不愁、三保障"的政策目标，具有一定现实基础。但为了保证学术严谨性，本部分从三个角度进行稳健分析。

一、替换单个指标

受限于数据可获得性，所选指标未必完美替代"可行能力"或贫困内涵。针对这一问题，使用替代指标重新计算多维贫困结果。替代指标的搜寻原则为：第一，能够充分反映现实状况并与替代维度含义一致。第二，不同时期可比。受限于数据可得性，共替换四个指标：医疗费用支出、住房面积、收入和工作环境。本章附录表2报告了替换前后的描述性统计结果。

由于替代指标未达标率都低于原始指标，尤其是贡献最大医疗健康的未达标率大幅下降，替代指标计算结果低于原始结果（见表5-8）。但是，从多维贫困指数各项结果的跨期变化趋势上看，趋势比较稳健。使用替代指标后，MPI从

1995 年的 0.112 下降至 2013 年的 0.014，H 从 32.1% 下降至 4.4%，A 从 34.9% 下降至 32.4%。不同群体之间的差异变动结果也表现出稳健性。

表 5-8　　　　　　被替代以后的 MPI 指数及其变化趋势

项目	1995 年 原始	1995 年 替代	2002 年 原始	2002 年 替代	2013 年 原始	2013 年 替代
MPI	0.151 [0.149, 0.152]	0.112 [0.110, 0.114]	0.068 [0.066, 0.069]	0.044 [0.042, 0.045]	0.019 [0.018, 0.020]	0.014 [0.014, 0.015]
H（%）	41.6 [41.2, 42.1]	32.1 [31.6, 32.5]	19.8 [19.5, 20.2]	13.2 [12.8, 13.5]	5.9 [5.6, 6.1]	4.4 [4.2, 4.6]
A（%）	36.2 [36.0, 36.3]	34.9 [34.8, 35.1]	34.2 [34.0, 34.3]	33.0 [32.8, 33.2]	32.0 [31.8, 32.2]	32.4 [32.2, 32.7]

注：方括号内为置信区间结果。
资料来源：CHIP 1995 年、2002 年和 2013 年数据，笔者计算。

二、更改指标权重

为了平衡各个维度之间的关系，前面的分析采用等权重方式。若需要特别强调某些指标，可以根据相应时期的特殊背景或经济内涵，给予较高权重。那么，若改变某个维度的权重，MPI 结果是否会遭遇大幅改变，甚至推翻前面的结论？本书十个指标初始设定的权重均为 10%，贫困临界值 k 设定为 0.3。为了观察改变权重大小对 MPI 估计结果的影响，本部分的稳健性设定是：分别更改每个维度的权重大小，将维度 j 的权重分别改为 2%、6%、9%、9.9%、10.1%、12%、20%、25% 和 30%，其他维度的权重对应分别更改为 $(1-w_j)/9$。其中，2% 和 30% 是观察将权重调整极端小或极端大时的 MPI 指数，9.9% 和 10.1% 是观察权重微小调整时的 MPI 指数。

根据调整权重的估计结果（见图 5-1），测算结果显示：权重改变以后，MPI 结果会更多地受到权重较高的指标的影响——若这些指标的剥夺比例较高，MPI 将趋向于增加；反之 MPI 将趋向于减少。图 5-1 中还出现了一些跳跃式变化，它们的位置取决于 k 和各维度权重的数值关系。由于维度个数有限，根据维度未达标状况加总得到的 C 向量的取值实际上只会包含有限个类别的取值（见表 5-9），当权重发生某些特定变化时，MPI 会出现跳跃。

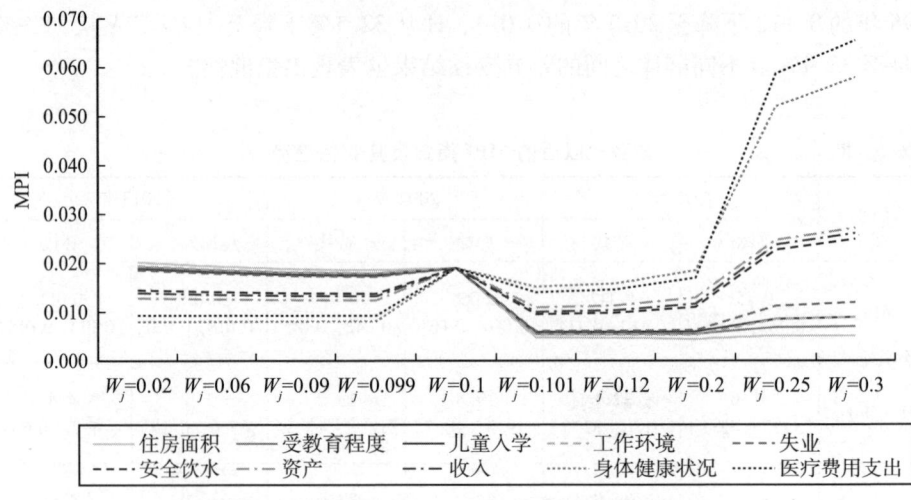

图 5-1　不同权重变化、不同指标调整后的 MPI

注：不同指标按照未达标比例从小到大排序。
资料来源：CHIP 2013 年数据，笔者计算。

表 5-9　"受教育程度"权重更改为 0.101 后的 C 向量取值分布

调整前（$w_j = 0.100$）			调整后（$w_j = 0.101$）		
取值	加权样本家庭数	占比（%）	取值	加权样本家庭数	占比（%）
0.00000	13552	36.77	0.00000	13552	36.77
0.10000	14668	39.80	0.09989	14390	39.05
0.20000	6467	17.55	0.10100	278	0.75
0.30000	1796	4.87	0.19978	6102	16.56
0.40000	314	0.85	0.20089	365	0.99
0.50000	53	0.14	0.29967	1669	4.53
0.60000	4	0.01	0.30078	127	0.34
			0.39956	275	0.75
			0.40067	39	0.11
			0.49944	50	0.14
			0.50056	3	0.01
			0.59933	4	0.01
合计	36853	100.00	合计	36853	100.00

资料来源：CHIP 2013 年数据，笔者计算。

结果还发现，若不同指标的权重不同，C 向量的取值将更加多样化，权重变化对 MPI 指数的影响会减弱。权重变化对 MPI 的影响在局部和全局的结果可能不同。当所有指标权重相同，且 k 值恰好为 C 向量某个取值时，局部范围内无论降低或增加某个维度的权重，MPI 都会下降。因为在调整权重过程中，一些指标权重下降，一些指标权重上升，使得一部分群体的综合未达标比例略低于 k 值，从多维贫困状态转为非贫困状态。但是，当权重调整幅度较大时，其他指标的权重变化可能使得另一些群体贫困状态发生反方向变化，抵消 MPI 的下降幅度。因而权重变化会降低 MPI 只会发生在局部范围。

同时，仅当所有指标的权重都相同时，多维贫困群体的平均未达标程度（A 值）达到最小值。这主要是因为多维贫困的临界值 k 一般被界定为"k 个维度未达标时被认为处于多维贫困状态"；此时，差异性的权重会使得 C 向量取值更离散，一部分群体会从多维贫困状态转为非贫困状态。

总的来看，虽然改变权重会影响 MPI 估计结果，但 1995~2013 年 MPI、H 和 A 的变化趋势并未发生太大改变，主要结论仍然成立（见表 5-10）。其中存在一些变化，主要在于不同维度跨期变化趋势不同，由于权重变化必然影响 MPI 变化趋势。MPI 指数作为综合性指标，一般不太可能给单个维度设定远高于其他维度的权重数值，否则采用单一维度指标更为合适。原则上，不同维度的权重数值设定依赖于一定的现实背景作为支撑。在合理的调整范围内，权重变化对前面的整体结论没有本质影响。

表 5-10　改变"医疗费用支出"指标的权重对 MPI 的影响

w_j	1995 年			2002 年			2013 年		
	MPI	H	A	MPI	H	A	MPI	H	A
0.020	0.082	21.0	39.2	0.037	10.1	37.0	0.009	2.7	34.6
0.060	0.086	21.0	40.7	0.038	10.1	37.6	0.009	2.7	34.5
0.090	0.088	21.0	41.9	0.038	10.1	38.0	0.009	2.7	34.4
0.099	0.089	21.0	42.2	0.038	10.1	38.2	0.009	2.7	34.4
0.100	0.151	41.6	36.2	0.068	19.8	34.2	0.019	5.9	32.0
0.101	0.142	38.7	36.7	0.057	16.1	35.2	0.014	4.2	32.8
0.120	0.147	38.7	38.0	0.059	16.1	36.4	0.014	4.2	34.2
0.200	0.167	38.7	43.1	0.067	16.1	41.4	0.017	4.2	39.8
0.250	0.261	63.2	41.3	0.130	33.5	38.7	0.058	16.3	35.9
0.300	0.285	63.2	45.0	0.143	33.5	42.6	0.065	16.3	40.1

注：表中 w_j = 0.100 是未调整权重的结果，作为参考。
资料来源：CHIP 1995 年、2002 年和 2013 年数据，笔者计算。

三、减少维度

比权重调整更极端的改变是直接去掉一些维度。本书主要进行两项调整：调整1，去掉最大贡献维度"健康"；调整2，去掉最小贡献维度"就业"，其余四个维度取25%相同权重。表5-11报告了调整后的结果。结果显示，当K值保持不变，贫困发生率会下降，贫困深度会上升。其理由在于个人层面未达标得分 c 会因维度的减少而下降，即减少维度将使个体更不容易被识别为多维贫困。而A值整体上升，来源于选取指标的减少，相应放大了其他维度和指标对整体贫困的权重（或贡献度），造成多维贫困群体的平均被剥夺程度上升。

表5-11 减少维度以后的MPI指数及其变化趋势

多维贫困指数	1995年			2002年			2013年		
	不调整	调整1	调整2	不调整	调整1	调整2	不调整	调整1	调整2
MPI	0.151 [0.149, 0.152]	0.058 [0.056, 0.059]	0.171 (0.169, 0.173]	0.068 [0.066, 0.069]	0.026 [0.025, 0.027]	0.064 (0.062, 0.065]	0.019 [0.018, 0.020]	0.003 [0.003, 0.004]	0.020 [0.019, 0.021]
H	41.6 [41.2, 42.1]	14.0 [13.6, 14.3]	38.3 (37.8, 38.7]	19.8 [19.5, 20.2]	6.6 [6.3, 6.8]	15.3 (15.0, 15.7]	5.9 [5.6, 6.1]	0.9 [0.7, 1.0]	5.0 [4.8, 5.2]
A	36.2 [36.0, 36.3]	41.1 [40.9, 41.3]	44.8 (44.6, 44.9]	34.2 [34.0, 34.3]	40.4 [40.2, 40.6]	41.5 (41.3, 41.6]	32.0 [31.8, 32.2]	38.5 [38.0, 38.8]	39.6 [39.4, 39.9]

注："调整1"指去掉贡献最大的维度"健康"，"调整2"指去掉贡献最小的维度"就业"。
资料来源：CHIP 1995年、2002年和2013年数据，笔者计算。

由于MPI是H和A的乘积，即二者综合变动的结果，去掉最大贡献维度和去掉最小贡献维度后结果必然不同。若去掉贡献最大的维度（调整1），MPI指数将大幅下降。以2013年为例，MPI从0.019降至0.003。这一下降主要来自多维贫困发生率（H）的大幅降低（从5.9%降至0.9%）。若去掉贡献最小的维度，调整2的MPI指数变化方向不确定，因为H和A的变化方向相反，当维度的贡献较小时，去掉该维度引起的H和A值变化幅度差异不大，对MPI的影响会互相抵消；但当维度的贡献较大时，去掉该维度对H的影响更强，A值增长不足以抵消H的反向影响，MPI指数会大幅下降。

四、剥夺指标的关联性

在多维贫困的分析框架中，一个人既可能陷入一维贫困，也可能陷入多维贫困。因此，剥夺指标之间存在互相关联性，关联性的强弱反映了不同贫困程度和类型。表 5-12 显示了多维贫困群体中在某个维度上被剥夺的群体，在其他维度上被剥夺的比例。结果显示，受教育年限较低的群体，家庭资产也较少，二者同时被剥夺的比例为 71%；而家庭资产和儿童入学，二者同时被剥夺的比例仅为 20%。这种差距也恰恰说明，在某些指标上被剥夺情况事实上与家庭自身发展背景、经历、家庭在过去以及既有状况下的选择等多维因素相关。

表 5-12　　　　2013 年多维贫困群体剥夺指标的关联性　　　　单位：%

指标	受教育程度	儿童入学	身体健康状况	医疗费用支出	安全饮水	住房面积	资产	收入	就业	工作环境
1. 受教育程度	—	4.74	69.95	59.69	13.08	0.00	71.13	19.14	2.42	3.58
2. 儿童入学	4.09	—	65.98	70.08	20.58	1.24	19.33	28.73	12.28	6.66
3. 身体健康状况	8.69	9.49	—	70.37	35.01	1.86	44.51	35.43	11.59	6.29
4. 自费医疗费用支出	8.20	11.15	77.87	—	30.46	2.46	42.82	29.79	13.96	8.21
5. 安全饮水	3.21	5.85	69.15	54.37	—	1.35	40.67	40.92	10.68	3.08
6. 住房面积	0.00	4.29	44.60	53.39	16.39	—	37.13	63.55	0.00	13.11
7. 资产	13.73	4.32	69.21	60.17	32.01	2.41	—	41.38	3.02	3.51
8. 收入	4.32	7.52	64.46	48.97	37.69	4.82	48.42	—	8.70	3.98
9. 失业	1.74	10.22	67.09	73.02	31.27	0.00	11.24	27.67	—	7.10
10. 工作环境	4.41	9.50	62.34	73.56	15.47	5.42	22.40	21.70	12.16	—

注：表中每个数值表示多维贫困群体中，行子维度被剥夺的群体中列子维度同时被剥夺的比例，用公式表示为：行维度被剥夺且列维度被剥夺的加权人口数/行维度被剥夺的加权人口数×100%。
资料来源：CHIP 1995 年、2002 年和 2013 年数据，笔者计算。

经过细致分析可以得出以下结论：①当多维贫困人群遭受教育不足问题，相应地，他们更容易遭遇资产、健康、自费医疗费用支出方面的困难。②家庭中有未能及时入学的学龄儿童，家庭成员往往同时面临健康问题，陷入收入贫困，此外，家庭中安全饮水和就业也难以得到保障。③健康程度差的多维贫困人群，容易在自费医疗支出和资产方面出现被剥夺状况。④自费医疗支出负担重的多维贫困群体，更容易面临健康问题，并在资产、安全饮水、收入、就业指标上出现问题。⑤对那些无法饮用安全饮水的贫困户而言，紧密相连的剥夺指标包括健康、自费医疗费用支出，资产、收入和工作环境。⑥住房面积小的多维贫困户，更容易同时陷入收入贫困，并容易遭遇医疗费用和健康问题。⑦家庭资产项目较少的贫困户，往往更容易同时在健康、自费医疗费用支出以及收入和饮水指标上遭受剥夺。⑧对收入贫困而言，紧密相关的不达标项包括健康、资产、医疗费用、安全饮水。⑨存在就业困难的贫困户，更容易遭遇自费医疗费用支出过高、健康状况不佳等情况。

综上所述，"自费医疗支出"在多维贫困中的重要性凸显。2013 年多维贫困人群中自费医疗支出超过总医疗费用比例 50% 的发生率为 4.1%，占全部多维贫困群体的 70%。如果将这部分人群视为一个整体，他们中将近八成同时在这个指标上遭受剥夺。身体健康状况差，必然要花费更多家庭支出在看病上。医疗自费支出比例过高，更容易发生因病导致收入贫困或贫困状况的恶化。分析结果显示，往往是那些深陷多维贫困的贫困人口更容易遭受到健康问题并陷入收入贫困。同时，医疗负担往往会产生家庭消费的挤出效应，从而造成健康、教育投入、儿童入学层面出现矛盾。

整体上看，本章根据 AF 方法，依托"两不愁、三保障"的国家减贫目标构造了中国农村多维贫困指标体系，追踪农村的多维贫困变动状况。考虑到多维贫困指标体系的设定依赖于具体政策目的和要求，为了在特定条件下更好地进行贫困识别或政策评估，本章还进行了稳健性分析，结果显示主体分析结论具有很好的稳健性，农村多维贫困在总体上得到极大缓解，彰显出超越收入维度的多维扶贫成效。测算结果显示，1995~2013 年中国农村多维贫困下降幅度接近 90%，与同时段收入贫困发生率保持同比例大幅下降态势，这表明我国减贫工作实现了多维减贫目标：既缓解了收入贫困的矛盾，又提高了贫困户的多维发展能力。通过分解多维贫困指标，本章较好地回答了不同时期农户"因何贫困"的问题。

从按指标贡献的分解上看，20 世纪 90 年代中期，农户自费医疗支出负担对整体贫困的贡献度最高，后期"新农合"普惠项目弥补了这块短板；缺乏经济能力，在这段时期是第二个突出的多维贫困表现形式，但伴随着同期农村民生经济的不断发展也逐步得到缓解。现阶段，多维贫困农户面临的困境主要来自健康和医疗。跨期分解显示，贫困程度改善的最主要因素来自农户自费医疗负担的减轻、收入的提升以及安全饮水的改善。其中，医疗支出负担的减缓和安全饮水的改善，分别对应了"新农合"以及"十一五""十二五"期间安全饮水项目工程，体现出国家惠农惠贫政策在改善农户非收入维度能力方面的成效。细分群体，老年人、教育程度低、居住在西部地区和贫困县等子群体的贫困程度很高，说明多维贫困集中分布于弱势群体和经济发展程度较低的区域，是政策的着力点。稳健性分析显示，即使改变子维度的代理变量、改变权重结构或去掉某些维度，本部分的测算结论仍然成立。

本部分的研究结论具有理论和实践意义，结论的政策含义明显。分解分析显示，在多维贫困的各个维度中，医疗自费支出对整体贫困状况的影响最大，其次是收入和健康、安全饮水覆盖、卫生厕所普及率等指标；本章还得到了与第三章类似的结论，即很多维度是环环相扣、互相影响的。[①] 上述发现与中国农村实际问题基本贴合（农村地区，卫生厕所的普及率还有待提高；贫困和低收入农户看病花费的报销比例过大仍然是"看病难"的重要反映）。而剥夺指标之间的相互影响则提示，未来阶段的政策导向要着力于健康、医疗保障、教育等公共服务方面的改善，且任何一环都不容忽视。只有真正解决了这些问题，才能确保农户过上踏实有保障的生活，相应地，在应对风险方面的能力也会更强。同时，多维贫困的分析结果有利于对今后反贫困工作的指导。在追踪农户健康剥夺程度跨期变动时发现，健康指标剥夺程度近期呈现上升态势，这解释了当前因病致贫正成为主要致贫诱因的现状。结合居民自费医疗负担依旧相对较重的现状，我们提出降低困难农户就医成本，培养其及时就医观念的双管齐下的政策建议。此外，子群分解显示，低教育程度者、老年人群以及区域性贫困仍是当前贫困问题的主要矛盾。综上所述，建议将多维贫困测算和评估体系引入新发展阶段扶贫战略框架，加强对农村居民的能力开发，有效利用多维贫困在科学指导、监督和评估反贫困政策上的功能。

本 章 附 录

附录一 医疗负担大而加重家庭多维贫困程度的传导路径

医疗支出负担方面，回顾本章第四节（见表5-3），自费医疗支出剥夺发生率始终最高，是对多维贫困贡献度最高的指标。如果仅考虑身陷多维贫困群体在该指标的剥夺发生率，近九成（88.2%）多维贫困人群面临自费医疗支出过重的问题。这显示了一个事实：新农合大面积铺开之前，农村居民普遍遭遇医疗支出负担大的问题。伴随新农合在全国全面铺开，该指标比例出现下降。整体上，自费医疗负担依旧是影响农村贫困人群的重要指标，并可能带来因病致贫、因病返贫等一系列问题。

---

① 回溯前面的结论，例如，医疗自费支出负担过大，可能降低低收入群体有病及时就医的动机，这可能进一步造成他们健康程度的恶化；无法获得安全饮水/使用卫生厕所，疾病和传染病的可能性提高，进一步威胁到家庭成员健康。一旦遭遇健康问题，为了做出改善，家庭在医疗费用上的支出必然提高。可以想象，在家庭预算约束有限的情况下（尤其针对低收入家户），医疗费用支出负担加重条件下产生的可能性就是挤出某些消费支出项目（如教育支出），相应地，其他维度会遭受影响。

图1给出了自费医疗负担加重对家庭多维贫困的传导路径。可以看到：当自费医疗负担加重，如果农户选择接受治疗，必然产生更多的消费支出，医疗费消费挤占了家庭的整体性经济消费，进而影响家庭生活质量；同时，因为病患需要家人照料（若家人不照料，则需要产生经济消费去雇用其他人员照料，回到了前一条路径），进而减少家庭劳动力的工作时间和经济收入。如果农户拒绝看病，则会因病痛降低患病者的劳动行为能力。若病患病情加重，则会回归到前述两条潜在路径上。

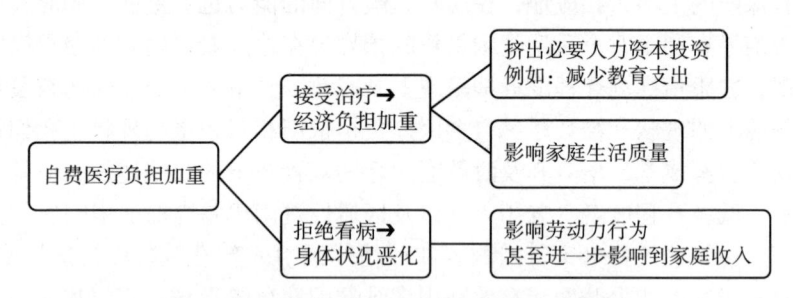

图1 医疗自费负担的消费和收入效应分析框架

附录二 因病致贫案例研究

【案例1】因病致贫的两项调研案例

甘肃清水县冯某一家四口，儿女双全的家庭生活本该幸福美好。但2005年，妻子在生产过程中发生意外大出血，抢救回来之后身体落下病根。如果不定期注射血小板，经常会突然昏倒。为了给妻子治病，男主人几乎散尽家产，但仍然查不出妻子的病因。为了照顾妻子和年幼的子女，男主人只能留在家中，一边种地一边在乡镇打零工获得微薄的收入维持生活以及支付妻子的医疗费用。由于妻子情况十分特殊，医疗报销无法覆盖高额的血小板注射费，所以一家人的生活十分困顿。在扶贫过程中，政府部门不仅在房屋修缮方面给予帮助，同时认定他们为一类医保户，享受月低保补助共计1140元。同时，减免女儿上学的学费和住宿费，减轻家庭负担。在农业生产方面，政府还送了花椒等经济作物增加该户收入。但是由于女主人丧失劳动能力，男主人不能离开家出外打工，在村内的收入水平较低，即使有政府的帮扶，脱贫途径也受到极大限制。

此外，宁夏泾源县张某一家，因一场大病使得男主人失去了劳动能力，女主人为了照顾生病的男主人，不得已和其一起回乡。由于男主人治病所需药物为进口型药物，不在新农合报销范围内，医疗负担沉重，同时，张某病重不能继续打工，妻子为了照顾丈夫，也不能外出打工，一家三口只靠儿子一人供养。原本幸福的家庭，却因病致贫难以脱贫。

【案例2】 慢性病现象普遍，却得不到农户应有的重视

除了重大疾病引起的贫困问题，调研过程中，慢性病问题也是农村存在的普遍现象。通过对宁夏泾源县进行的入户调查，农村 50 岁以上的中老年人，特别是妇女大部分患有高血压、心脏病等慢性病，患糖尿病的中老年人占比也非常高。慢性病的医药费一直是农村家庭的巨大负担。而这些农村中老年人的受教育水平比较低且思想固化，对去医院治疗普遍有抵触心理，即使被告知医院看病可以报销，但还是由于担心受骗、医院乱开药、费用高等原因，不愿意接受正规治疗。他们常常在查出疾病之后离开医院，根据症状在药店买药。但大部分药店不在农村医保报销范围内，不得不承担大量的医疗费用。调查的贫困户中，有不止一户的老人反馈子女收入不高，自己除了带孙子之外没有别的劳动能力，为了不增加家里的负担，按规定一天要吃 3 次的药被缩减为一天 1 次或者两天 1 次。老人说控制好病情不再住院就好了，所以用少量的药也可以维持。不敢断药的最主要原因居然是害怕再次住院花钱。

总体上说，看不起病、甚至不敢看病，目前还是扎根农村、严重影响贫困户脱贫的重要因素。很多时候，往往就是因为一场大病，就会使一个原本幸福的小康家庭陷入绝境。如何保障因病致贫家庭的基本生活、帮助这些家庭脱贫，一直是扶贫减贫工作的重点和难点。

附录三 冗余度测试结果

表1　　　　　　　　稳健性分析1：指标之间的冗余度测试

指标	受教育程度	儿童入学	身体健康状况	医疗费用支出	安全饮水	住房面积	资产	收入	失业	工作环境
P 系数										
受教育程度	—	0.022	0.402	0.394	0.073	0.000	0.461	0.103	0.011	0.017
儿童入学	0.022	—	0.343	0.374	0.072	0.012	0.081	0.115	0.046	0.026
身体健康状况	0.402	0.343	—	0.464	0.294	0.182	0.355	0.304	0.202	0.207
医疗费用支出	0.394	0.374	0.464	—	0.369	0.392	0.342	0.275	0.406	0.412
安全饮水	0.073	0.072	0.294	0.369	—	0.059	0.180	0.181	0.087	0.049
住房面积	0.000	0.012	0.182	0.392	0.059	—	0.140	0.220	0.007	0.037
资产	0.461	0.081	0.355	0.342	0.180	0.140	—	0.198	0.027	0.085
收入	0.103	0.115	0.304	0.275	0.181	0.220	0.198	—	0.106	0.059
失业	0.011	0.046	0.202	0.406	0.087	0.007	0.027	0.106	—	0.065
工作环境	0.017	0.026	0.207	0.412	0.049	0.037	0.085	0.059	0.065	—

续表

指标	受教育程度	儿童入学	身体健康状况	医疗费用支出	安全饮水	住房面积	资产	收入	失业	工作环境
CV 系数											
受教育程度	—	0.001	0.054	-0.001	-0.001	-0.009	0.150	0.009	-0.015	-0.004
儿童入学	0.001	—	0.051	-0.006	-0.002	-0.005	-0.001	0.018	0.008	0.003
身体健康状况	0.054	0.051	—	0.070	0.065	-0.004	0.114	0.075	-0.001	0.001
医疗费用支出	-0.001	-0.006	0.070	—	-0.016	-0.001	-0.034	-0.073	0.004	0.005
安全饮水	-0.001	-0.002	0.065	-0.016	—	-0.005	0.099	0.104	0.009	-0.015
住房面积	-0.009	-0.005	-0.004	-0.001	-0.005	—	0.017	0.041	-0.013	0.009
资产	0.150	-0.001	0.114	-0.034	0.099	0.017	—	0.123	-0.039	0.001
收入	0.009	0.018	0.075	-0.073	0.104	0.041	0.123	—	0.017	-0.012
失业	-0.015	0.008	-0.001	0.004	0.009	-0.013	-0.039	0.017	—	0.023
工作环境	-0.004	0.003	0.001	0.005	-0.015	0.009	0.001	-0.012	0.023	—

表 2   稳健性分析 2：替代指标与原始指标的对比

维度	原始指标	原始取值	替代指标的取值
1. 教育	受教育程度	家中非在校成年人最高受教育类型（0 未上过学、1 小学、2 初中、3 高中、中专或技校、4 大专、5 大学本科及以上）	不变
	儿童入学	1 有儿童且至少一个儿童失学，0 没有儿童失学	不变
2. 健康	身体健康状况	身体健康：1 非常好、2 好、3 一般、4 不好、5 非常不好	不变
	医疗费用支出	家庭医疗自费支出占全部医疗支出的比例	家庭成员治病债务占总消费的比例；超过 50% 认为未达标
3. 居住条件	安全饮水	1 无安全用水，0 有安全用水	不变
	住房面积	人均住房面积	现住房建筑类型为土坯（2002 年和 2013 年），或建筑年份早于 1978 年（1995 年）
4. 资产和收入	资产	家庭小资产的数目（电视、自行车、摩托车、电冰箱、洗衣机）；小汽车或者拖拉机拥有状况	不变
	收入	家庭人均收入	家庭人均消费水平低于当年官方贫困标准

续表

维度	原始指标	原始取值	替代指标的取值
5. 就业	失业	16岁以上成年人失业或待业在家的基本信息	不变
	工作环境	0 工作环境恶劣（高温、危险）或工作福利差（没有养老失业保险，且有被拖欠工资经历）；1 不存在剥夺	每月工作天数等于30天（2013年），或每天工作时间超过10小时（1995年和2002年）

资料来源：笔者整理。

附录四　补充分析：农村贫困地区贫困群体"三保障"面临的挑战

习近平总书记在深度贫困地区脱贫攻坚座谈会上强调："在脱贫目标上，实现不愁吃、不愁穿'两不愁'相对容易，实现保障义务教育、基本医疗、住房安全'三保障'难度较大。"① 为了验证这个观点，笔者于2017年对2013~2014年中国农村贫困地区的贫困群体做了专题性分析。利用多维贫困方法（AF方法），基于数据指标的可获取性，构建了多维贫困指标，研究深度贫困群体的多维贫困程度。具体选取了以下指标。

表1　　　　　　　　　多维贫困维度、指标和权重

维度	指标	剥夺临界值	权重
健康	健康	家庭中至少一位成员的"自评健康"结果为"不健康"	1/8
	医疗保险	家庭中至少一位成员没有购买任何形式的基本医疗保险	1/8
教育	受教育程度	家庭成员最高受教育水平为小学及以下	1/8
	儿童入学	家庭至少一名学龄儿童未能上学	1/8
居住条件	住宅建筑材料	住宅主要建筑材料为"砖瓦砖木""竹草土坯"或"其他"	1/16
	卫生厕所	住户未使用卫生厕所或与其他家户共用卫生间	1/16
	炊事燃料	住户使用的炊事能源为柴草、煤炭、灌装液化石油气或其他	1/16
	安全饮水	住户主要饮水来源没有安全保障（没有来自经过净化处理的自来水或受保护的井水和泉水）；即便水源安全，但如果存在取水时间过长（往返时间超过半小时）也记为不达标	1/16

---

① 习近平. 在深度贫困地区脱贫攻坚座谈会上的讲话［EB/OL］. http://www.xinhuanet.com//politics/2017-08/31/c_1121580205.htm.

续表

维度	指标	不达标界定标准	权重
所在社区建设程度	交通建设	交通建设得分低于当年整体农户的平均水平	1/16
	信息获取	信息获取得分低于当年整体农户的平均水平	1/16
	卫生医疗资源	卫生医疗资源得分低于当年整体农户的平均水平	1/16
	教育资源	教育资源得分低于当年整体农户的平均水平	1/16

资料来源：笔者整理。

在此基础上，我们测算了农村整体以及几类特殊群体的多维贫困结果。表4给出了一些主要计算结果。结果分别显示了研究群体的 MPI 值，以及多维贫困发生率（即陷于多维贫困的群体占所有群体的比重）。

表2　　　　　　　　　　多维贫困测算结果（2015 年）

项目	农村整体	特殊区域		2014~2015 年贫困动态变动群体（2300 标准）		
		贫困县	山区地区	持续性贫困	陷入贫困	摆脱贫困
MPI	0.227	0.271	0.295	0.313	0.270	0.292
多维贫困发生率（%）	1.1	2.6	3.8	7.2	0.8	1.4
前三位最主要剥夺指标	炊事燃料	炊事燃料	炊事燃料	炊事燃料	炊事燃料	炊事燃料
	卫生厕所	卫生厕所	卫生厕所	卫生医疗资源	卫生厕所	卫生厕所
	卫生医疗资源	住宅建筑材料	住宅建筑材料	卫生厕所	住宅建筑材料	住宅建筑材料

资料来源：笔者整理。

从贫困发生率上看，贫困县、山区地区多维贫困发生率均显著高于农村整体状况。此外，处于持续性收入贫困的群体，其多维贫困发生率更高，达到 7.2%，是全国农村整体的近 7 倍。

从 MPI 看，农村整体住户的平均 MPI 值为 0.227，即平均而言，农户在 2~3 个指标上遭受剥夺；[①] 而贫困县内农户的 MPI 值要更高一些，达到了 0.027，山区地区内农户的 MPI 值更高，将近 0.3，这说明山区农户可能平均在 4~5 个指标上遭受剥夺。我们还尝试依照 2014~2015 年贫困变动状态，构建了三类群体：2014~2015 年持续陷入贫困的群体、2014 年非贫困但 2015 年陷入贫困的群体，以及 2014 年处于贫困状态但 2015 年摆脱贫困的群体，并对这三类群体的 MPI 值

[①] 居住条件和社区建设每个指标的权重为 1/16，即 0.0625。0.227/0.0625 = 3.6，这说明只在这两个维度上不达标的农户，平均 3.6 个指标不达标。

进行了考察，所选贫困界定标准是 2300 元官方贫困标准。结果显示，这三类贫困群体的 MPI 值均要高于平均水平。其中，持续贫困群体的 MPI 值最高，高达 0.313；摆脱贫困和陷入贫困群体 MPI 值也高居 0.292 和 0.270 的水平。

此外，我们考察了不同类型户前三位剥夺指标。对全体农户而言，不安全炊事燃料、卫生厕所以及卫生医疗资源的匮乏占据重要地位。对几类特殊人群，炊事燃料始终排在第一位，卫生厕所在多数条件下排在第二位，几个特例是在贫困县和山区地区以及陷入贫困和摆脱贫困群体，对他们而言，住宅建筑材料较差是第三要素。同时我们发现，对持续性贫困群体而言，医疗卫生资源的匮乏问题突出。上述结论也提示我们，不同群体面临的主要匮乏资源是不同的，因地制宜非常关键。

总结来看，我们认为实现贫困群体的"三保障"是具有挑战性的。农村社区建设程度还有待进一步完善。从区域看，尤其是比较落后的区域，如山区地区、国定贫困县、深度贫困地区等需要作为重点；从改进内容看，可将增强医疗体系和交通建设作为改善社区建设程度的要点。

第六章　中国儿童多维贫困研究[①]

2020年底，中国已经全面消除农村地区的极端贫困。伴随着取得的成就和面临的机遇和挑战，我国的扶贫减贫工作将迎来全新的发展时期。2020年10月，党的十九届五中全会通过了《中共中央关于制定国民经济和社会发展第十四个五年规划和二〇三五年远景目标的建议》，提出"全体人民共同富裕取得更为明显的实质性进展"的目标。把握新的历史机遇，要将缓解儿童贫困提升到重要位置，将关注儿童贫困作为下一阶段中国扶贫治理中的一项重点工作。从儿童群体本身看，儿童是人类的未来，是社会可持续发展的重要资源，为儿童提供必要的生存、发展、受保护和参与的机会和条件，有利于从根本上打破贫困的固化，冲破贫困代际传递的屏障，为儿童一生的发展奠定重要基础。

在市民化进程之下，本章利用CHIP 2018年数据，运用AF—"抽屉法"分析包括农村和城镇的全国儿童多维贫困问题，并重点对两类不可忽视的儿童贫困问题进行了分析，其分别是非贫困家庭中的儿童多维贫困问题，以及多子女家庭中对不同儿童抚养资源分配不均的问题。研究结果显示，超过四成多维贫困儿童居住在非多维贫困家庭中；以二孩家庭为整体，半数左右家庭存在子女资源分配不均的情况。总体上看，儿童贫困研究的基本政策含义包括两个方面：一是要把儿童贫困问题作为新时期中国扶贫治理的重中之重；二是要重点研究儿童贫困的多维贫困特性，高度重视多子女家庭儿童抚养过程中的儿童剥夺问题，缓解贫困的代际传递固化问题。

[①] 本章部分内容来源于笔者合著文章：Yangyang Shen, Sabina Alkire. Exploring China's Petential Child Poverty, Child & World Economy, 2022, 30 (1)：82-105；李实，沈扬扬. 2020年后儿童减贫政策探讨与建议，工作论文。

第一节 研究背景

一、SDGs发展目标与缓解中国儿童多维贫困

2030年可持续发展目标议程（SDGs）将"消除一切形式的贫穷"列为首要目标。到2020年底，中国提前完成了消除极端贫困的SDG1.1目标，赢得了国际社会的普遍赞许，为世界减贫事业的发展带来了希望。在赞叹中国扶贫工作取得成绩的同时，需要清楚看到农村绝对贫困的消除对应了SDG1.1"消除极端贫困"目标的农村部分[①]。但SDG目标1.2"按照各国标准界定的陷入各种形式贫困的各年龄段男女和儿童至少减半"，对未来发展仍具有挑战。对应SDG目标，新发展阶段中的中国减贫工作仍大有可为。还有待提升的方面包括：执行适合弱势群体的全民社会保障制度和措施（SDG1.3）；确保所有男女，特别是穷人和弱势群体，享有平等获取经济资源的权利（SDG1.4）；增强穷人和弱势群体抵御灾害的能力，降低其遭受极端天气事件和其他经济、社会、环境冲击和灾害的概率和易受影响程度（SDG1.5）；根据惠及贫困人口和顾及性别平等问题的发展战略，支持加快对消贫行动的投资（SDG1.b）。同时，消除一切形式的营养不良，包括到2025年实现5岁以下儿童发育迟缓和消瘦问题相关国际目标，解决青春期少女、孕妇、哺乳期妇女和老年人的营养需求的问题（SDG2.2），也是中国新发展阶段的重要行动目标。基于此，对包括儿童的特殊群体进行多维贫困的分析和监测具有迫切性和必要性。另外，新冠肺炎疫情带来的全球发展步伐减缓不容忽视。联合国大学世界发展经济学研究所在2020年研究报告中提出警告，此次全球大流行病造成的经济影响可能使全球贫困人口增加5亿人，占全球总人口的8%，自1990年起的30多年来，全球贫困率可能将首次出现增长（Sumner，2020）。新冠肺炎疫情可能同时发生在中国城镇（刘伟，2020）和农村地区（Luo，2020；Huang，2020），对扶贫和发展带来新的挑战。

二、中国战略发展与缓解中国儿童多维贫困

带着上述成就、机遇和挑战，中国即将迎来全新发展阶段。2021年3月，第十三届全国人大四次会议通过了《中华人民共和国国民经济和社会发展第十四个五年规划和2035年远景目标纲要》，提出"全体人民共同富裕取得更为明显的实

[①] 当然，我们需要承认中国城镇生活水平要显著高于农村，在世界银行绝对贫困标准下城镇贫困问题早已得到解决。

质性进展"的目标和实现改善人民生活品质"扎实推动共同富裕"一系列重要要求和重大举措。① 作为实现上述目标的第一步，缓解贫困既是最基本的工作，也是必不可少的环节。2021 年 2 月，伴随习近平庄严宣告脱贫攻坚取得全面胜利，中国的扶贫减贫发展迈向了巩固脱贫成果与乡村振兴有效衔接的阶段，国家的扶贫目标、手段均将产生新的变化。在共同富裕目标下，扶贫治理体系有待调整，对减贫目标的精准性、减贫手段的多元性以及减贫成果的可持续性会提出更高要求。

中国政府一直关注儿童发展与儿童贫困缓解。1992 年中国参照世界儿童问题首脑会议提出的全球目标和《儿童权利公约》，发布了《九十年代中国儿童发展规划纲要》（以下简称《九十年代纲要》）。这是第一部以儿童为主体、促进儿童发展的中国国家行动计划。在这之后，国家相继颁布了《中国儿童发展纲要（2001—2010 年）》《中国儿童发展纲要（2011—2020 年）》，为儿童发展提供保障和战略措施。如今，中国儿童生存、保护、发展的环境和条件得到明显改善。根据 2018 年中国国家统计局《〈中国儿童发展纲要（2011—2020 年）〉统计监测报告》的评估，多数儿童发展指标已提前实现目标，少量指标尚存差距，主要表现在：城乡区域间儿童发展不平衡，贫困地区儿童整体发展水平较低；出生缺陷发生率上升，出生人口性别比偏高；学前教育公共资源不足，普及率偏低；义务教育发展不均衡，校际、城乡、区域间存在较大差距；贫困家庭儿童、孤儿、弃婴、残障儿童、流浪儿童的救助迫切需要制度保障；人口流动带来的儿童问题尚未得到有效解决；社会文化环境中仍然存在不利于儿童健康成长的消极因素等。综上所述，进一步解决儿童发展面临的突出问题、促进儿童的全面发展和权利保护，仍然是今后一个时期儿童工作的重大任务。

本章聚焦儿童多维贫困问题，同时融合相对贫困内涵，为中国下一阶段的重点人群扶贫工作提供建议。从侧重点上，本章重点探讨适当融合相对贫困内涵下的儿童多维贫困评估体系构建的可行性、挑战和前进方向。

第二节 构建儿童多维贫困指标体系

一、有关儿童多维贫困的研究概述

第一，在儿童多维贫困研究所需变量方面，针对儿童这类特殊群体做贫困研

---

① 习近平．关于《中共中央关于制定国民经济和社会发展第十四个五年规划和二〇三五年远景目标的建议》的说明 [EB/OL]．http://www.xinhuanet.com/politics/2020-11/03/c_1126693341.htm.

究，多维贫困的指标设计上最好能够兼顾儿童的基本特征信息（参本章第四节的相关介绍）。儿童多维贫困指标的选取要立足中国实际（王小林和冯贺霞，2021），同时要结合国家发展政策规划（如《中国儿童发展纲要》），经学者和有关部门认定构建成型。

构建官方统一的儿童多维贫困指标体系、设立官方儿童多维贫困标准，并且在很长一段时期内固定该套指标体系，能够对儿童发展、贫困监测与救助行动起到更大的作用。

第二，儿童多维贫困研究所需数据的基本要求是：家庭和个体层面的年度截面微观数据。如果数据同时具有儿童样本的代表性更好；如果有具有儿童代表性的跨期追踪面板数据，则可进一步丰富研究。

本章数据为中国家庭收入调查项目（CHIP）2018 年数据，简称 CHIP2018。[①] CHIP2018 是北京师范大学中国收入分配研究院联合国家统计局进行的大型微观住户信息调查[②]，主要采集了 2018~2019 年中国居民包括家庭住户的个体特征、家庭特征、收入支出信息、就业工作信息、社会保障信息等多个方面[③]。CHIP2018 在城镇和农村共计调查了约 20000 多户常住家庭，调查省份包括北京、山西、内蒙古、辽宁、江苏、安徽、山东、河南、湖南、湖北、广东、重庆、四川、云南、甘肃，总共 15 个省份，涵盖东部、中部、西部三大区域，具有全国、城乡和区域代表性。

本章主要研究儿童贫困，在此处给出 CHIP2018 中儿童样本与国家统计局（英文缩写为 NBS）的对比结果（见表 6-1）。

表 6-1　　　　　　　CHIP2018 儿童样本与 NBS2018 数据对比

年龄组	全国		男性		女性		城镇		农村	
	CHIP2018	NBS	CHIP2018	NBS	CHIP2018	NBS	CHIP2018	NBS	CHIP2018	NBS
全部儿童	19.71	19.87	20.83	20.96	18.57	18.74	19.48	17.84	20.08	22.87
0~5 岁	5.12	7.0	5.27	7.34	4.97	6.71	5.36	6.88	4.75	7.24

---

① 需要指出的是，作为一套民间学术机构搜集的调查数据，CHIP2018 年数据的分析结果并不能够充分还原中国儿童贫困状况的实际情况，存在由儿童群体代表性不强等问题所导致的样本问题，以及数据信息不充分所带来的儿童多维贫困度量不充分问题。本章研究仅作为对儿童多维贫困问题的初步探索。本章的重要价值在于提供了一整套基于家户微观数据可完成的儿童多维贫困测度体系，并以 CHIP2018 为例完整展示出具体分析路径，为政策制定提供执行性建议。

② CHIP 调查从 1988 年延续至今，分别于 1989 年、1996 年、2003 年、2008 年、2014 年和 2019 年先后进行了 6 次全国性的调查项目，跨越了 30 多年的中国经济史，是谱写中国经济变化的重要数据来源。

③ 使用 CHIP2018 年数据的主要原因可以参见本章附录《对国内调查数据测算中国儿童多维贫困的可行性分析》。

续表

年龄组	全国		男性		女性		城镇		农村	
	CHIP2018	NBS	CHIP2018	NBS	CHIP2018	NBS	CHIP2018	NBS	CHIP2018	NBS
6~14岁	11.38	9.83	12.11	10.42	10.63	9.21	11.09	8.22	11.83	12.21
15~17岁	3.21	3.01	3.45	3.20	2.97	2.82	3.03	2.74	3.50	3.42

注：表中的CHIP2018代表基于CHIP2018年数据测算得到的结果；NBS来自国家统计局2018年的数据结果。

二、儿童多维贫困的维度和指标

结合本章附录一所介绍的AF多维贫困测算方法，下面归纳儿童多维贫困体系构建的一些重要问题。

（一）指标搜寻

首先，考虑维度的选取。这里重点把握两项原则：其一，维度设定要紧密围绕儿童个体能力构建展开；其二，要兼顾儿童权益保障的现实政策设计。指标搜寻分为与个体相关的变量、与家庭状态相关的变量，以及与家庭成员引致要素相关的变量。需要注意的是，参见维度选取具体原则，三者均要与儿童发展相关。具体来看，包括：设定儿童个体层面变量（例如，学龄儿童延迟入学）；家庭状态引致型变量（例如，家庭无安全饮用水）；家庭成员引致型（例如，父母都是文盲）。

（二）指标设定

具体与儿童发展、剥夺、能力构建相关的指标均可被纳入儿童多维贫困体系当中。为避免主观臆断选取指标的可能性，需要尽量参考国家内部儿童发展实际情况、战略部署等。例如，可参照《中国儿童发展纲要》、SDGs等。但指标设定要严格依赖于数据库所提供的微观个体和家户层面变量。因此，利用现有数据测算儿童多维贫困，最终指标体系往往是一套折中的产物。

三、构建儿童多维贫困指标体系的步骤

AF方法给出了一整套从基于个体微观数据的多维贫困测算体系，此处重点介绍其识别过程。

第一步：设定指标剥夺门槛。该步骤要求通过一系列价值判断和经验判断，确定每个指标在何种条件下可被视为剥夺。举例来讲，中国自1986年开始实行

九年义务教育,《中华人民共和国义务教育法》从法律上规定"凡具有中华人民共和国国籍的适龄儿童、少年,不分性别、民族、种族、家庭财产状况、宗教信仰等,依法享有平等接受义务教育的权利,并履行接受义务教育的义务"。因此,在中国可将那些正处于九年义务教育阶段的学龄辍学儿童视为在"儿童入学"指标遭受剥夺。

第二步:个体剥夺程度确认。在确定剥夺门槛基础上,依据个体实际情况,可判定"某个体是否在某指标上遭受剥夺"(以下简称"是否剥夺")。一旦个体在某指标上遭受剥夺,则为其在指标上赋值"1",不剥夺则赋值"0"。

第三步:个体剥夺程度赋权。通过给各个指标赋以权重(通常是等权重赋值法),用"是否剥夺"乘以"剥夺分数" = "个体在某指标上的剥夺得分"。

第四步:个体剥夺总分计算。加总个体在所有指标上的"剥夺得分",得到"个体剥夺程度总分",完成个体剥夺程度的确认。

第五步:个体多维贫困最终判定。当"个体剥夺程度总分"大于一定"多维贫困临界值"(下面简称"k值"),视为个体为"多维贫困"。"多维贫困临界值"介于0~1之间,往往是通过对个体剥夺得分的分布以及国家财力等政策性要素综合得到。

通过上述五个步骤,即可确定个体是否属于多维贫困。基于个体汇总性信息,可以测算得到群体内部多维贫困程度结果。其中,M_0被称为加权平均剥夺指数(weighted sum of the censored headcount ratio of the indicators),H被称为多维贫困发生率,A被称为贫困人群平均被剥夺指数(average deprivation score among the poor)。

第三节 儿童多维贫困研究方案

一、方案一:基于家户多维贫困标准下的儿童多维贫困

围绕"可行发展需求",构建营养健康、教育、生活水平三个综合维度,该套指标体系设计贴合联合国开发计划署《人类发展报告》倡导的多维贫困指标体系。

牛津大学贫困与人类发展研究中心(OPHI)提出的全球多维贫困指标体系可以反映家庭内所有成员的多维贫困程度。怎样利用这套指标研究儿童多维贫困? OPHI提出可利用分年龄组的多维贫困分解方式得到0~17岁儿童的多维贫困程度。通过与其他年龄组进行比较,得到儿童多维贫困境况分析。这种方式的

好处是在监测家庭多维贫困的同时，兼顾监测特定年龄组群体（如儿童、老人、妇女）的多维贫困表现，测算简单且容易理解；不足之处是欠缺儿童针对性。结合 CHIP2018 年数据变量信息，表 6-2 给出了本章构造出的家庭多维贫困指标体系（固定剥夺门槛）。

表 6-2　　以家庭为单位的多维贫困指标体系：固定剥夺门槛

维度	指标	剥夺门槛	权重
健康	自评健康	家庭中超过半数自评健康为"不好"或"非常不好"，视为所有家庭成员在该指标遭受剥夺	1/6
	医疗保险	家庭中至少一人没有保险，视为所有家庭成员在该指标遭受剥夺	1/6
教育	儿童上学	学家庭中至少一个学龄儿童（九年义务教育期内）辍学，视为所有家庭成员在该指标遭受剥夺	1/6
	成年人受教育程度	家庭中所有成年人受教育程度均不足 9 年义务教育，视为所有家庭成员在该指标遭受剥夺	1/6
生活水平	信息获取	家庭中超过半数人没有手机或电脑，视为所有家庭成员在该指标遭受剥夺	1/24
	小资产	家庭中如下小资产：洗衣机、电冰箱（柜）、微波炉、彩色电视机、固定电话或移动电话、摩托车或助力车，持有种类小于等于 3 种，视为所有家庭成员在该指标遭受剥夺；但如果家庭有汽车，则不再考虑家庭资产数目，视为家庭不剥夺	1/24
	饮水安全	家庭饮水不安全或取水存在困难，视为所有家庭成员在该指标遭受剥夺	1/24
	炊事燃料	家庭使用不安全炊事燃料，视为所有家庭成员在该指标遭受剥夺	1/24
	取暖设备	在供暖省份的家庭中，使用不安全取暖设备或无供暖设备，视为所有家庭成员在该指标遭受剥夺	1/24
	住房安全	住房建筑材料为竹草土坯，视为所有家庭成员在该指标遭受剥夺	1/24
	厕所	家庭中没有独立卫生的厕所，视为所有家庭成员在该指标遭受剥夺	1/24
	洗浴	家庭中没有洗浴设施，视为所有家庭成员在该指标遭受剥夺	1/24

资料来源：笔者整理。

除了以标准化形式构建家庭为单位的多维贫困指标，本章还结合"相对贫困"的理念，适当调整了部分连续变量指标的剥夺门槛，构建出第二套富有相对贫困内涵的指标体系（见表6-3）。

表6-3　　　　　以家庭为单位的多维贫困指标体系：相对剥夺门槛

维度	指标	剥夺门槛	权重
健康	自评健康	所有家庭成员的健康程度全部均低于按个体健康排序的中位数以下水平，视所有家庭成员在该指标遭受剥夺	1/6
	医疗保险	家庭中至少一人没有保险，视为所有家庭成员在该指标遭受剥夺	1/6
教育	儿童上学	家庭中至少一个学龄儿童（九年义务教育期内）辍学，视为所有家庭成员在该指标遭受剥夺	1/6
	成年人受教育程度	家庭中18岁以上成年人受教育程度全部低于按成人受教育年限排序中位数以下水平，视为所有家庭成员在该指标遭受剥夺	1/6
生活水平	信息获取	家庭中超过半数人没有手机或电脑，视为所有家庭成员在该指标遭受剥夺	1/24
	小资产	家庭中如下小资产：洗衣机、电冰箱（柜）、微波炉、彩色电视机、固定电话或移动电话、摩托车或助力车，持有种类小于等于3种，视为所有家庭成员在该指标遭受剥夺；但如果家庭有汽车，则不再考虑家庭资产数目，视为家庭不剥夺	1/24
	饮水安全	家庭饮水不安全或取水存在困难，视为所有家庭成员在该指标遭受剥夺	1/24
	炊事燃料	家庭使用不安全炊事燃料，视为所有家庭成员在该指标遭受剥夺	1/24
	取暖设备	在供暖省份的家庭中，使用不安全取暖设备或无供暖设备，视为所有家庭成员在该指标遭受剥夺	1/24
	住房安全	住房建筑材料为竹草土坯，视为所有家庭成员在该指标遭受剥夺	1/24
	厕所	家庭中没有独立卫生的厕所，视为所有家庭成员在该指标遭受剥夺	1/24
	洗浴	家庭中没有洗浴设施，视为所有家庭成员在该指标遭受剥夺	1/24

资料来源：笔者整理。

由于能够进行排序的指标必须具有序数属性,改变为相对剥夺门槛的指标比较有限。对比表6-2和表6-3发现,主要改变了"自评健康"和"家中成年人接受教育程度"两项指标,将其进行了相对化处理。在后面,我们将以相对剥夺门槛下的结果为主报告结果,将绝对剥夺门槛的结果作为辅助性结果。

二、方案二:引入更多儿童指标的家户多维贫困框架

相较于方案一,方案二的改进之处在于,在家庭多维贫困框架下增加更多与儿童发展相关的指标,具有更强的儿童针对性。

如何利用第二套方案研究儿童多维贫困?与方案一类似,可以利用对多维贫困按照年龄组的分解计算方式,提炼0~17岁儿童多维贫困,并将其与其他年龄段人群的多维贫困进行比较,得到细化的儿童多维贫困境况分析。增加的信息原则上是建立在既有家户数据的变量体系之内的,不需要额外增加调查成本。表6-4给出了"引入更多儿童指标的家户多维贫困指标体系"。

表6-4 引入更多儿童指标的(家庭为单位)多维贫困指标体系:固定剥夺门槛

维度	指标	剥夺门槛	权重
健康	自评健康	家庭中超过半数自评健康为不好或非常不好,视为所有家庭成员在该指标遭受剥夺	1/6
	医疗保险	家庭中至少一人没有保险,视为所有家庭成员在该指标遭受剥夺	1/6
教育	儿童上学	家庭中至少一个学龄儿童(九年义务教育期内)辍学,视为所有家庭成员在该指标遭受剥夺	1/9
	成年人受教育程度	家庭中所有成年人受教育程度均不足九年义务教育,视为所有家庭成员在该指标遭受剥夺	1/9
	儿童延迟入学	家庭中至少一个学龄儿童(九年义务教育期内)延迟入学,视为所有家庭成员在该指标遭受剥夺	1/9
生活水平	信息获取	家庭中超过半数人没有手机或电脑,视为所有家庭成员在该指标遭受剥夺	1/24
	小资产	家庭中如下小资产:洗衣机、电冰箱(柜)、微波炉、彩色电视机、固定电话或移动电话、摩托车或助力车,持有种类小于等于3种,视为所有家庭成员在该指标遭受剥夺;但如果家庭有汽车,则不再考虑家庭资产数目,视为家庭不剥夺	1/24

续表

维度	指标	剥夺门槛	权重
生活水平	饮水安全	家庭饮水不安全或取水存在困难,视为所有家庭成员在该指标遭受剥夺	1/24
	炊事燃料	家庭使用不安全炊事燃料,视为所有家庭成员在该指标遭受剥夺	1/24
	取暖设备	在供暖省份的家庭中,使用不安全取暖设备或无供暖设备,视为所有家庭成员在该指标遭受剥夺	1/24
	住房安全	住房建筑材料为竹草土坯,视为所有家庭成员在该指标遭受剥夺	1/24
	厕所	家庭中没有独立卫生的厕所,视为所有家庭成员在该指标遭受剥夺	1/24
	洗浴	家庭中没有洗浴设施,视为所有家庭成员在该指标遭受剥夺	1/24

资料来源:笔者整理。

第二套方案通过引入更多具有儿童针对性的指标和维度,对特定年龄段儿童的发展予以额外关注。由于引入了额外儿童相关指标,成人相关指标的权重下降,成人指标对整体性多维贫困程度的贡献度将有所降低(读者可对比表6-2和表6-4各指标权重的差别)。可以预期的是,引入更多与儿童发展相关的指标可能会在分年龄组测算中观察到儿童多维贫困度高于成人群体的结果。然而,受限于微观数据变量的问题,该体系仅增加了"延迟入学"指标。结合中国实际情况,儿童延迟入学的比例并不高,数量也较低,添加这个指标并不会太大程度改变整体多维贫困的计算结果。① 在此仅做示意性展示,不做具体分析。

三、方案三:"抽屉法"

方案三与前两类算法最大的区别在于,它不再以家庭为识别单元,而是构建出单独测算儿童个体单元的多维贫困体系,用于判定儿童个体多维贫困。该方法可以识别出(贫困、非贫困)家庭中某些儿童遭受剥夺,其余儿童不遭受剥夺的情况(见表6-5)。

---

① 对各类指标体系下的结果,我们对包括表6-2和表6-4框架下,儿童、成人、整体性多维贫困变化差距均进行了测算。感兴趣的读者可以向作者索取。

表 6-5　方案三可以额外捕捉到的信息

项目		家庭剥夺得分	
		高于剥夺门槛	低于剥夺门槛
儿童剥夺得分	高于剥夺门槛	贫困家庭中的多维贫困儿童	非贫困家庭中的多维贫困儿童
	低于剥夺门槛	贫困家庭中的非多维贫困儿童	非贫困家庭中的非多维贫困儿童

资料来源：笔者整理。

借鉴瓦兹等（Vaz et al., 2020）"抽屉法"（Drawer Approach）分析思路，本章对其进行扩展，基于儿童个体与家庭贫困信息的差别做交叠分析。"抽屉法"，顾名思义，就是将家庭整体比作一个抽屉柜，儿童就好比其中一个抽屉。为了将儿童多维贫困这个抽屉从家庭抽屉柜中单独抽出来，就要求做到以下两点：

第一，儿童个体多维贫困的识别单元需要从家庭转化为个体。

第二，对儿童所需维度进行重新赋权。①

与方案一类似，我们分别基于固定剥夺门槛和相对剥夺门槛，构建出两套以儿童个体为单位的多维贫困剥夺体系，参见表 6-6 和表 6-7。后面重点以相对剥夺门槛条件下的计算结果为主。

表 6-6　儿童个体为单位的多维贫困指标体系（"抽屉法"）：固定剥夺门槛

维度	指标	剥夺门槛	权重
健康	自评健康	儿童自评（父母评价）健康为不好或非常不好，则儿童个体在该指标遭受剥夺	1/6
	医疗保险	儿童没有医疗保险，则儿童个体在该指标遭受剥夺	1/6
教育	儿童上学	学龄儿童（九年义务教育期内）辍学，儿童个体在该指标遭受剥夺	1/9
	成年人受教育程度	家庭中所有成年人受教育均不足九年义务教育，视为所有家庭成员在该指标遭受剥夺	1/9
	儿童延迟入学	学龄期儿童（九年义务教育期内）延期入学，儿童个体在该指标遭受剥夺	1/9

---

① 权重调整方式参照了瓦兹等（2020）建议的方式。

续表

维度	指标	剥夺门槛	权重
生活水平	信息获取	家庭中超过半数人没有手机或电脑，视为所有家庭成员在该指标遭受剥夺	1/24
	小资产	家庭中如下小资产：洗衣机、电冰箱（柜）、微波炉、彩色电视机、固定电话或移动电话、摩托车或助力车，持有种类小于等于3种，视为所有家庭成员在该指标遭受剥夺；但如果家庭有汽车，则不再考虑家庭资产数目，视为家庭不剥夺	1/24
	饮水安全	家庭饮水不安全或取水存在困难，视为所有家庭成员在该指标遭受剥夺	1/24
	炊事燃料	家庭使用不安全炊事燃料，视为所有家庭成员在该指标遭受剥夺	1/24
	取暖设备	在供暖省份的家庭中，使用不安全取暖设备或无供暖设备，视为所有家庭成员在该指标遭受剥夺	1/24
	住房安全	住房建筑材料为竹草土坯，视为所有家庭成员在该指标遭受剥夺	1/24
	厕所	家庭中没有独立卫生的厕所，视为所有家庭成员在该指标遭受剥夺	1/24
	洗浴	家庭中没有洗浴设施，视为所有家庭成员在该指标遭受剥夺	1/24

资料来源：笔者整理。

表6-7　儿童个体为单位的多维贫困指标体系（"抽屉法"）：相对剥夺门槛

维度	指标	剥夺门槛	权重
健康	自评健康	儿童自评（父母评价）健康程度低于全部儿童健康程度排序中位数50%以下，则儿童个体在该指标遭受剥夺	1/6
	医疗保险	儿童没有医疗保险，则儿童个体在该指标遭受剥夺	1/6
教育	儿童上学	学龄儿童（九年义务教育期内）辍学，儿童个体在该指标遭受剥夺	1/9
	成年人受教育程度	家庭中18岁以上成年人受教育水平全部低于按成人受教育年限排序中位数50%以下水平，视所有家庭成员在该指标遭受剥夺	1/9
	儿童延迟入学	学龄期儿童（九年义务教育期内）延期入学，儿童个体在该指标遭受剥夺	1/9

续表

维度	指标	剥夺门槛	权重
生活水平	信息获取	家庭中超过半数人没有手机或电脑,视为所有家庭成员在该指标遭受剥夺	1/24
	小资产	家庭中如下小资产:洗衣机、电冰箱(柜)、微波炉、彩色电视机、固定电话或移动电话、摩托车或助力车,持有种类小于等于3种,视为所有家庭成员在该指标遭受剥夺;但如果家庭有汽车,则不再考虑家庭资产数目,视为家庭不剥夺	1/24
	饮水安全	家庭饮水不安全或取水存在困难,视为所有家庭成员在该指标遭受剥夺	1/24
	炊事燃料	家庭使用不安全炊事燃料,视为所有家庭成员在该指标遭受剥夺	1/24
	取暖设备	在供暖省份的家庭中,使用不安全取暖设备或无供暖设备,视为所有家庭成员在该指标遭受剥夺	1/24
	住房安全	住房建筑材料为竹草土坯,视为所有家庭成员在该指标遭受剥夺	1/24
	厕所	家庭中没有独立卫生的厕所,视为所有家庭成员在该指标遭受剥夺	1/24
	洗浴	家庭中没有洗浴设施,视为所有家庭成员在该指标遭受剥夺	1/24

资料来源:笔者整理。

如何利用第三套方案研究儿童多维贫困?从方法本身看,需要分别对儿童个体的多维贫困程度以及其所在家庭的多维贫困进行测算,并对二者进行综合性比较。

方案三的好处是:基于个人的儿童多维贫困测算体系,对儿童的发展予以额外关注,同时有利于:①观察到由于家庭内部(如重男轻女导致的)儿童投资资源分布不均带来的儿童内部多维剥夺程度的差别。②额外识别出那些在多维贫困家庭中的非多维贫困儿童,以及在非多维贫困家庭中的多维贫困儿童。

总结来看,本部分探讨如何构建儿童多维贫困指标体系。前两类方案均是在"家庭作为识别单元,个人作为分析单元"的基础上进行测算,即家庭中任何成员满足剥夺条件,其他所有成员被识别为剥夺;反之则相反。但"抽屉法"则有些特殊,这套方案是针对儿童个体信息的多维贫困测度。并且,"抽屉法"能够进行"非贫困家庭中的贫困儿童状态"的分析,这是其他方法所不具备的特点。表6-8归纳了三类儿童多维贫困的测算方法的优缺点。

表6-8　　　　　　三类儿童多维贫困的测算方法的优缺点比较

方案	成本优势	优势	不足之处	备注
基于家户多维贫困标准下的儿童贫困分解	行政成本低，搭家户数据便车	测算简单；政策含义清晰	欠缺儿童针对性	Global-MPI 的经典模式
引入更多儿童指标的儿童贫困分解分析	行政成本低，搭家户数据便车	测算简单；政策含义清晰	具有儿童针对性	引入更多具有儿童针对性的指标，一定程度上弱化了成人维度权重
"抽屉法"	行政成本低，搭家户数据便车	测算要求稍高；分析难度略高；政策含义略复杂	具有很强的儿童针对性，能够额外观察到：（1）家庭内部（如重男轻女导致的）儿童抚养资源分布不均带来的儿童内部多维剥夺程度的差别；（2）额外识别出那些在多维贫困家庭中的非多维贫困儿童，以及在非多维贫困家庭的多维贫困儿童	需要兼顾测算儿童个体多维贫困与家庭多维贫困，并加以综合分析

资料来源：笔者整理。

第四节　儿童多维贫困初探：基于"标准化家庭多维贫困"框架

本节结合"家户多维贫困"框架分析儿童多维贫困。富有创新性地结合中国"建立缓解相对贫困长效机制"的思路，在经典多维贫困指标剥夺方法上，创新使用相对剥夺方法，并将该方法下得到的结论作为主要分析对象。本小节主要发现：第一，儿童多维贫困与成人多维贫困是同等重要的问题；第二，细化儿童年龄段的比较结果显示，0~5岁儿童多维贫困程度最低，15~17岁青少年多维贫困程度最高，但不同年龄段儿童之间的贫困差异不具有统计显著性；第三，儿童贫困存在明显的区域、城乡差异。农村地区、西部地区的儿童多维贫困程度最高；第四，儿童普遍在自评健康、家庭中成年人接受教育程度、家庭炊事燃料、家庭卫生厕所和家庭洗浴设施指标方面遭受剥夺。

一、对全国儿童多维贫困程度的分析

基于"家庭多维框架",表6-9给出了以固定剥夺门槛和相对剥夺门槛计算的全国儿童多维剥夺状态。为了更好地呈现出儿童多维贫困程度之间的差异,表6-9还汇报了其他年龄区间人群的多维贫困状况,重点以儿童多维贫困发生率这一指标进行汇报。

表6-9 "标准化家庭多维贫困"框架下的全国儿童多维贫困:2018年

人群分类	多维贫困指标 MPI 固定剥夺门槛	多维贫困指标 MPI 相对剥夺门槛	多维贫困发生率(%) 固定剥夺门槛	95%置信区间	相对剥夺门槛	95%置信区间
全部居民	0.018	0.055	5.7	[4.8, 6.5]	16.9	[15.0, 18.8]
儿童	0.013	0.047	4.1	[3.3, 5.0]	14.8	[12.7, 17.0]
0~5岁儿童	0.008	0.041	2.7	[2.0, 3.4]	13.3	[11.2, 15.3]
6~14岁儿童	0.014	0.048	4.5	[3.6, 5.5]	15.1	[12.9, 17.3]
15~17岁儿童	0.015	0.053	5.0	[3.7, 6.3]	16.5	[13.4, 19.5]
18~60岁成人	0.012	0.046	4.0	[3.3, 4.8]	14.7	[12.8, 16.6]
60岁以上老年人	0.045	0.094	13.2	[11.5, 14.9]	27.1	[24.6, 29.7]

资料来源:CHIP 2018 数据。如无特殊说明,后面图表的结果数据来源一致,不再赘述。

若以固定剥夺门槛,2018年全国全年龄阶段的居民多维贫困发生率为5.7%。细化年龄群体,17岁及以下儿童贫困发生率为4.1%,略低于全国平均水平。其中:0~5岁儿童贫困发生率最低,为2.7%;6~14岁儿童贫困发生率位居第二,为4.5%;15~17岁的青少年儿童贫困发生率最高,为5.0%。对比来看,18~60岁区间的成年人的多维贫困发生率仅为4.0%,从贫困发生率的绝对值上看,仅比0~17岁儿童贫困发生率低0.1个百分点。

由于本章使用的并非超大样本或全样本微观数据,测算结果依赖于抽样设计对群体的代表程度,存在一定统计偏差,从而无法确切做出群体之间贫困差异性比较。考虑到上述问题,引入95%置信区间[①]对各类年龄段群体的贫困程度做对比,结果显示儿童多维贫困要低于社会平均贫困程度,但18~60岁的成人与儿

---

① 为了增加区间比较结果的稳健性,笔者同时计算了各类人群贫困度的置信区间。考虑到篇幅,并未在本书中进行汇报。感兴趣的读者可以向作者索要。

童贫困度之间的差异并不显著。也就是说,我们无法定性得到儿童贫困发生率高于或低于18~60岁成人的确定性结论——结合95%统计测算置信区间,不同年龄段儿童与18~60岁成人的贫困发生率在数值上有重合,即不具有显著的统计性差异。

若选取相对剥夺门槛,能够得到与绝对剥夺门槛相似的趋势性结论。具体来看,2018年全国整体多维贫困发生率从固定门槛的5.7%,上升至16.9%;17岁及以下儿童多维贫困发生率为14.8%,低于全国平均水平(其中,0~5岁儿童贫困度仍然最低,但其与6岁及以上儿童的多维贫困度差异不再具有统计显著差异);18~60岁区间的成年人的多维贫困发生率为14.7%,略低于儿童的贫困度;60岁以上老人的贫困发生率高达27.1%,老年人的贫困程度显著高于其他年龄段群体。如0~5岁儿童贫困发生率最低,6~14岁儿童贫困发生率位居第二,15~17岁的青少年儿童贫困发生率最高。上述结论均与以固定门槛得到的结果在趋势上一致,即各年龄阶段的多维贫困程度排序并未发生改变。

为什么从绝对门槛变动到相对门槛,没有观测到多维贫困在各类年龄段群体之间的贫困度排序变动?究其原因,从固定剥夺门槛转变为相对剥夺门槛过程中(见第三节),只有"自评健康"与"受教育年限"两个指标在设计上发生了改变。先看"受教育年限"指标,利用CHIP2018年数据测算发现,"按成人受教育年限排序的中位数"(见表6-3)也为9年,这与固定剥夺门槛的门槛值是一致的(见表6-4),这一指标在两种算法中并不发生改变。再看"自评健康"指标,在从绝对门槛向相对门槛转变过程中,健康门槛从"不好"和"非常不好"提高到"好""不好"和"非常不好"。转变门槛后,剥夺发生率提高比例最大的人群是老年人,儿童与成年人所受到的影响较低,多维贫困状况及其与成年人贫困度的排序未能在指标设定的转换中发生变化。[①]当然,还有第三方面的原因,已经在本章第三节(讨论有关多维贫困指标的选取)中做具体分析。

二、儿童多维贫困的分城乡分析

分城乡视角研究儿童多维贫困,可以观测到明显的城乡间儿童多维贫困程度分化。表6-10给出了以相对剥夺门槛的计算结果,从全部居民的视角看,农村多维贫困程度显著高于城镇地区。以相对剥夺门槛结果看,农村居民多维贫困发

---

① 在与儿童信息相关的数据变量信息充分的前提下,将绝对剥夺门槛转换为相对剥夺门槛,理论上可以观测到儿童与成人之间多维贫困变动的明显差异。

生率高达29.4%,显著高于全国16.9%的平均水平,更显著高于8.9%的城镇贫困率。相应地,农村儿童贫困发生率为25.7%,城镇儿童贫困发生率仅为7.7%,前者是后者的3倍多。上述结果反映了严峻的城乡多维贫困分化。

表6-10 "标准化家庭多维贫困"框架下的分城、乡儿童多维贫困(相对剥夺门槛)

多维贫困指标及发生率	分组	农村	城镇
多维贫困指标MPI	全部居民	0.095	0.029
	儿童	0.081	0.025
	0~5岁儿童	0.07	0.024
	6~14岁儿童	0.081	0.026
	15~17岁儿童	0.094	0.023
	18~60岁成人	0.081	0.025
	60岁以上老年人	0.153	0.049
多维贫困发生率(%)	全部居民	29.4	8.9
	儿童	25.7	7.7
	0~5岁儿童	23.5	7.5
	6~14岁儿童	25.5	8
	15~17岁儿童	29.3	7.1
	18~60岁成人	26.0	7.9
	60岁以上老年人	43.8	14.6

三、儿童多维贫困的分区域分析

在中国发展较为落后的西部地区,整体性多维贫困以及儿童多维贫困也更加严重。依旧以相对剥夺门槛汇报,表6-11显示西部地区整体居民以及西部儿童多维贫困发生率分别为24.4%和23.9%,中部两类贫困分别为15.8%和12.6%,东部两类贫困发生率分别为12.8%和10.5%。结果上的差异显现出贫困的区域分化仍然是值得关注的问题。此外,我们观察到西部地区的一个独特现象,即15~17岁的青少年贫困度要高于西部地区成人贫困,这显示出西部地区青少年的多维贫困问题值得重点关注。

表 6-11 "标准化家庭多维贫困"框架下的区域儿童多维贫困（相对剥夺门槛）

多维贫困指标及发生率	分组	东部	中部	西部
多维贫困指标 MPI	全部居民	0.042	0.050	0.079
	儿童	0.033	0.038	0.078
	0~5 岁儿童	0.032	0.031	0.067
	6~14 岁儿童	0.034	0.041	0.079
	15~17 岁儿童	0.035	0.039	0.092
	18~60 岁成人	0.036	0.040	0.069
	60 岁以上老年人	0.074	0.100	0.118
多维贫困发生率（%）	全部居民	12.8	15.8	24.4
	儿童	10.5	12.6	23.9
	0~5 岁儿童	10.1	10.8	21.2
	6~14 岁儿童	10.6	13.2	24.0
	15~17 岁儿童	11.0	13.1	27.3
	18~60 岁成人	11.1	13.2	22.0
	60 岁以上老年人	21.5	28.9	33.9

第五节 儿童最易遭受剥夺的指标

一、儿童最易遭受剥夺的指标：剥夺发生率分析

儿童遭遇的各指标剥夺，及其最终导致的多维贫困结果，实际上类似于一个复杂系统。在不同指标之间相互交叠错位关系下，最终呈现为儿童多维贫困。

结合儿童个体信息，图 6-1 给出了 17 岁及以下所有儿童个体在不同指标上的一般剥夺发生率（raw headcount ratio）以及 17 岁及以下贫困儿童在对应指标上的贫困剥夺发生率（censored headcount ratio）。[①] 由于多数儿童并未在多个指标上同时遭遇剥夺进而陷入多维贫困，可以观测到单指标测算的一般剥夺发生率与

[①] 计算过程中，两个发生率的分母一致，差别仅在分子上，故剥夺发生率在数值上高于贫困儿童贫困剥夺发生率。"多维贫困"和"单指标上遭遇剥夺"之间既有差异同时又有关联。差异在于儿童在单项指标上遭遇剥夺不一定导致儿童多维贫困，共性在于多维贫困儿童必然是在很多个单向指标上面临剥夺问题。

贫困剥夺发生率之间存在明显差别。根据图6-1，以0~17岁儿童作为整体，除了自评健康①之外，儿童普遍在家庭卫生厕所、洗浴设施、炊事燃料方面遭受剥夺。

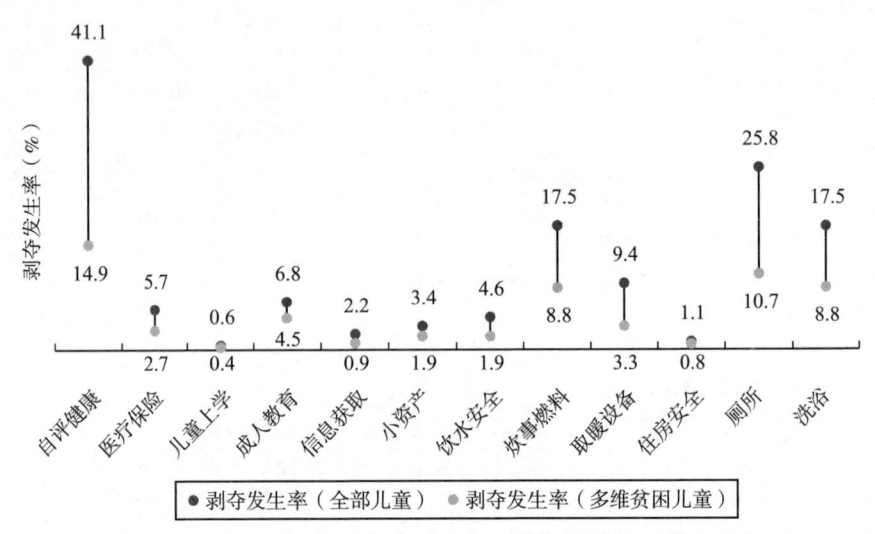

图6-1 儿童在各指标遭遇的一般剥夺发生率和贫困剥夺发生率

图6-2给出了细分儿童年龄组的计算结果。根据图6-2，不同年龄阶段的儿童在不同指标上遭受的剥夺程度同中存异。比如，对0~5岁儿童来讲，除自评健康指标之外，还在（按全部儿童剥夺发生率从高到低排序）卫生厕所、炊事燃料、洗浴设施和医疗保险方面遭受主要剥夺。对6~14岁儿童而言，除自评健康剥夺，还在（按全部儿童剥夺发生率从高到低排序）卫生厕所、洗浴设施、炊事燃料和取暖设施方面遭遇主要剥夺，并且在卫生厕所、洗浴设施和炊事燃料方面的所面临的剥夺程度要更高于0~5岁儿童。对于15~17岁儿童，除了自评健康剥夺，还可以观测到（按全部儿童剥夺发生率从高到低排序）在卫生厕所、炊事燃料、洗浴设施和取暖方面遭遇主要剥夺。尽管6~14岁儿童和15~17岁儿童两类群体排在前五位的剥夺指标相同，但各个指标的排序有所差别，且15~17岁儿童在上述指标上的剥夺程度普遍更高。

---

① 在自评健康指标上，在绝对指标相对化中使用的门槛是"所有家庭成员的健康程度全部均低于按个体健康排序的中位数以下水平，视所有家庭成员在该指标遭受剥夺"（见表6-3），该转换显著提高了包括儿童的所有成员的自评健康门槛，从而令儿童自评健康剥夺发生率明显提高。加之CHIP2018年数据在健康指标上采用的是"自评"（还有部分儿童健康信息为父母"他评"），儿童身体健康程度的准确程度并不高，故本书不重点分析关于儿童自评健康方面的结果。

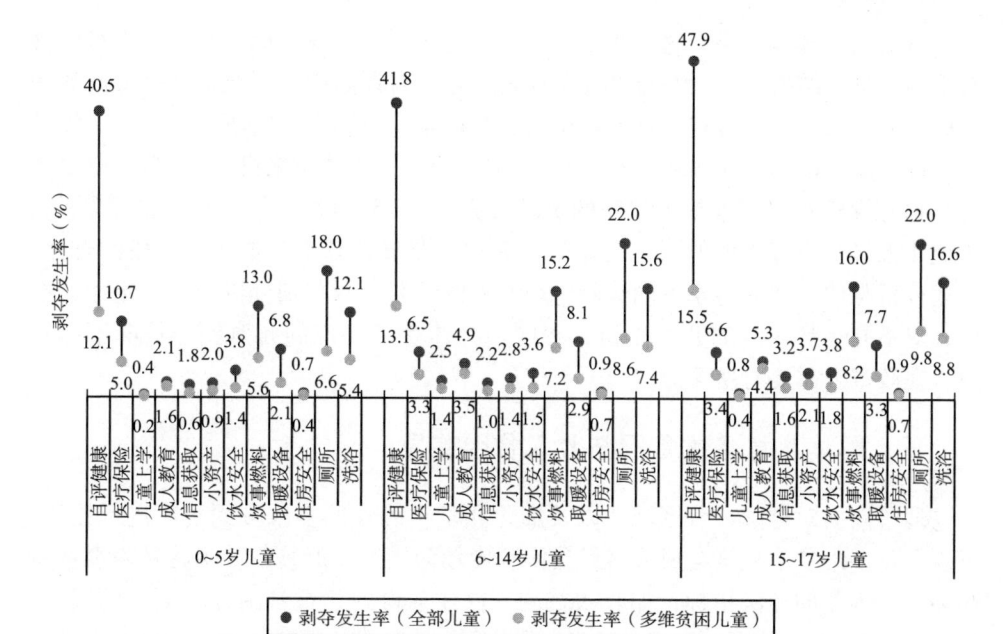

图 6-2 分年龄段儿童在各指标遭遇的一般剥夺发生率和贫困剥夺发生率

二、最易导致儿童陷入贫困的指标：分解分析

通过研究贫困儿童在哪些维度和哪些指标上更容易遭受剥夺这一问题，有助于为政策行动提供指引。在方法上可采取分解各剥夺要素对儿童多维贫困贡献度完成分析（Alkire and Foster，2011）。图 6-3 给出了儿童整体以及不同年龄段儿

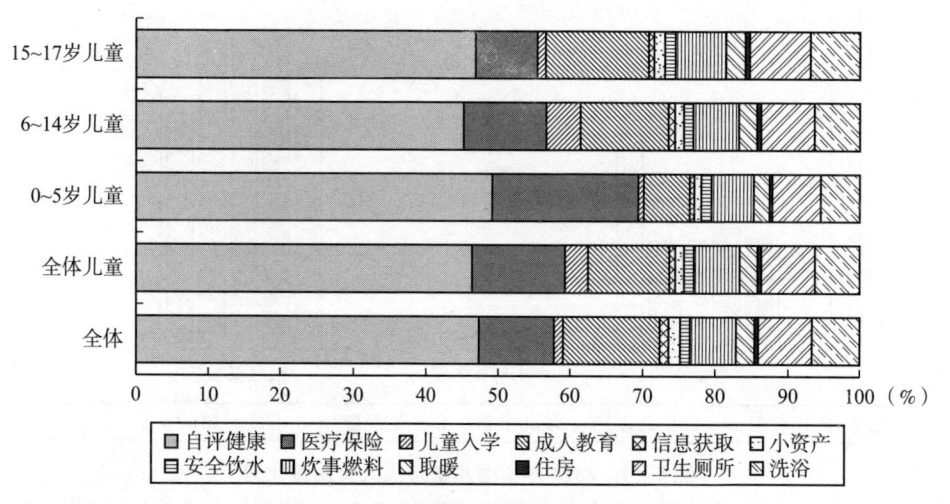

图 6-3 儿童多维贫困贡献度分析

童多维贫困的分解结果。这一结果有助于回答哪些维度或指标对儿童多维贫困具有更高贡献。结果显示：对全部儿童而言，除了自评健康，剥夺贡献度最高的是家庭中成年人接受教育程度和医疗保险，其次是炊事燃料、厕所和洗浴等。但是对不同年龄阶段的儿童来讲存在差别，例如对 0～5 岁儿童来讲，（除自评健康之外）医疗保险对其多维贫困程度的贡献最高；对 15～17 岁青少年来讲，其家庭中成年人接受教育程度的匮乏占据的剥夺贡献要显著高于其他年龄阶段的群体。上述分析与前一部分对于不同年龄阶段儿童的剥夺要素差别分析具有一定相通性质，对不同年龄区间的儿童来讲，相同指标体系下展现的儿童剥夺情况不尽一致，在政策上需要有所区分。

三、解读儿童多维贫困与收入贫困差异

通过前面对全国、分区域，以及细化儿童年龄段的多维贫困程度进行比较，发现儿童多维贫困程度与成人多维贫困程度较为接近。但是，如果将贫困度量视角换成一维度的经济指标，如收入贫困，往往会得到儿童贫困程度更高的结果。例如，图 6-4 给出了利用 CHIP2018 数据进行的各年龄段群体收入贫困与多维贫困的比较。结果显示，若以多维贫困为标准，较难观测出儿童与 18～60 岁成年人之间的贫困度差异。若以绝对收入贫困为标准，儿童多维贫困在 2018 年略高于成人。然而，在中国大力度扶贫措施之下，绝对贫困的消除取得了重大胜利，无论是全国还是不同年龄段群体之间的贫困度均已处于较低水平，无法从 2018 年的数据中看到各年龄段全体在绝对贫困方面的显著差别。若换成相对收入标准，能够观测到儿童相对收入贫困显著高于成人的现象。

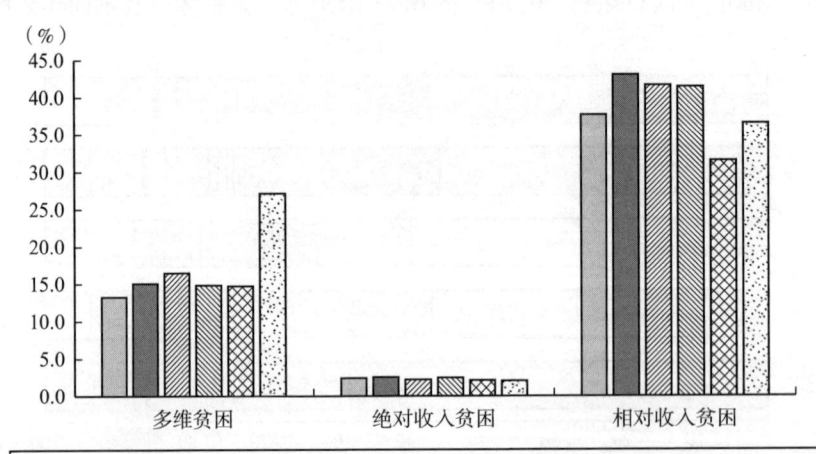

图 6-4　2018 年中国儿童与成人贫困度比较

注：绝对收入贫困标准为 2300 元（2010 年不变价）标准；相对贫困标准为居民可支配收入中位数的 40%。

作为辅助证明，图6-5和图6-6给出了沈扬扬和李实（Shen and Li, 2022）测算的跨期条件下我国农村儿童与成年人多维贫困与收入贫困之间的差别。其中，图6-5提供了2002~2018年儿童与成年人绝对贫困、相对贫困以及多维贫困之间的差别跨期变动趋势；图6-6提供了1988年以来，以多维贫困形成的我国农村儿童与成年人贫困比较趋势。仅在1988年可以观测到在标准化MPI测算体系下的儿童多维贫困高于成人多维贫困的结果。此后儿童多维贫困低于成人多维贫困。但以收入为度量手段会发现儿童收入贫困状态一直要比成人更高。前述来自表6-2的结论是稳健的。

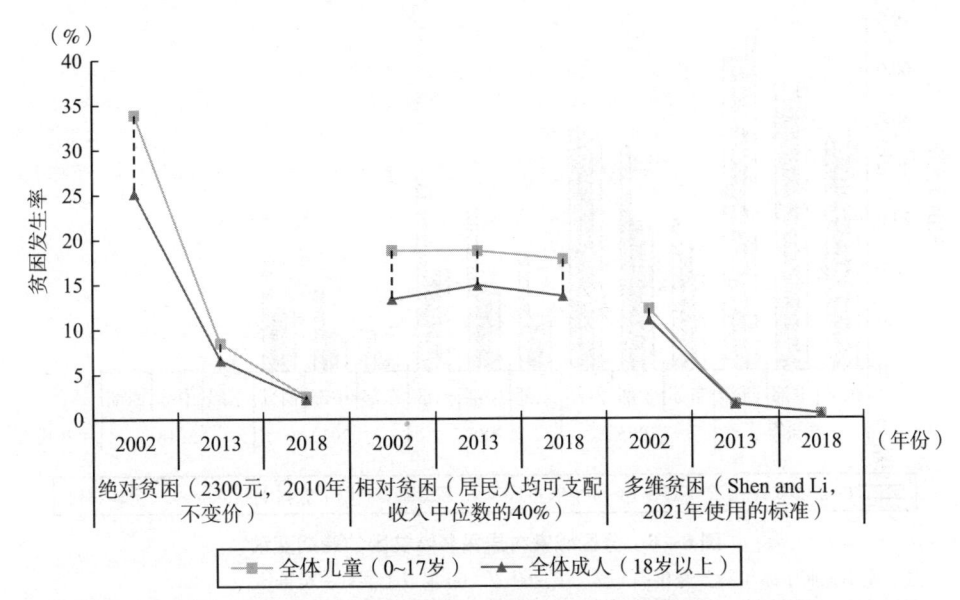

图6-5 中国农村儿童与成年人贫困度的动态比较：2002~2018年

注：为保证跨期多维贫困测度结果可比，此处MPI指标体系借鉴沈扬扬等（2018）的方法。由于指标体系不同，此处引用的MPI测算结果与沈扬扬等（2018）的多维贫困结果不具有可比性。

资料来源：CHIP2002年、2013年和2018年数据，转引自沈扬扬和李实（Shen and Li, 2022）的研究结果。

对上述观测基本现象（即儿童多维贫困与成人，尤其是18~60岁成人之间并无显著差异，甚至儿童多维贫困度略低），从两个角度进行原因解读。

本部分从"以家庭为单位的多维贫困指标体系"框架的视角对儿童与成人多维贫困的差别进行解读。回顾第三节中的表6-2，在全部三个维度共计12个指标中，只有"儿童上学"是专项针对儿童的指标。而其剥夺门槛是"家庭中至少一个学龄儿童（九年义务教育期内）辍学，视为所有家庭成员在该指标遭受剥夺"。2018年是九年义务教育普及的第33个年头，结合国家统计局数据，2018年中国学龄儿童净入学率为95.20%，表明学龄儿童辍学对中国儿童而言是非常低的门槛。对于其余指标，如"家庭中成年人接受教育程度"是成人偏向性指标，"自评健康"对老年人而言更为敏感。只有"医疗保险"以及"生活水平"维度中的8个指标对全部人群而言是共享或者是均等度量的。多维贫困指标对不同年龄段人群的敏感性，即哪些最易成为多维贫困家庭遭受剥夺的指标以及这些指标更偏向哪类人群，会成为解读儿童多维贫困与18~60岁成人多维贫困程度相近的一条重要线索。结合本章第二节的分析范式，进行0~17岁儿童与18~60岁成人剥夺程度差异分析比较（见图6-7和图6-8）。①

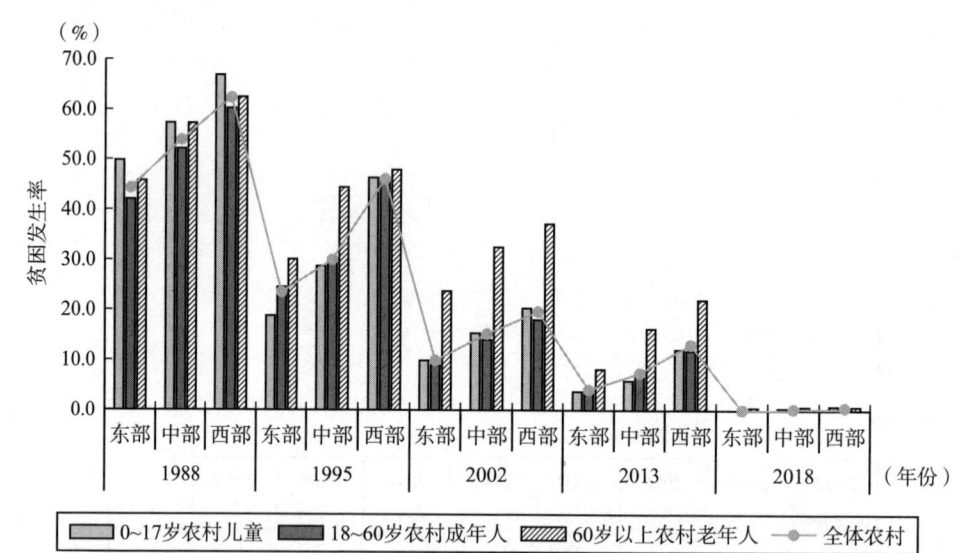

图6-6 分区域农村居民多维贫困的跨期变动

注：本书依照个体年龄分为0~15岁、16~60岁、60岁以上共计三类群体。
资料来源：CHIP1988~CHIP2018年数据，转引自沈扬扬和李实（Shen and Li, 2022）的研究结果。

结果显示：第一，单纯对比0~17岁儿童与18~60岁成人，儿童几乎在所有指标的剥夺发生率上与成年人接近，或低于成人剥夺发生率水平。唯一比较特殊的是"儿童上学"（儿童辍学）这一指标。上述结果导致儿童多维贫困与18~60岁成人比较接近。第二，细化儿童年龄段，并非所有儿童的剥夺程度都与18~60岁成人接近。例如，0~5岁儿童在医疗保险上的缺失、15~17岁儿童所在家庭中成年人接受教育程度的匮乏、家庭使用的炊事燃料安全保障不足，家庭取暖设备、洗浴设施和卫生厕所使用方面的缺失程度要更加严重。故不能忽视儿童内部的差异化贫困。在第六节异质性分析部分，将对上述问题进行更为深入的讨论。

---

① 由于60岁老年人的剥夺发生率十分高，这个结论在前面已经得到论述。考虑到此处重点希望比较的是0~17岁儿童与18~60岁成人，故没有给出老年群体的剥夺发生率结果。感兴趣的读者可向笔者索要。

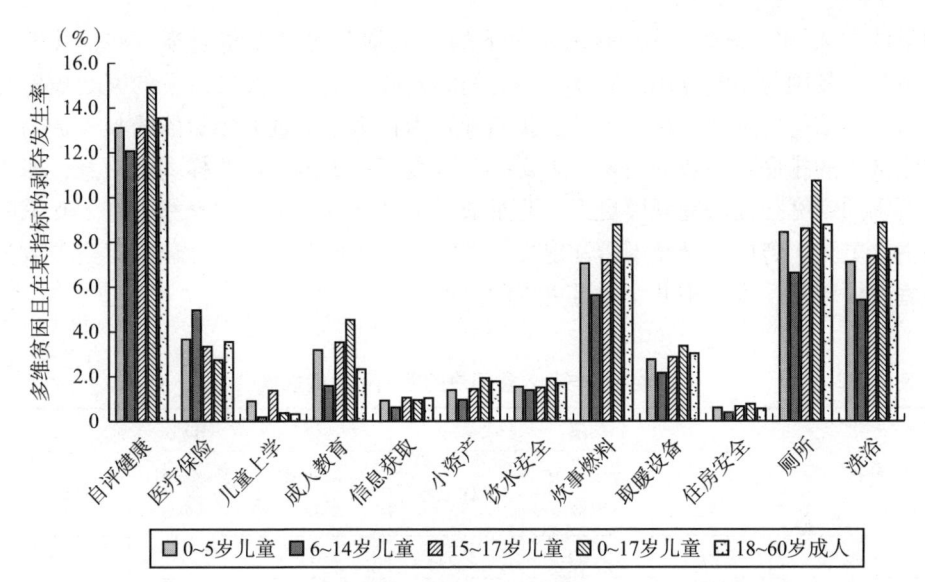

图 6-7　各年龄段群体在不同指标上的剥夺发生率（2018 年）

资料来源：CHIP 2018 年数据，笔者计算。

图 6-8　各年龄段群体在陷于多维贫困前提下的剥夺发生率（2018 年）

资料来源：CHIP 2018 年数据，笔者计算。

从多维贫困户家庭人口年龄结构视角以及贫困的测度概念来讲，只要是以家庭为单位的贫困测度方式，就离不开对家庭人口结构的讨论。相对于收入贫困视角下的"人均"概念，多维贫困视角下的"人均"测算要更复杂一些，甚至会导致收入贫困与多维贫困家庭及个体之间的差异。基于两类贫困下的家庭规模与人口年龄结构的统计分析，有助于我们理解为什么会出现分年龄段的收入贫困与多维贫困的排序不一致的现象。表6-12和表6-13传达出这样一个信息，即收入贫困的家庭往往家庭规模更大、儿童数量更多，收入贫困的家庭中有子女家庭的占比更大。若以多维贫困指标定义贫困家庭，则捕获到的多维贫困家庭多数为家庭规模较小、家庭中儿童数量更少的家庭。

表6-12 多维贫困与收入贫困户的差别：家庭规模

分组	均值			中位数		
	收入贫困家庭	多维贫困家庭	总体家庭	收入贫困家庭	多维贫困家庭	总体家庭
全部	3.71	3.00	3.58	4.0	2.8	3.3
农村	3.75	3.06	3.69	4.0	2.8	3.8
城镇	3.39	2.63	3.48	3.3	2.0	3.0
无儿童家庭	2.62	2.21	2.65	2.3	2.0	2.5
有儿童家庭	4.26	4.07	4.17	4.0	4.0	4.0

资料来源：CHIP 2018年数据，笔者计算。

表6-13 多维贫困与收入贫困户的差别：家庭中儿童数量

分组	家庭中儿童数量（均值，人）			儿童占比（%）		
	收入贫困家庭	多维贫困家庭	总体家庭	收入贫困家庭	多维贫困家庭	总体家庭
全部	1.12	0.72	0.93	19.81	13.4	19.5
农村	1.12	0.76	1.03	18.93	13.6	18.7
城镇	1.08	0.48	0.83	28.16	12.2	20.3

分组	有儿童的家庭占比（%）			有儿童家庭中儿童占比（%）		
	收入贫困家庭	多维贫困家庭	总体家庭	收入贫困家庭	多维贫困家庭	总体家庭
全部	66.6	53.8	61.1	28.0	29.9	28.8
农村	66.8	54.2	63.3	26.8	29.6	27.3
城镇	64.4	37.5	58.9	40.2	32.4	30.4

资料来源：CHIP 2018年数据，笔者计算。

第六节 不可忽视的两类儿童多维贫困

结合"抽屉法",构建儿童个体层面的多维贫困研究框架。主要发现:第一,"寒门能出贵子"——生活在贫困家庭中的未必都是贫困儿童,贫困的代际转移正被一部分家庭所击破;第二,"家富未必富子"——非多维贫困的家庭中也能发现多维贫困儿童,父母在子女养育方式上仍需多维改善;第三,在多子女家庭中存在儿童抚养资源分配不均问题,主要表现为:家庭中的残障儿童遭受剥夺程度更高,双女童家庭、单亲家庭或重组家庭中更容易出现儿童抚养资源分配不均问题。

一、非贫困家庭中的儿童贫困问题

传统的家户多维贫困框架无法考察家庭内部儿童之间的多维贫困度差异。但"抽屉法"将考察单元从家庭转换到儿童个体,可以发掘多维贫困家庭与多维贫困儿童之间的交叠错位关系(见表6-14)。

表6-14　多维贫困家庭与多维贫困儿童的交叠错位关系

项目		儿童所在家庭贫困状态	
		贫困	非贫困
儿童个体贫困状态	贫困	贫困家庭中的贫困儿童	非贫困家庭中的贫困儿童
	非贫困	贫困家庭中的非贫困儿童	非贫困家庭中的非贫困儿童

本部分以二孩家庭为研究群体。通过表6-15的测算,可以发现二孩家庭占全部多子女家庭构成的最大份额。为了研究的便利性,将样本限定为2个子女的家庭。

表6-15　家庭子女个数统计　　　　　　　　　　　单位:%

项目	全人口占比	一孩家庭	二孩家庭	三孩及以上家庭
全部有子女家庭	51.7	62.24	32.74	5.02
城镇	20.1	67.55	29.56	2.89
农村	31.6	53.96	37.69	8.35

资料来源:CHIP 2018年数据,笔者计算。

图 6-9 的左半部分考察了全部多维贫困儿童在贫困与非贫困家庭中的分布；右半部分考察了全部贫困家庭中无贫困儿童及有贫困儿童的分布比例。研究发现：非多维贫困家庭中也有多维贫困儿童。

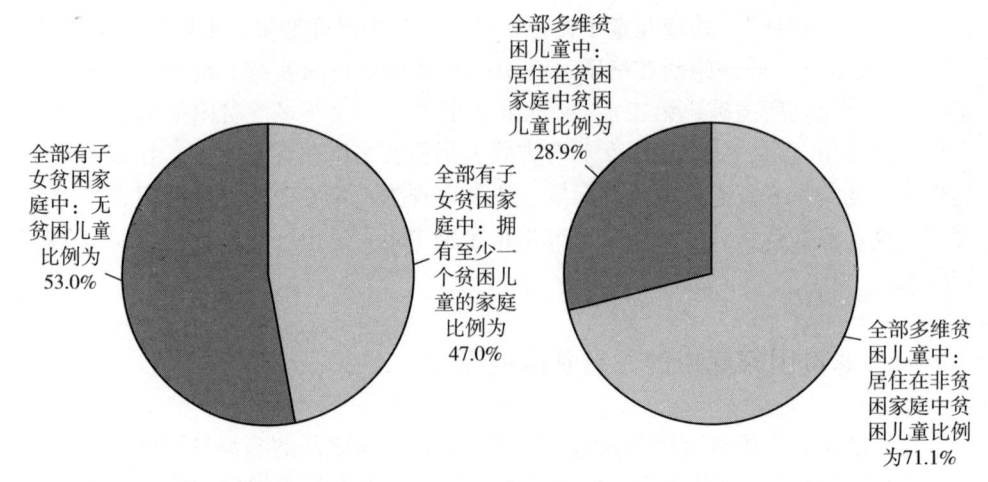

图 6-9 非贫困家庭中的儿童贫困问题（以二孩家庭为例）：整体性分析

资料来源：CHIP 2018 年数据，笔者计算。

如果将多维贫困儿童作为整体，超过七成（71.1%）的多维贫困儿童居住在非贫困家庭中；类似的，可以发现并非所有（有子女的）多维贫困家庭中都有贫困儿童。如图 6-9 右侧图形，在全部有子女多维贫困家庭中，没有贫困儿童的家庭占比超过半数（53%）。这说明在缓解儿童贫困的战略行动中不能只关注贫困家庭，还要关注非贫困家庭中的儿童多维贫困问题。

细化城乡分析，对"非贫困家庭也有贫困儿童"这一结论提供稳健性分析。城、乡结果如图 6-10 所示。结果显示，如果将城镇二孩家庭作为一个整体，仅有 11% 的贫困儿童居住在城镇贫困家庭，该比例低于全国平均水平（28.9%）。相对来看，可以观察到更多贫困儿童居住在非贫困家庭，这一比例高达 89%。相对地，近八成（78%）城镇贫困家庭中无法观测到贫困儿童，再次印证贫困家庭中未必有多维贫困儿童的主要结论。同时，该结果显著高于全国平均值（53.0%），显示出城镇地区家庭对子女的培育更加重视。

在农村二孩家庭中（见图 6-11），以农村贫困儿童作为一个整体，37% 的贫困儿童居住在贫困家庭中；以农村贫困家庭作为一个整体，45.6% 的贫困家庭中没有贫困儿童。上述基本结论与整体性研究一致。从城乡对比差异性上看，城镇地区有着更为突出的"贫困儿童居住在非贫困家庭"以及"贫困家庭中没有贫困儿童"现象。应更加谨慎地对待多维贫困家庭与多维贫困儿童之间的非同步性。

城镇贫困家庭中：
拥有至少一个贫困儿童的家庭比例为 22%

城镇贫困儿童中：居住在贫困家庭中贫困儿童比例为 11%

城镇贫困家庭中：无贫困儿童比例为 78%

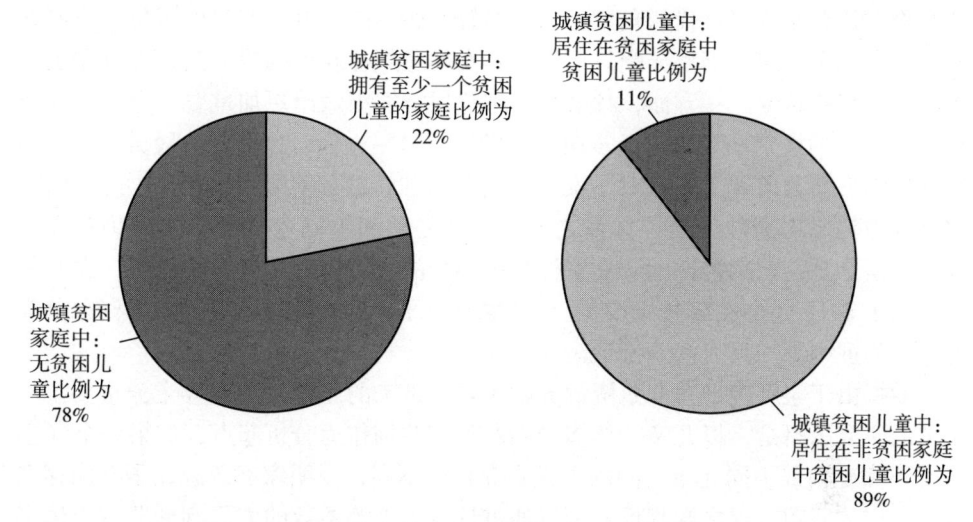

城镇贫困儿童中：居住在非贫困家庭中贫困儿童比例为 89%

图 6-10　非贫困家庭中的儿童贫困问题（以二孩家庭为例）：城镇

资料来源：CHIP 2018 年数据，笔者计算。

农村贫困儿童中：居住在贫困家庭中贫困儿童比例为 37.0%

农村贫困家庭中：无贫困儿童比例为 45.6%

农村贫困家庭中：拥有至少一个贫困儿童的家庭比例为 54.4%

农村贫困儿童中：居住在非贫困家庭中贫困儿童比例为 63.0%

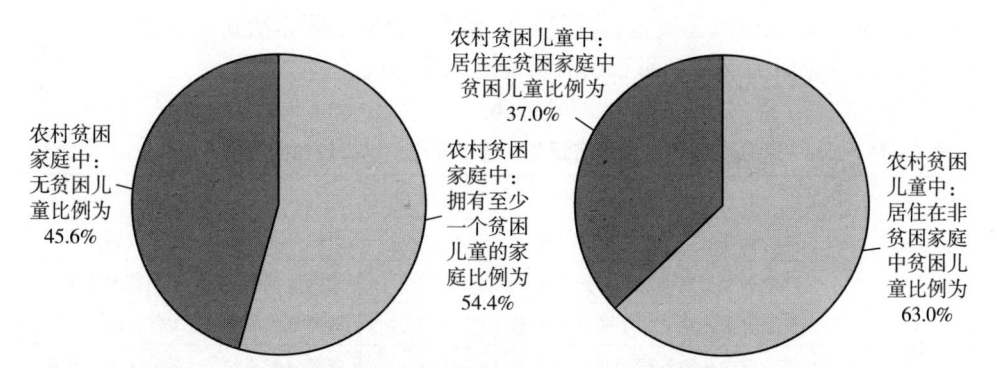

图 6-11　非贫困家庭中的儿童贫困问题（以二孩家庭为例）：农村

资料来源：CHIP 2018 年数据，笔者计算。

通过上述分析发现，多维贫困儿童未必只集中在贫困家庭中，贫困家庭中未必一定生活着贫困儿童。对应地，未必要对所有贫困家庭做儿童贫困减贫干预。此外，越是在发达地区，越要更加谨慎对待贫困家庭与贫困儿童之间的非同步性。上述三项结论增强了本书倡导建议的"非贫困家庭中也存在多维贫困儿童"，并要加以关注这一重要问题。

二、家庭内部儿童抚养资源分配不均问题

不仅在中国，在亚洲地区"男女平等"和"性别差异"都是一个值得探讨的重要社会问题。男性被传统文化认知为劳动力，且仅男性被赋予可以继承家族

的身份，社会在传宗接代的角度上，重男轻女的思想一直影响着中国传统家庭在不同性别儿童之间的资源分配。但重男轻女的思想在新中国成立后，尤其是近年来，开始有所转变。一方面，社会分工细化以及智力输出更加重要，令"妇女能顶半边天"的性别平等思想逐步萌芽和发展，另一方面，伴随现阶段男多女少的性别比例失衡的出现，家庭对子女的养育资源投入逐渐向更为平等的方向转化。但这种逆转非均衡性变动，城乡之间、地域之间和不同家庭类型之间仍存在差异。时至今日，家庭内部的子女资源分配不均的背后原因可能更为复杂，尤其是在中国于2015年全面放开二孩[①]，中国家庭对子女的抚养理念、方式和资源分配的公平程度则更加具有探索价值。

发掘由于家庭内部对儿童资源分配不均所带来的儿童发展差异十分重要。本小节的研究思路是，以儿童个体多维剥夺程度差别作为分析起点，如果一个（多子女）家庭内部不同儿童之间的多维剥夺程度不同，说明家庭资源在子女间存在分配不均的问题，反之则相反。可以通过计算不平等系数的方式判断儿童个体多维度剥夺与（按家庭）儿童多维剥夺程度分化度间的差别。另外，资源分配不均可能由偏爱、性别歧视（重男轻女思想）等主观因素决定，也可能由客观家庭经济能力所带来的无奈取舍决定，甚至是主客观混合复杂要素决定。具体来看，表6-16以二孩家庭为例，列举了所有可能的家庭构成。

表6-16　　家庭内部儿童抚养资源分配情况分类：以二孩家庭为例

	类型		举例
贫困家庭	两个剥夺分数相同的贫困儿童	资源分配均匀	2名贫困儿童
	两个剥夺分数不同的贫困儿童	资源分配不均	2名贫困儿童
	一个贫困儿童+一个非贫困儿童	资源分配不均	1贫+1不贫
	两个剥夺分数不同的非贫困儿童	资源分配不均	2名非贫困儿童
	两个剥夺分数相同（且不为0）的非贫困儿童	资源分配均匀	2名非贫困儿童
	两个剥夺分数为0的非贫困儿童	资源分配均匀	2名非剥夺儿童
非贫困家庭	两个剥夺分数相同的贫困儿童	资源分配均匀	2名贫困儿童
	两个剥夺分数不同的贫困儿童	资源分配不均	2名贫困儿童
	一个贫困儿童+一个非贫困儿童	资源分配不均	1贫+1不贫
	两个剥夺分数不同的非贫困儿童	资源分配不均	2名非贫困儿童
	两个剥夺分数相同（且不为0）的非贫困儿童	资源分配均匀	2名非贫困儿童
	两个剥夺分数为0的非贫困儿童	资源分配均匀	2名非剥夺儿童

---

① 中国共产党十八届五中全会宣布"全面放开二孩政策"。

三、主要测算结果

下面以二孩家庭为例,对家庭内部儿童抚养资源分配不均的问题进行分析。参照表 6-16 给出的分类模式,图 6-12 提供了多维贫困家庭内部六类成员的构成。对应图 6-13 提供了非贫困家庭内部六类成员的构成。

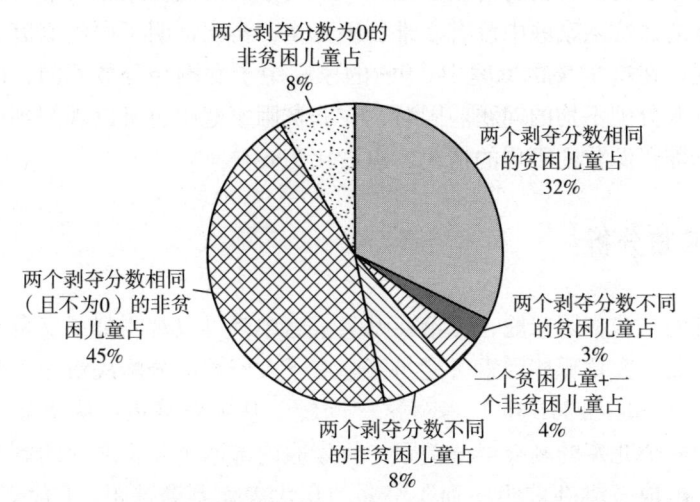

图 6-12　贫困家庭内部儿童抚养资源分配(以二孩家庭为例)

资料来源:CHIP 2018 年数据,笔者计算。

- 两个剥夺分数为0的非贫困儿童占 8%
- 两个剥夺分数相同的贫困儿童占 32%
- 两个剥夺分数相同(且不为0)的非贫困儿童占 45%
- 两个剥夺分数不同的贫困儿童占 3%
- 一个贫困儿童+一个非贫困儿童占 4%
- 两个剥夺分数不同的非贫困儿童占 8%

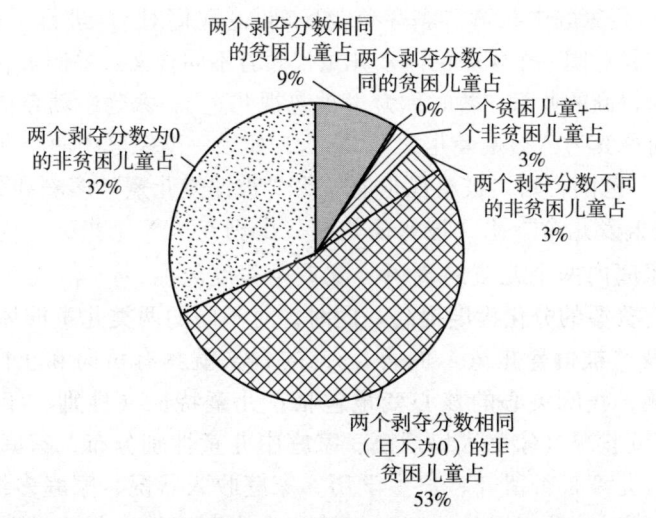

图 6-13　非贫困家庭内部儿童抚养资源分配(以二孩家庭为例)

资料来源:CHIP 2018 年数据,笔者计算。

- 两个剥夺分数相同的贫困儿童占 9%
- 两个剥夺分数不同的贫困儿童占 0%
- 一个贫困儿童+一个非贫困儿童占 3%
- 两个剥夺分数为0的非贫困儿童占 32%
- 两个剥夺分数不同的非贫困儿童占 3%
- 两个剥夺分数相同(且不为0)的非贫困儿童占 53%

在贫困家庭中，首先，六成（45%＋8%＋8%＝61%）贫困家庭中没有多维贫困儿童，凸显出家庭对子女培育的重视——即便家庭其他成员再贫困，也应尽量为下一代创造更好的条件。在这六成家庭中，13%的家庭在养育子女过程中，子女剥夺分数不同，即家庭中存在抚养资源分配不均的问题。贫困家庭中可以观测到明显的家庭中对子女抚养资源分配不均的情况，该比例约为全部贫困家庭的15%。

对非贫困家庭的分析与前面类似，但两类家庭的测算结果有显著差别。结果显示，94%的非贫困家庭中没有多维贫困儿童，再次证明了中国家庭对子女抚养问题的重视。在这94%的家庭中，9%的家庭中子女剥夺分数不同，即家庭中仍存在抚养资源分配不均的问题。同时，在非贫困家庭中也可以观测到明显的家庭中对子女抚养资源分配不均的情况，总占比为6%。

四、回归分析

对比贫困与非贫困家庭，无论在哪类家庭中都可以观测到子女资源分配不均的情况。那么，究竟哪些因素可能与家庭对子女资源的分配决策相关呢？本书利用有序回归（ordered logistic）考察这一问题。基本思路是：从全部二孩家庭中测算家庭内两个儿童的剥夺得分差距，将家庭内部两个儿童之间的剥夺差距进行分类赋值，形成"剥夺差距序列"变量（0代表无剥夺差距，1代表小差距，2代表中等差距，3代表大差距）。分析策略为：

$$y_i^* = x_i'\beta + \mu_i$$

其中，y_i^*是家庭中儿童"剥夺差距序列"。我们对y_i^*进行了绝对值处理，即较高剥夺差异对同一个家庭的两个儿童代表着不同含义。举例来讲，将家庭中剥夺得分相对较高的儿童，暂时称为"被忽视儿童"；家庭中剥夺得分相对较低的儿童，暂时称其为"被偏爱儿童"。那么，如果一个家庭中两个儿童剥夺处于3"较大差距"范围，则"被忽视儿童"比"被偏爱儿童"多剥夺了N个指标；反过来，"被偏爱儿童"比"被忽视儿童"少剥夺了N个指标。这样一来，y_i^*值很低代表家庭内两个儿童的资源分配差距程度较低，y_i^*值提高代表家庭内两个儿童拥有资源的分化程度提高。同时，对不同的两类儿童群体——"被忽视儿童"以及"被偏爱儿童"而言，y_i^*的含义就具有负向和正向两层含义。对此研究议题，我所关心的核心变量包括：儿童特征（性别、年龄、是否残障）、儿童家庭状况（家庭人口规模、家庭中儿童性别分布、家庭是否为单亲或重组家庭、儿童是否留守、户主学历、家庭收入状况、家庭多维贫困状况、社区环境），同时将儿童居住地区（城乡、东中西区域）作为控制变量。回归结果参见表6-17。

表 6-17 各类要素对二孩家庭儿童剥夺差距分析

项目		基本回归		边际效应	
无剥夺差距 1-较小剥夺差距 2-中等剥夺差距 3-较高剥夺差距	自变量	（1） 全部二孩 家庭儿童样本	（2） 家庭中剥夺 程度高的儿童	（3） 全部二孩 家庭儿童样本	（4） 家庭中剥夺 程度高的儿童
对照组：男性	女性	0.006	1.204***	-0.001	-0.180***
年龄	年龄	-0.002	-0.124***	0.000	0.019***
对照组：无残障	残障但不影响 学习生活	0.740**	1.539*	-0.085*	-0.171***
	残障并影响 学习生活	2.143***	0.551	-0.360***	-0.077
对照组：2人家庭	3人家庭	-0.295	0.742	0.030	-0.095
	4人及以上家庭	-0.338	-0.159	0.034	0.024
对照组：家庭中两 个女孩	一男一女	-0.338**	-0.674	0.032**	0.089*
	两个男孩	-0.225	-1.416**	0.022	0.211**
对照组：非重组或 非单亲家庭	重组/单亲家庭 家庭	0.415*	0.242	-0.042	-0.035
对照组：非留守儿童	留守儿童	0.22	-0.257	-0.021	0.040
对照组：户主为初 中及以下学历	户主为高中或 中专学历	0.352**	0.852**	-0.034**	-0.127**
	户主为大专及 以上学历	0.092	1.197**	-0.008	-0.164**
对照组：非多维贫 困家庭	多维贫困	0.830***	-0.521	-0.074***	0.079
对照组：社区无路 灯设施	社区有路灯	-0.524***	0.196	0.047***	-0.030
对照区：社区无垃 圾集中处理站	社区有垃圾 集中处理站	-0.456*	-0.684	0.041*	0.103
对照组：社区无互 联网覆盖	社区有互联网 覆盖	-0.629	-1.411	0.056	0.213
对照组：农村	城镇	0.306**	0.638*	-0.027**	-0.096*
对照组：东部	中部	-0.419***	0.143	0.037***	-0.022
	西部	-0.094	0.221	0.009	-0.033

续表

项目 无剥夺差距 1 - 较小剥夺差距 2 - 中等剥夺差距 3 - 较高剥夺差距 自变量	基本回归		边际效应	
	（1） 全部二孩 家庭儿童样本	（2） 家庭中剥夺 程度高的儿童	（3） 全部二孩 家庭儿童样本	（4） 家庭中剥夺 程度高的儿童
cut1	1.409***	-2.113*		
cut2	1.719***	0.229		
cut3	2.604***			
观测值（儿童样本）（人）	3503	179	3503	179

注：1. *** $p<0.01$，** $p<0.05$，* $p<0.1$；2. 边际回归中，（1）和（2）输出结果为"无剥夺差距+较小剥夺差距"的 AME 结果；（3）和（4）输出结果为"1-较小剥夺差距"的 AME 结果。

资料来源：CHIP 2018 年数据，笔者计算。

回归（1）是将全部二孩家庭儿童作为整体回归，此类回归没有干预样本中儿童是处于被优待还是被忽视状态，判断的是哪些要素更容易导致两个儿童之间的巨大剥夺差距。回归结果显示：家庭内部儿童之间剥夺程度差距拉大的诱因包括儿童自身的残障状况、家庭是重组或单亲家庭、家庭本身陷入多维贫困，以及社区环境较差（如没有路灯等、没有垃圾处理站）。我们还发现：相比于两个儿童均为女孩，两个儿童是一男一女的家庭，儿童之间的剥夺差距会降低；相较于东部地区，中部地区家庭内部儿童之间的剥夺差距更小；相较于农村地区，城镇地区两个儿童之间的剥夺差距更大。此外，一个比较独特的现象是，我们观测到相比于户主为初中及以下学历的家庭，那些户主学历为高中或中专学历的家庭，对家庭内部两个儿童之间的剥夺差距拉动效应更强，即高中或中专学历的家长，更可能给不同子女分配不同的资源。与之相对应的是，尽管可以观测到户主为大专及以上学历家庭的正向系数，但回归（1）的结果在统计上并不显著。

回归（2）选取家庭中剥夺程度更高的儿童样本进行回归，分析哪些因素可能导致二孩家庭中弱势（被忽视）儿童处于更高的剥夺状态。由于在所设定多维贫困框架中，儿童个体化特征的指标可选择空间较小，多数仍然是家庭层面的变量，无法充分观测到儿童之间多维剥夺的差异化水平，最终样本降低到 179 个儿童。回归（2）所得结果与回归（1）较为相似，但也存在一些差异。这些差异可以反映出独特的问题：第一，观测到女孩更容易处于高剥夺状态；第二，儿童处于残障状态的影响变小（主要原因是样本中的重度残疾儿童规模非常小）；第三，相比于两个儿童均为女童的家庭，双男孩家庭更不容易出现单一儿童严重遭遇剥夺的资源分配不均情况；第四，户主学历越高，家庭中两个儿童资源分配的差别越大；第五，社区环境以及中部地区回归结果的显著性消失，但仍然可以观测到城镇地区更容易发生对子女资源投入分配不均的现象。

通过回归方式找寻二孩家庭的剥夺差异的重要相关变量发现，对那些在家庭中遭受更高程度剥夺的儿童而言，其会因（重度）残障而与家庭另一名儿童之间的剥夺差距拉大。从家庭特性角度看，在两个儿童都是男孩的家庭中，两个儿童之间的剥夺差距在较小差距区间的聚集可能性更高，对应地，两个都是女孩的家庭，儿童之间的剥夺差距最大；如果儿童居住在单亲或重组家庭中，或者家庭本身处于多维贫困状态，家庭内部两个儿童之间剥夺差距会更大。研究中确实发现了性别差异：一是相比于家庭中两个儿童都是女孩的情况，双男孩家庭倾向于均匀分配资源给家庭中的两名男孩；二是女童成为遭遇更高剥夺孩童的可能性更大。

第七节 异质性分析：儿童之间的多维贫困差别

本节考察儿童多维贫困程度的异质性。主要发现包括：第一，单纯对比儿童多维贫困的性别差异，二者贫困度相近，但结合第五节主要结论会发现，儿童多维贫困的性别差异不容忽视；第二，留守儿童的多维贫困程度显著高于非留守儿童；第三，相较于独生子女家庭中的儿童，非独生子女家庭中的儿童拥有更大概率陷入多维贫困；第四，相较于生活在良好社区环境中的儿童，身处较差社区环境中的儿童面临更高的多维贫困发生率；第五，家庭经济状况越好，儿童陷入多维贫困的概率越低，但是家庭收入的提高无法完全消除儿童的多维贫困，儿童贫困问题是超越经济范畴的，儿童多维贫困存在于各类家庭中，并非单一手段（如收入改善）可以解决。

一、男童与女童的多维贫困度差异

表6-18计算了男童和女童的多维贫困发生率差异。测算结果同时使用了家户框架下的多维贫困体系和"抽屉法"。从男童与女童的占比来看，男童占53%，女童占47%。[①] 对比男童和女童的多维贫困发生率，并没有发现明显的性别差异。例如，从全体儿童样本来看，"家庭多维贫困指标"下计算出的男童多维贫困发生率为14.9%，女童多维贫困发生率为14.8%；"抽屉法"下计算出的男童多维贫困发生率为13.5%，女童为13.6%。两类群体多维贫困度差异很小。

---

① 该结果与表6-1提供的儿童性别分布存在差别，主要在于在计算儿童多维贫困过程中，只能使用那些家庭各成员在各类指标上均没有缺失值的样本；而表6-1仅是针对全部儿童进行的统计，故二者之间会存在差异。

表6-18　　　　　男童与女童的多维贫困发生率差异　　　　　单位：%

项目		儿童人口占比（分类儿童占全部儿童比重）		家户多维贫困指标		"抽屉法"	
		男童	女童	男童	女童	男童	女童
全体	全体儿童	53	47	14.9	14.8	13.5	13.6
	0~6岁儿童	14	12	14.1	12.3	12.7	11.1
	7~14岁儿童	30	27	14.7	15.5	13.4	14.2
	15~17岁儿童	9	8	16.6	16.2	15.2	15.8
农村	全体儿童	27	23	25.6	25.8	24.2	24.4
	0~6岁儿童	6	6	25.4	21.3	23.7	20.4
	7~14岁儿童	16	14	24.6	26.7	23.9	25.2
	15~17岁儿童	5	4	29.4	29.1	26.2	27.8
城镇	全体儿童	28	24	7.9	7.5	6.8	6.7
	0~6岁儿童	7	7	7.5	7.4	6.3	5.9
	7~14岁儿童	16	14	8.1	7.8	6.6	7.1
	15~17岁儿童	4	4	7.6	6.4	8.3	7.2

注：使用相对剥夺门槛作为计算结果，本章后面的计算均使用了相对剥夺门槛，不再单独说明。
资料来源：CHIP 2018年数据，笔者计算。

单纯对比两类儿童，并不会发现儿童多维贫困程度的性别差异，但如果对照第五章第三节的分析，儿童贫困的性别差异仍然是不能回避的重要问题。建议通过更为全面和细化的方法手段，重视儿童多维贫困的性别差异问题。

二、留守儿童与非留守儿童的多维贫困度差异

以儿童的留守状态划分（见表6-19），CHIP2018年数据中留守儿童占10%，非留守儿童占90%。从城乡对比来看，留守儿童主要居住在农村，农村留守儿童占全部留守儿童的7成左右。

从两类儿童的多维贫困程度差异上看，留守儿童的多维贫困发生率更高，这一趋势无论是使用家户多维贫困指标还是"抽屉法"均是如此。例如，以家庭多维贫困指标框架，全国留守儿童的多维贫困发生率为22.7%，全国非留守儿童的多维贫困发生率仅为13.2%；在"抽屉法"下，全国留守儿童贫困发生率为21%，全国非留守儿童多维贫困发生率仅为12.5%。分城乡考察，农村地区6~14岁儿童中，留守与非留守两类儿童的多维贫困发生率较为接近，但城镇地区并没有出现上述情况。一种可能性是农村儿童多维贫困状况本身就较为严重，加

之 6～14 岁儿童是全部儿童中的最主要构成部分，因此未能看出明显的由留守状态带来的这一年龄区间的农村儿童的多维贫困程度差异。

表 6-19　　留守儿童与非留守儿童的多维贫困发生率差异　　单位：%

项目		儿童人口占比		家户多维贫困指标		"抽屉法"	
		留守儿童	非留守儿童	留守儿童	非留守儿童	留守儿童	非留守儿童
全体	全体儿童	10	90	22.7	13.2	21.0	12.5
	0～5 岁儿童	2	15	20.5	10.4	16.7	9.4
	6～14 岁儿童	7	58	23.5	13.5	22.2	12.6
	15～17 岁儿童	1	17	20.6	14.8	20.6	15.2
农村	全体儿童	7	39	28.3	24.8	25.8	24.2
	0～5 岁儿童	1	5	30.9	20.9	25.7	20.2
	6～14 岁儿童	6	26	27.7	24.9	25.7	24.2
	15～17 岁儿童	1	8	28.2	27.4	26.6	27.0
城镇	全体儿童	3	51	11.9	7.1	11.9	6.3
	0～5 岁儿童	1	10	2.9	6.4	1.3	5.3
	6～14 岁儿童	2	32	15.0	7.4	15.0	6.2
	15～17 岁儿童	0	9	9.1	6.8	11.8	7.7

资料来源：CHIP 2018 年数据，笔者计算。

三、独生子女与多子女家庭中的儿童多维贫困度差异

从独生子女与非独生子女的比例看（见表 6-20），两类群体各占一半。如果对比两类群体的多维贫困发生率，从全国来看，独生子女的贫困程度低于非独生子女的多维贫困发生率。例如，在家户多维贫困指标和"抽屉法"两类计算框架下，全国独生子女的贫困发生率分别为 11.8% 和 11.1%，但非独生子女的贫困发生率则分别为 17.3% 和 16.0%。

分城乡的测算结果显示，农村地区 0～5 岁儿童中，是否是独生子女的多维贫困发生率之间的差异并不明显；城镇地区 0～5 岁以及 6～14 岁儿童中，是否是独生子女的多维贫困发生率之间的差异不明显。但其他年龄阶段的差异较为明显。

结合第六节的分析，独生子女与多子女家庭儿童之间的贫困度存在差异，一个较大的可能性是，由于家庭资源的有限性，故多子女家庭可能会分配更多的资

源在其中一个"更优秀"的孩子身上,而对另一个孩子的投入较少。这会使得多子女家庭中"较差"的儿童面临更高程度的多维剥夺。

表 6-20　　　　独生子女与非独生子女的多维贫困发生率差异　　　　单位:%

项目		儿童人口占比		家户多维贫困指标		"抽屉法"	
		独生子女	非独生子女	独生子女	非独生子女	独生子女	非独生子女
全体	全体儿童	50	49	11.8	17.3	11.1	16.0
	0~6 岁儿童	10	10	11.6	13.1	10.3	12.0
	7~14 岁儿童	29	33	11.4	18.0	10.9	16.5
	15~17 岁儿童	11	7	13.2	20.4	12.6	20.4
农村	全体儿童	20	27	22.3	28.0	21.3	26.7
	0~6 岁儿童	4	5	22.2	24.1	20.3	23.0
	7~14 岁儿童	12	18	21.1	28.1	20.7	26.9
	15~17 岁儿童	5	4	25.4	32.4	23.9	30.5
城镇	全体儿童	30	22	7.1	8.2	6.5	7.0
	0~6 岁儿童	7	5	7.3	6.2	6.2	5.0
	7~14 岁儿童	18	14	7.1	9.0	6.6	7.1
	15~17 岁儿童	6	3	6.6	7.9	6.7	10.2

资料来源:CHIP 2018 年数据,笔者计算。

四、社区环境与儿童多维贫困

第五节以社区环境作为控制变量,研究了社区环境对二孩家庭中的儿童遭遇剥夺程度高低的影响。结果显示,社区发展状况(如是否有路灯、是否有垃圾集中处理站等)与儿童遭遇的剥夺程度有负相关联系。本部分统计不同社区环境下的儿童多维贫困差异。测算中,对较差社区的定义为至少满足一项项目即为较差社区:没有路灯、无垃圾处理站、无互联网覆盖、发生犯罪状况、没有通路、没有公共巴士、社区存在水污染状况。

表 6-21 结果显示,约有一少半(47%)的儿童居住在较差社区。与居住在良好社区的儿童相比,居住在较差社区的儿童贫困发生率更高。以全体儿童为例,居住在较好社区的儿童贫困发生率为 11.3%/10.3%,而居住在较差社区的儿童贫困发生率为 19.5%/17.9%。上述结果表明,以社区发展程度为替代变量的区位发展状况,会对儿童的多维贫困程度产生影响。较差社区面临的不仅是可观测的道路、基础设施、交通等方面的匮乏,同时可能与教育质量较差、社区治

理能力低，社区内居民普遍发展能力差等方面紧密相关。尤其可以从城乡差异中看出，较差社区主要分布在农村地区，且居住在较差社区的农村儿童所面临的贫困发生率要显著高于居住在城镇较差社区的儿童多维贫困发生率。例如，表6-21显示，居住在较差社区的农村儿童多维贫困发生率高达28.1%/26.9%，但城镇儿童即便居住在较差社区，其多维贫困发生率也仅为8.7%/7.4%。

表6-21　　　　　不同社区环境下儿童多维贫困发生率的差别　　　　　单位：%

项目		儿童人口占比		家户多维贫困指标		"抽屉法"	
		良好社区	较差社区	良好社区	较差社区	良好社区	较差社区
全体	全体儿童	53	47	11.3	19.5	10.3	17.9
	0~6岁儿童	14	12	10.3	17.5	8.8	16.5
	7~14岁儿童	31	28	11.5	19.7	10.3	18.3
	15~17岁儿童	9	8	12.5	21.7	12.8	19.1
农村	全体儿童	20	31	22.1	28.1	20.5	26.9
	0~6岁儿童	5	7	20.2	25.8	18.1	25.1
	7~14岁儿童	12	18	21.8	27.9	20.9	26.9
	15~17岁儿童	3	5	25.8	31.6	23.4	29.5
城镇	全体儿童	35	17	7.2	8.7	6.5	7.4
	0~6岁儿童	10	5	6.8	8.9	5.5	7.4
	7~14岁儿童	20	9	7.5	8.9	6.4	7.7
	15~17岁儿童	5	3	6.8	7.8	8.5	6.3

资料来源：CHIP 2018年数据，笔者计算。

五、不同家庭经济境况下的儿童多维贫困度

按照全部家庭所处经济状况进行四分组排序，表6-22分别给出了城镇地区和农村地区进行人均可支配收入排序，得到了最低25%家庭、中低收入家庭、中高收入家庭、高收入家庭中，各年龄阶段儿童多维贫困发生率。

从表6-22来看，整体趋势是居住在越高收入家庭中的儿童，其多维贫困发生率越低。例如，以农村地区为例，居住在低收入家庭中的儿童多维贫困发生率分别为38.4%和35.8%，居住在中低收入家庭中的儿童多维贫困发生率分别为27.7%和26.1%，居住中高收入家庭中的儿童多维贫困发生率分别为18.6%和18.3%，居住在高收入家庭中的儿童多维贫困发生率分别为10.9%和10.3%。城镇地区呈现类似趋势，在此不再赘述。

表 6–22　不同家庭经济状况中儿童多维贫困发生率的差别　　　　　单位：%

项目		农村地区			城镇地区		
		人口占比	家户多维贫困	"抽屉法"	人口占比	家户多维贫困	"抽屉法"
按收入排序的低收入家庭	全体儿童	15	38.4	35.8	17	10.1	9.3
	0~6岁儿童	4	34.1	32.4	4	10.7	8.9
	7~14岁儿童	9	37.8	35.8	10	10.1	9.2
	15~17岁儿童	2	46.6	41.8	3	9.2	10.5
按收入排序中低收入家庭	全体儿童	14	27.7	26.1	14	7.4	7.0
	0~6岁儿童	3	25.9	24.3	4	8.2	6.8
	7~14岁儿童	8	26.9	25.5	8	7.2	6.8
	15~17岁儿童	2	33.2	32.0	2	6.5	7.9
按收入排序中高收入家庭	全体儿童	13	18.6	18.3	11	7.4	5.7
	0~6岁儿童	3	15.2	15.1	3	6.6	4.7
	7~14岁儿童	7	19.8	19.9	6	7.7	5.7
	15~17岁儿童	2	19.2	17.8	2	8.0	7.3
按收入排序高收入家庭	全体儿童	9	10.9	10.3	9	4.0	3.2
	0~6岁儿童	2	13.7	11.7	3	2.6	2.7
	7~14岁儿童	5	8.6	8.6	5	5.2	3.5
	15~17岁儿童	2	13.7	13.2	1	2.7	3.5

资料来源：CHIP 2018 年数据，笔者计算。

不能忽视的是，即便是居住在最高收入家庭中的儿童，仍会观测到多维贫困现象，这说明单纯的经济发展和家庭收入的提高并不能消除多维贫困，也说明儿童贫困问题是超越经济范畴的，儿童多维贫困存在于各类家庭中，并非单一手段（如收入改善）可以解决。

整体上，通过对我国儿童多维贫困的研究，得出了以下几个结论：

第一，儿童多维贫困与成人多维贫困是同等重要的贫困问题。CHIP2018 年数据测算结果显示，不同年龄段的儿童与成人贫困度之间的差异不具有统计显著性。因此，不能忽视儿童贫困问题，应将儿童贫困置于和成人贫困同等重要的位置。

第二，儿童贫困的区域分化问题严重。分城乡分析显示，农村地区儿童贫困比城镇地区儿童多维贫困更加严重；分区域分析显示，西部地区儿童多维贫困程度比中部和东部地区更加严重，说明区域分化仍然是值得关注的问题。

第三，儿童遭遇的剥夺指标既具有共性，同时也存在差异。对全部儿童而言，除了自评健康之外，剥夺贡献度最高的包括卫生厕所、炊事燃料、洗浴设施、取暖设备和医疗保险覆盖。但是对不同年龄段的儿童来讲，相同指标体系下所展现的儿童剥夺情况不尽一致，要在政策行动上有所区分。

第四，不能忽视非贫困家庭中的贫困儿童。以二孩家庭为分析样本，研究发现：①多维贫困儿童并非只分布在贫困家庭中。②贫困家庭中未必培养出贫困儿童，贫困的代际转移能够被一部分家庭所击破。③越是在发达地区，越要更加谨慎对待贫困家庭与贫困儿童之间的非同步性。

第五，多子女家庭中存在抚养资源分配不均问题。影响家庭内部子女间剥夺差异的主要因素包括：①家庭中残障儿童的剥夺程度会更高且与家庭中另一个非残障儿童的剥夺差距更大。②相较于家庭中两个儿童都是女孩的情况，双男孩家庭会倾向于把资源更均匀地分配给两名男孩。③如果儿童居住在单亲或重组家庭中，或者家庭本身处于多维贫困状态，家庭内部两个儿童之间剥夺差距会更大。

第六，不同类型儿童之间的贫困差异不容忽视。研究发现：①儿童多维贫困的性别差异不容忽视。②留守儿童的多维贫困程度显著高于非留守儿童。③相较于独生子女家庭中的儿童，非独生子女家庭中的儿童有更大概率陷入多维贫困。④相较于生活在良好社区环境中的儿童，身处较差社区环境中的儿童面临更高的多维贫困发生率。⑤家庭经济状况越好，儿童陷入多维贫困的概率越低，但是家庭收入的提高无法完全消除儿童的多维贫困，儿童贫困问题是超越经济范畴的，儿童多维贫困存在于各类家庭中，并非单一手段（如收入改善）可以解决。

由此引出的研究启示和建议包括以下几个方面：

第一，积极关注儿童减贫议题，要从国家战略的高度，建立人口、社会、经济政策相互衔接协同的政策体系。《中华人民共和国国民经济和社会发展第十四个五年规划和2035年远景目标纲要》提出"以'一老一小'为重点完善人口服务体系"，形成以减轻家庭生育、养育、教育负担为中心的各年龄段儿童政策服务体系，助力下一代人口质量的提高，化解老龄化背景下人口红利逐渐消失的困境。建议立足于国家战略高度，关注儿童减贫议题，这对中国在未来一段时间防止返贫、缓解长期的相对贫困问题和提升人力资本将具有重大意义。要加强教育、医疗等公共服务均等化建设投入，通过完善婴幼儿照护、托育服务、青少年发展等政策手段，优化父母亲抚养儿童期间的时间投入和养育成本，建立人口、社会、经济政策相互衔接协同的儿童减贫政策体系。

第二，引入综合性贫困测度和评估理念。一直以来，中国以绝对收入贫困线作为官方贫困度量标准。新发展阶段下，中国对减贫目标的精准性、减贫手段的多元性，以及减贫目标的可持续性应有新的要求。具体到儿童减贫，考虑到儿童贫困是一个综合性并带有儿童针对性的专项议题，单一视角无法充分解读儿童贫困的成因，也无法为儿童减贫提供政策支持。考虑到对缓解儿童贫困具有贡献的要素不仅包括儿童的生存状态改善、父母的抚养方式，也与居住环境提升、社会保障的普及和公共服务质量提升等问题相关，建议在未来防止返贫和缓解相对贫困中，要更加关注儿童贫困的相对性、多元性、动态性、综合性和发展性特征。

第三，有重点地进行儿童减贫政策的分类设计。以动态视角来看，无论是在相对贫困还是多维贫困框架下，一套全新的贫困识别框架，往往在设立之初会捕捉到规模最大的贫困群体。对这些在新贫困识别框架下所观测到的贫困现象，较难实现在一个周期内就全部解决。可行的方法是，通过找寻儿童贫困的某些共性，针对某几类特殊指标开展相应政策行动（如普惠型幼儿园建设、发展普惠托育服务体系等），或针对某类特殊儿童群体进行针对性救助（例如重点关注留守儿童、多子女家庭的女童等），以分类政策优先解决儿童的普遍性贫困。

第四，儿童减贫政策的干预体系不能限于家庭单元，还应扩展到儿童个体范畴。关注儿童减贫问题，不能局限在家庭分析单元上，"寒门能出贵子"，"家富未必富子"。因此，建议将儿童贫困的瞄准手段建立在家庭和儿童个体两类分析单元上，确保不遗漏那些非贫困家庭中的贫困儿童，同时节省出一些原本投入在没有贫困儿童的贫困家庭中的儿童减贫资源。

第五，呼吁国家构建儿童贫困官方测量体系，以对未来的相关政策制定提供更精准的实证支持。现阶段，我国缺少针对儿童的贫困评估体系。考虑到儿童减贫政策设计对未来国家发展的重要意义，呼吁国家构建出一套官方的儿童贫困测度指标体系。具体建议包括：其一，在儿童多维贫困指标的选取中，在符合理论要求的基础上，立足中国实际；其二，建立儿童专项微观大数据调查，或在既有官方统计数据中补足与儿童相关的变量，引入与儿童减贫和发展议题相匹配的指标（如儿童营养健康、儿童保护和儿童教育）；其三，由于不同指标体系必然带来不同的贫困数值结果，为了统一对未来一段时间内群体内贫困的认知和理解，建议构建官方统一的多维贫困指标体系，设立官方多维贫困标准，并且在一段时期内固定该套指标体系；其四，搭建官方与民间调查机构合作的桥梁，将民间机构儿童专题调查与官方部门（如国家统计局、扶贫办等机构）进行有机衔接，实现增补指标目标。

本 章 附 录
对国内调查数据测算中国儿童多维贫困的可行性分析

针对儿童多维贫困指标体系构建，前期笔者共参考了六套国内可用数据：一是北京师范大学中国家庭收入调查项目（China Household Income Project，CHIP）2018年数据。该数据自1988年开始搜集，每5~6年一轮，数据结构为截面数据。这套数据的优势是在收入和消费层面上具有全国代表性、东中西区域代表性和城乡代表性。其分为城、乡两套数据，共采集了 2 万户，约 6 万个样本。二是北京大学中国家庭追踪数据（China Family Panel Studies，CFPS）2018 年数据。该数据优势为长跨期追踪数据，自 2010 年开始，针对样本中的成员进行每两年一次的信息搜集。三是中国疾控中心与北卡罗来纳中国健康与营养调查（China Health and Nutrition Survey，CHNS）2015 年数据。该数据自 1989 年开始采集，以追踪形式调查中国居民营养营养和社会发展状况。每次调查的样本量约为 7200 户、3 万个体，覆盖全国 15 个省份。此外，我们还参考了人民大学中国综合社会调查（Chinese General Social Survey，CGSS）、西南财经大学中国家庭金融调查（China Household Finance Survey，CHFS），以及中国社科院中国社会状况综合调查（China Social Survey，CSS）三套数据。由于后三套数据缺乏儿童针对性变量，儿童样本较少，目前也未曾见到国内有依据上述三套数据做儿童多维贫困分析的研究，故我们主要对前三套数据（CHIP2018、CFPS2018 和 CNHS2015）进行了预估计。

预估计的方式如下：首先，我们构建了两套指标体系，用于评估 CHIP2018 年数据、CFPS2018 年数据以及 CHNS2015 年数据的适应性（见表 1）。其中，第一套指标体系参照了《中国儿童发展纲要（2011—2020 年）》，结果显示，CHIP2018 覆盖了三个主要维度下的 7 个指标。CFPS2018 覆盖了四个主要维度下的 20 个指标。CHNS2015 覆盖了四个主要维度下的 23 个指标。第二套指标体系参照了现阶段对中国儿童多维贫困研究所构建指标体系。共选取了营养、健康、儿童保护、居住环境（饮水、测试所、住房）、儿童早期发展、教育、信息获取 7 个维度，下设 34 个具体指标。其中，CHIP2018 年数据覆盖了 6 个主要维度下的 22 个指标。CFPS2018 年数据覆盖了 7 个主要维度下的 28 个指标。CHNS2015 年数据覆盖了 7 个主要维度下的 30 个指标。上述评估结果显示，CHNS2015 年数据最佳[①]、CFPS2018 年数据次之，CHIP2018 年数据满足基本测算需求。

其次，我们对各套数据对儿童的代表性问题进行了评估。对 CFPS2018 年数据和 CNHS2015 年数据来讲，两套面板追踪数据存在较高规模的追踪样本损耗（sampling attrition）问题，导致整体样本伴随年份的递增而下降。尽管有样本权重可以修正样本代表性，这种处理方式对全国整体性样本的效用更佳，但对细化到儿童的样本，甚至是细化到分年龄段的儿童，就无法保证测算结果的代表性。CHIP2018 年数据为截面数据，通过与国家统计局 2018 年的数据分各年龄段、分

[①] 需要注意的是，笔者计算时 CHNS2015 年数据关于儿童营养的核心变量尚未完全公布，我们在表 1 中仅统计了 CNHS2015 年数据问卷中的变量。但是，在后期实际使用中，发现大量信息的缺失问题。

城乡和分性别的人口统计学对比，CHIP2018 年的数据代表性最佳。

综上所述，CHIP2018 年数据在满足基本多维贫困测算需求的基础上，具有儿童代表性更强的特性，故本书使用 CHIP2018 年数据做分析。当然，我们仍然强调，受限于儿童变量选取的有限性，同其他数据一样，CHIP2018 未能够充分还原中国儿童贫困状况的实际情况，仅作为对儿童多维贫困问题的初步探索更希望以 CHIP2018 年数据为例，展示出儿童贫困的具体分析范式和研究路径。

表 1　基于《中国儿童发展纲要（2011 – 2020 年）》主要目标维度的数据对比

维度	指标	CHIP	注释	CFPS	注释	CHNS	注释
健康	1. 降低出生缺陷所致残障					有	数据缺失值较多
	2. 降低婴儿和 5 岁以下儿童死亡率至 10‰ 和 13‰			有		有	
	3. 降低儿童伤害所致死亡和残障			有	《死亡原因分类表》	有	
	4. 控制儿童常见疾病和艾滋病、梅毒、结核病、乙肝等重大传染性疾病			有	《疾病编码表》	有	
	5. 提高国家免疫规划的疫苗接种率				其他年份有采集过	有	
	6. 降低新生儿破伤风发病率			有	《疾病编码表》	有	
	7. 控制低出生体重发生率	有	回忆式	有	回忆式	有	
	8. 提高 0～6 个月婴儿纯母乳喂养率			有		有	
	9. 降低 5 岁以下儿童贫血患病率和中小学生贫血患病率			有	《疾病编码表》	有	
	10. 降低 5 岁以下儿童生长迟缓率和低体重率	有	回忆式	有	回忆式	有	
	11. 控制中小学生视力不良、龋齿、超重/肥胖、营养不良发生率	部分有	回忆式	超重等有	回忆式	有	
	12. 降低儿童心理行为问题和儿童精神疾病患病率			部分有	儿童心理、压力等	有	
	13. 提高适龄儿童性与生殖健康知识普及率					有	
	14. 减少环境污染对儿童的伤害			可与环境数据匹配			

续表

维度	指标	CHIP	注释	CFPS	注释	CHNS	注释
教育	1. 促进0~3岁儿童早期综合发展						
	2. 普及学前教育，增加城镇和农村公办幼儿园数量		可与村级数据匹配				
	3. 保障流动儿童和残障儿童接受义务教育	有		有		有	
	4. 提高高中毛入学率	有		有		有	
	5. 中等职业教育规模扩大，办学质量提高						
	6. 保障所有儿童享有公平教育，缩小城乡差距、区域差距、校际差距						
	7. 学校标准化建设水平提高，薄弱学校数量减少						
	8. 提高教育质量和效益，学生综合素质和能力全面提升						
福利	1. 扩大儿童福利范围，推动儿童福利由补缺型向适度普惠型转变						
	2. 保障儿童享有基本医疗卫生服务	有		有		有	
	3. 基本满足流动和留守儿童基本公共服务需求	有	各类保险和就学	有	各类保险和就学	有	
	4. 满足孤儿生活、教育、医疗和公平就业需求，提高孤儿寄养率和收养率			有	可识别孤儿		
	5. 提高0~6岁残障儿童抢救性康复率						
	6. 减少流浪儿童数量和反复性流浪						
	7. 增加孤儿养护、流浪儿童保护和残障儿童康复的专业服务机构数量		可与县域数据匹配				

续表

维度	指标	CHIP	注释	CFPS	注释	CHNS	注释
福利	8. 保障受艾滋病影响儿童和服刑人员未满18周岁子女的生活、教育、医疗、公平就业等权利						
社会环境	1. 消除对儿童的歧视和伤害			部分有	对孩子看法、陪伴频率	有	数据缺失较多
	2. 适应城乡发展的家庭教育指导服务体系基本建成						
	3. 儿童家长素质提升,家庭教育水平提高					有	
	4. 为儿童提供丰富、健康向上的文化产品					有	
	5. 保护儿童免受不良信息影响			部分有	孩子放学后知道去哪里		
	6. 培养儿童阅读习惯,增加阅读时间和阅读量			部分有	陪伴孩子读书	有	
	7. 增加县、乡两级儿童科教文体育等课外活动设施和场所		可与县域数据匹配				
	8. 提高城乡社区建设儿童之家						
	9. 保障儿童参与家庭生活、学校和社会事务的权利			部分有	参与社团	有	
	10. 保障儿童享有闲暇和娱乐的权利			部分有		有	

资料来源:笔者结合《中国儿童发展纲要(2011—2020年)》儿童发展体系整理。

表2 结合儿童权益和既有文献汇总指标的数据对比

维度	指标	CHIP	注释	CFPS	注释	CHNS	注释
营养	低体重	有	自汇报数据	有	自汇报数据	有	数据缺失值较多
	生长发育迟缓	有	自汇报数据	有	自汇报数据	有	
	肥胖	有	自汇报数据	有	自汇报数据	有	
	消瘦	有	自汇报数据	有	自汇报数据	有	
	营养不良	有	自汇报数据	有	自汇报数据	有	

续表

维度	指标	CHIP	注释	CFPS	注释	CHNS	注释
健康	睡眠时长					有	30%缺失
	体育锻炼与活动			有		有	30%缺失
	获得医疗保险服务			有			
	心理健康			有		有	
儿童保护	对儿童的忽视（让孩子一个人待着，或者和另一个孩子在一起）	有		有		有	
	留守儿童	有		有		有	10%缺失
	童工	有		有			
	缺乏出生登记	有					
	父母做出对成绩不好孩子的有害行为			有		有	
	儿童接触烟酒或暴露在类似环境中			有		有	
安全饮水	无法获取安全饮水	有		有		有	
	家庭取水路程过长	有		有		有	但90%缺失
	（水质差）缺少饮用水处理	有		无	前期数据有	有	
卫生厕所	使用非卫生厕所	有		有		有	
	居住条件不卫生					有	
居住条件	居住条件过于拥挤	有				有	
	家庭使用有害炊事燃料	有		有		有	
儿童早期发展	家中没有娱乐和学习工具					有	10%缺失
	缺少公共娱乐场所或不去游乐场						变量未公布
	缺少成人与儿童的互动			有		有	
教育	学龄儿童接受义务教育	有		有		有	30%缺失
	小学入学	有		有		有	45%缺失
	延迟入学	有		有			
	中学入学	有		有		有	50%缺失
	学校环境较差，教育质量较低			有		有	

续表

维度	指标	CHIP	注释	CFPS	注释	CHNS	注释
信息获取	获取外界信息			有		有	
	社交媒体/社会参与			有		有	37%缺失
	能够使用或访问信息设备	有		有		有	

资料来源：笔者整理。

第七章　中国农村社区综合建设与农村区域性多维贫困

全面建成小康社会，绝对贫困的解决，意味着减少相对贫困成为未来解决发展不平衡问题的重点。贫困地区是相对贫困群体的主要承载地，也是国家政策支持的主要对象。立足新时期发展需求，为构建没有贫困的人类命运共同体，如何在新时代中重点识别欠发达地区，做到贫困县摘帽不摘政策，为今后的防返贫治理和实现区域均衡发展提供参考，这一研究议题值得做深入探讨。本章考察了农村贫困村综合性社区建设情况，由此引出社区建设的多维贫困也会影响本地农户发展这样一个核心结论，并以多维视角给出新发展阶段下识别多维贫困地区的建议。

第一节　中国农村贫困地区的综合社区建设状况

一、农村贫困地区的综合社区建设状况

根据农村贫困监测报告，截至 2016 年，农村贫困地区住房结构、住宅外道路、卫生等生活居住条件进一步改善。相比 2015 年，2016 年贫困地区农村居民户均住房面积提高 5.9 平方米，贫困地区居住在竹草土坯房的农户比重下降了 1.2%。贫困地区住宅外为硬质路面①的达到了 71%，照明用电基本全覆盖，贫困地区、连片特困地区、扶贫重点县独用厕所的农户比重均在 93% 以上。饮用水困难有所缓解，尚有 12% 左右的农户还存在一定的饮水困难。② 使用管道供水农户的比例从 2014 年的 55.9% 上升至 2016 年的 67.4%，年均增长 5.75 个百分

---

① 包括水泥路、柏油路和沙石或石板路面。
② 此外，包括获得安全饮水的距离和路程时间也是值得讨论的，参见吴天晨等（2019）和吴等（Wu，2021）。

点。此外，尽管有小幅下降，贫困地区仍有一半以上的农户使用柴草作为主要炊事燃料，相对于全国农村的39.4%，仍有较高的下降空间。当然，这些生活居住条件也存在较大的地区差异，从全国农村来看，东部地区农村居民居住条件总体好于中西部地区，连片特困地区和重点县的状况在部分指标上略微差于贫困地区平均指标（见图7-1）。

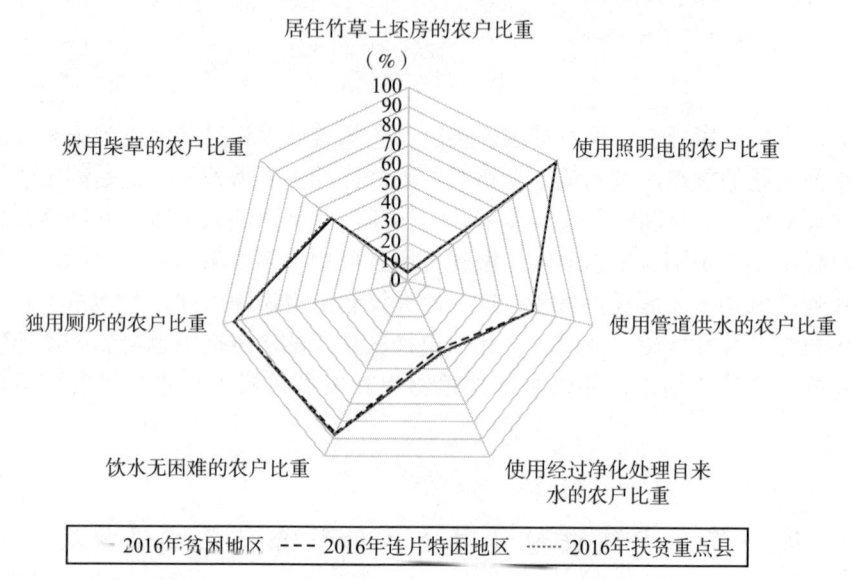

图7-1 贫困地区农户生产生活条件改善情况统计

资料来源：《中国农村贫困监测报告2016》。

从农村基础设施来看，随着农村"四通"覆盖面的扩大，贫困地区通路、通电基本全覆盖，99%以上的贫困地区通了电话，比上年提高2.4%。贫困地区、连片特困地区、扶贫重点县通有线电视信号的自然村比重均达到93%以上，但相对于全国的97%，仍有继续提高的空间。各类地区通宽带的自然村比重均大幅上升，分别达到79.8%、77.4%和80.3%，均比上年上升20%以上。95%以上的自然村主干道路经过硬化，60%以上的自然村通客运班车，比2015年分别上升20%和10%以上。贫困地区自然村中有卫生站的农户比例升至91.4%，能进行垃圾集中处理的农户升至50.9%。行政村中有文化活动室的村比重升至86.5%，比上年增加2.7%。所在自然村上幼儿园或学前班的便利的比重达到了84.9%，上小学便利的村达到86.5%，均比上年增加3%以上。这些指标三类地区均较为接近（见图7-2）。

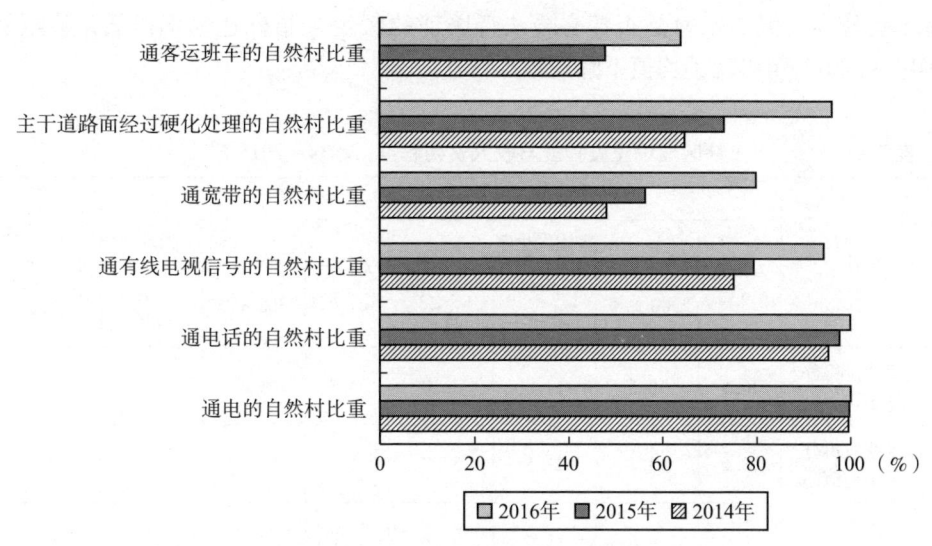

图 7-2 贫困地区基础设施状况统计

资料来源：2015 年、2016 年和 2017 年《中国农村贫困监测报告》，笔者整理计算。

二、社区建设与农村贫困

基于上述分析，本章利用 2014~2015 年微观住户数据，选取了四个大的层面来度量社区基本建设，考察这四项建设程度对贫困的影响。

四大社区建设维度分别是：交通建设、信息获取、卫生医疗和教育状况。[①] 度量方式是，如果变量达标，赋正向分数 1，未达标得分为 0。这样就可以得到每个维度的总分（包括最大值、最小值、平均值），以及加总四个维度的社区总得分（最大值、最小值、平均值）。然后，考察各分数区间内的贫困状况。表 7-1 和表 7-2 的统计信息反映了细分指标下的社区建设进步状况。整体上，"交通建设"维度距离满分达标率差距最大，并以"社区内主要道路是否有路灯""本村到最近县城的距离""到最近火车站/汽车站/码头的距离"达标程度最低；"信息获取"维度的建设程度最高，"医疗卫生"和"教育资源"建设达

---

① 其中，交通建设维度，我们共选取"进入社区道路的路面状况"、"社区内主要道路路面状况"、"社区内主要道路是否有路灯"（夜间交通安全）、"本村到最近县城的距离"、"本村到最近乡镇的距离"、"到最近火车站/汽车站/码头的距离"，共六个变量。信息获取维度，我们共选取了 4 个指标，分别是"本社区是否通电"、"本社区是否通电话"、"本社区是否能接受有线电视信号"、"本社区是否通宽带"（2014 年没有该变量，故在后面的维度统计不考虑这个信息）。但不能否认这是一个重要维度，例如，吴彬彬等（2021）指出，互联网使用具有缩小农村居民收入差距作用。卫生医疗维度，我们共选取了 4 个指标，包括"社区内垃圾是否能够做大集中处理"、"社区是否有卫生站（室）"、"本村是否拥有合法行医证的医生"以及"本村是否有合格接生员"。教育状况维度，我们一共选取了 2 个变量，分别是"上幼儿园或学前班的便利程度"以及"上小学的便利程度"。

标率也较高,但"本村是否拥有合法行医证的医生"指标达标率很低,甚至从2014到2015年出现了均值下降现象。

表 7-1　　社区建设建设程度与收入贫困程度:2014~2015 年

项目	2014 年 人口占比（%）	2014 年 贫困发生率 2300 标准	2014 年 贫困发生率 3.1 美元标准	2014 年 贫困发生率 2×2300 标准	2015 年 人口占比（%）	2015 年 贫困发生率 2300 标准	2015 年 贫困发生率 3.1 美元标准	2015 年 贫困发生率 2×2300 标准
交通建设得分低于均值	36.6	10.5	17.0	34.0	34.3	6.6	12.0	25.8
信息获取得分低于均值	8.6	14.2	21.5	37.7	4.7	12.9	17.9	34.3
卫生医疗得分低于均值	49.0	9.6	15.5	31.0	45.8	7.5	12.3	26.7
教育状况得分低于均值	27.2	9.2	15.0	31.1	27.4	7.2	14.1	29.3
综合汇总得分低于均值	41.3	10.6	17.1	34.1	37.1	7.7	13.4	29.1
农村平均水平	100.0	7.5	12.1	25.5	100.0	5.2	9.6	21.7

资料来源:依据2015年、2016年《中国农村贫困监测报告》,笔者整理计算得到。

表 7-2　　各个指标发展状况:2014~2015 年

维度	指标	2014 年 最大值	2014 年 最小值	2014 年 均值	2015 年 最大值	2015 年 最小值	2015 年 均值
交通建设	进入社区道路的路面状况	1.00	0.00	0.93	1.00	0.00	0.94
交通建设	社区内主要道路路面状况	1.00	0.00	0.91	1.00	0.00	0.93
交通建设	社区内主要道路是否有路灯	1.00	0.00	0.36	1.00	0.00	0.41
交通建设	本村到最近县城的距离	1.00	0.00	0.25	1.00	0.00	0.26
交通建设	本村到最近乡镇的距离	1.00	0.00	0.75	1.00	0.00	0.75
交通建设	到最近火车站/汽车站/码头的距离	1.00	0.00	0.59	1.00	0.00	0.61

续表

维度	指标	2014 年			2015 年		
		最大值	最小值	均值	最大值	最小值	均值
信息获取	本社区是否通电	1.00	0.00	1.00	1.00	0.00	1.00
	本社区是否通电话	1.00	0.00	1.00	1.00	0.00	1.00
	本社区是否能接受有线电视信号	1.00	0.00	0.91	1.00	0.00	0.95
	本社区是否通宽带	1.00	0.00	0.53	1.00	0.00	0.60
卫生医疗	社区内垃圾是否能够做到集中处理	1.00	0.00	0.79	1.00	0.00	0.81
	社区是否有卫生站（室）	1.00	0.00	0.89	1.00	0.00	0.86
	本村是否拥有合法行医证的医生	1.00	0.00	0.21	1.00	0.00	0.20
	本村是否有合格接生员	1.00	0.00	0.76	1.00	0.00	0.74
教育状况	上幼儿园或学前班的便利程度	1.00	0.00	0.79	1.00	0.00	0.80
	上小学的便利程度	1.00	0.00	0.93	1.00	0.00	0.94

资料来源：依据 2015 年、2016 年《中国农村贫困监测报告》，笔者整理计算得到。

据此分类，考察社区建设对绝对收入贫困的影响（见表 7-1）。从四类维度看，卫生医疗得分低于均值的社区内，居住人群比例最高，高达 49%；其次是交通建设得分低于均值的社区，其内部居住人群占比为 36.6%；信息获取得分低于全国平均水平的社区内居住人口比例最低，仅为 8.6%。这也反映出，至少从国家现阶段主要关注的发展指标上看，农户的信息获取程度还是比较高的。

从更重要的贫困发生率上看，相较于全国农村贫困发生率而言，低发展水平社区内部贫困发生率更高，要显著高于全国平均水平。在信息获取程度低的社区当中，居民贫困发生率最高。尽管此类社区内人口数并不多，却反映了社区信息获取对贫困的关键性影响。一个可能的传导机制是，信息获取对农户开阔视野、掌握先进生产技术，提高农业生产效率，或者外出务工均具有正效应。贫困发生率排在第二位的是交通建设，在交通建设得分低于平均水平的社区内部，2014 年贫困发生率为 10.5%（2015 年下降到 6.6%，且在四个维度当中，贫困发生率降至最低。合理的解释是，2015 年在大力度扶贫工作开展过程中，道路建设是很多省份的重要工程）。对其贫困发生率较高这一结论，并不难理解。"要想富，先修路"是中国经济建设和缓解贫困过程中反复被提到的一句俗语，我国幅员辽阔，山区丘陵地带农户从事农业生产时，往往由于交通不便利而导致农产品滞销，经济入不敷出，因而道路的修建及相关基础设施完善就显得尤为重要。现阶段，二元壁垒逐渐被打破，道路建设不仅影响到农产品输出，对人员的输送和迁移也具有重要影响。卫生医疗、教育状况建设程度较低，社区内部的贫困发生率也较高，均要高于农村的平均水平，这说明加强社区基础建设对缓解贫困方面是具有积极作用的。排在第三位的是卫生医疗建设，其贫困发生率为9.6%，同时也接近教育状况得分低于均值的社区贫困发生率（9.2%）。

图7-3给出了官方贫困线标准下，2014~2015年低于平均得分社区内居住的贫困人群占全国农村贫困户的比重。数据显示，绝大多数贫困人群集中在卫生医疗得分低于均值的社区当中，该比例在2014年为63%，到了2015年，甚至提高到66%。结合因病致贫是当前阶段农户的主要致贫原因，也就不难理解上述结果。进一步结合表7-2进行分析，我们选取的四项与医疗卫生相关的指标，其均值上一个明显的差异体现在医疗设施建设和合格医生覆盖率的差距，也就是硬件建设和软件配套之间的差距。表7-2中数据显示，社区卫生站达到近九成（89%）的覆盖率，但"本村是否拥有合法行医证的医生"均值水平仅为21%，即全国农村中仅有21%的社区拥有合格医生。对比这两组数据，体现出的一个现实问题是，硬件建设上农村卫生室设施得到了普及，但在软件方面，合格医生占比过低，能为农户治好病的医疗人员比例是大大不足的。可以想象，如果只有卫生院，但医生不合格，建再多的村级卫生室也依旧无法解决农户看病的问题。农户不得不到外地就医，这不仅提高了农户的就医成本，也从一定程度上抑制了行动困难群体的就医动机，此外，还会增加贫困群体"小病不医"的可能性，而上述矛盾均会进一步恶化农户的健康情况。为应对此种情况，从软件上加强建设非常重要，是有效解决当前因病致贫、因病返贫的重要途径。而如果短期内无法解决村级合格医生的覆盖率问题，那么降低农户赴外就医成本就显得非常关键。建议取消当前实行的省、市、县、村报销比例差异，构建就医资源公平享有、无报销差异的医保制度环境。

贫困占比排在第二位的是交通建设得分偏低的社区。2014年，这一比例超过了50%，但在2015年下降至44%。这可能与2014年、2015年很多省份地区交通建设方面进行集中建设相关。类似的，观察表7-2的各细化指标均值，均值水平较低的分别是"社区内是否有路灯""本村到最近县城距离"，分别为36%和25%。其中，"本村到最近县城距离"体现出村级与县城的区位分布关系，是衡量居民所处社区区位与外界市场关联度强弱的重要变量；前者是社区建设程度乃至发达程度的突出体现。路灯是通电后的一项基础设施建设，但由于投入和维护成本较大,目前普及率不及电力普及率。现阶段,路灯修建是"美丽乡村"建设的重要指标,在某种程度上,往往是比较富裕的社区更倾向于修建路灯,这既是社区发达程度的体现,也根源于经济条件较好社区村民对交通便利的必然需求。如果考察路灯普及的地域分布,可以看到平原地区普及率更高,而山区和丘陵则较低,这与不同区域农户的生产生活习惯都是紧密相关的。例如,平原交通发达,夜间通勤率高,对路灯的需求更为迫切;山区交通落后,通勤率低,路灯普及率也相应较低。从经济因素考虑,山区地区路灯搭建和维护路灯成本较平原更高,本地乡村财政力量不足以负担这部分费用,村民也没有能力承担,只能依靠更高级别的财政转移支付,因此尽管路灯修建对提升山区居民出行安全、增加其流动性有着关键效果,但往往路灯建设无法由社区内的诉求决定,而更多取决于经济能力。国外一些研究也证明,夜间灯光亮度能够反映出贫困与非贫困地区的差距(Elvidge et al.,2009)。由此可见,路灯指标可以如实反映出一些社区真实的建设水平和经济发达程度。

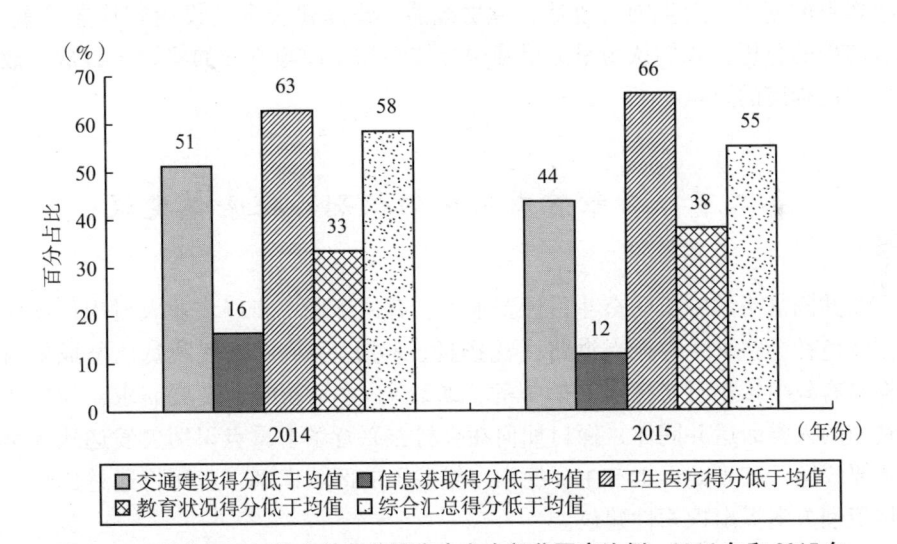

图 7-3 得分低于平均分社区贫困农户占全部贫困户比例:2014 年和 2015 年

注:贫困标准选用官方贫困线。
资料来源:依据 2015 年、2016 年《中国农村贫困监测报告》,笔者整理计算。

最后,图 7-3 还显示,10%~15% 的贫困人口居住在信息获取得分偏低的社区,35% 左右居住在教育状况得分低于均值的社区。上述信息在反映贫困群体社区分布特点的同时,也提示未来应加强社区建设的重要性,尤其是要提升医疗体系软实力,进一步提高交通建设程度。

综上所述,在研究社区建设对贫困的影响过程中,我们发现绝大多数贫困人群集中在卫生医疗得分低于均值的社区当中,该比例在 2015 年达到 66%。进一步分析，我们发现医疗卫生建设细化指标中，卫生室的村级普及度高达90%，但合格医生覆盖率不到20%，从而导致医疗卫生建设中，软件和硬件建设不匹配的状况。此外，我们发现44%的贫困户居住在交通建设得分低于均值的区域。结合这两个结论可以得到，绝大多数贫困人群分布在卫生医疗体系建设不完善或者交通设施差的社区中，考虑到医疗设备比较完善的县医院或市医院、省医院一般在县城和大城市中，这将进一步恶化相应设施不完善社区内贫困群体因病致贫的概率。从政策上，未来阶段加强医疗和交通层面社区建设非常重要，尤其要注意加强卫生设施的软件建设。相应衍生出的另一关键建议是，为降低广大农户尤其是贫困农户的就医门槛和成本，取消省、市、县、村医疗报销比例差异是一条可参考路径。

通过构建社区建设指数，多维贫困测算结果显示，持续处于贫困状态的群体在多种指标上不达标的程度更高，因此，"收入＋其他"维度的欠缺可能是令其陷入贫困恶性循环的重要原因。从具体建设指标上看，厨房设施改进，倡导安全炊事燃料的使用，卫生厕所改造、危房改造、道路建设等建设内容均非常重要。结合前面的分析，我们认为重点增强医疗体系和交通等方面的建设可以成为改善社区建设程度的要点。

第二节　多维贫困区域的识别：探索性建议

在共同富裕的中长期奋斗目标要求下，有待于进一步以农业农村现代化建设中国特色社会主义乡村振兴道路（沈扬扬，2021），巩固拓展脱贫攻坚成果与乡村振兴有效衔接仍有待探索（陈岑等，2022）。立足新时期发展需求，为构建没有贫困的人类命运共同体，探讨如何在乡村振兴背景下重点识别欠发达地区是一项重要议题。基于此，本节主要探索多维贫困的区域识别，后面将通过比较三类区域识别方案提出探索性建议。

一、三类区域识别方案的比较

（一）第一类方案：经济方案——GDP或人均收入导向

该方案以县域为单位，根据其县内人均可支配收入作为排序依据，识别相对贫困县。这种方法可以延伸到人均GDP等其他经济指标，好处是延续了我国前期贫困县确定思路，与地方经济发展程度挂钩，简单好操作且容易理解。

本书选用2018年农村县域数据，排除了市辖区和有缺失值的样本，共选用了 1983 个县。图 7-4 给出了按县域人均收入贫困程度排序，从低到高分别是最低 10% 的县、10%~20% 的县、20%~30% 的县和 30%~40% 的县。从省域分布上看，无论以什么样的标准截取人均收入最低一部分县，均可以发现识别出的相对贫困地区主要集中分布在中部和西部省份。其中中部的山西、河南、湖北、江西、安徽，西部贵州、云南、甘肃和宁夏是相对贫困县分布的主要省份。

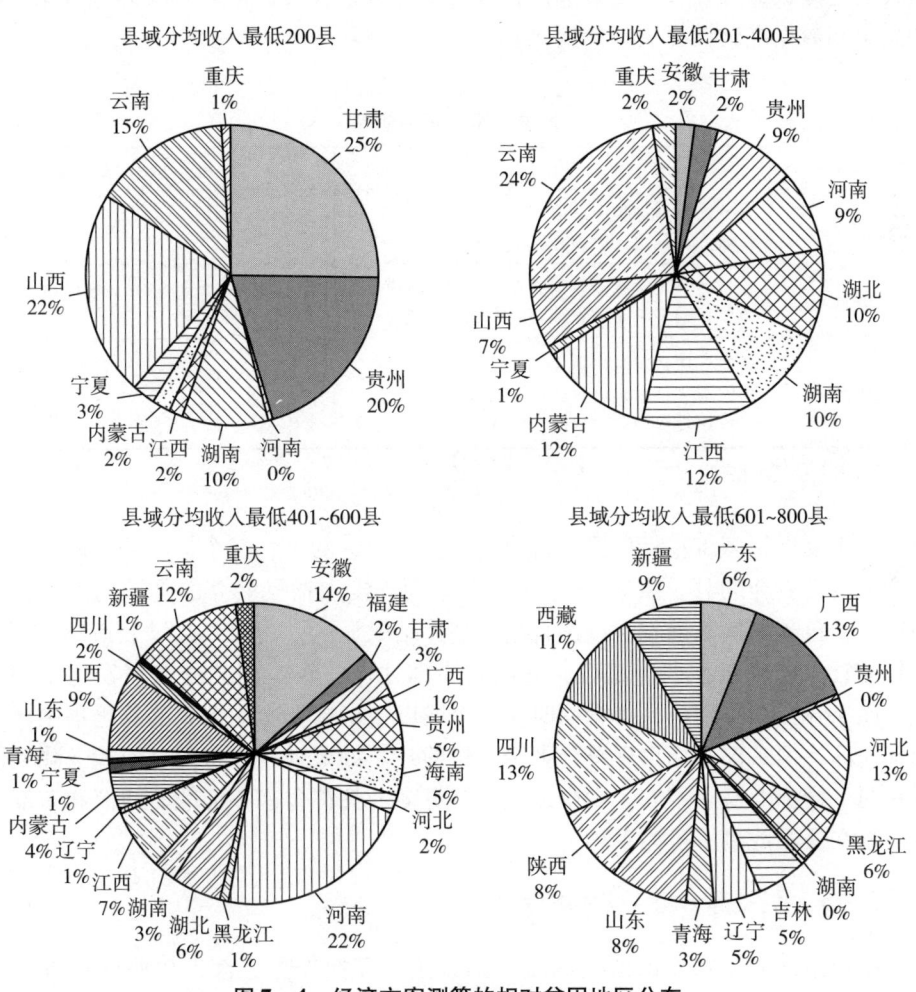

图 7-4 经济方案测算的相对贫困地区分布

注：根据县域人均收入贫困程度排序，从低到高分别是最低 10% 的县、10%~20% 的县、20%~30% 的县和 30%~40% 的县。

资料来源：2018 年各县区县域数据，笔者整理计算。

(二) 第二类方案：发展方案

我们以社区建设为主要导向。该方案借鉴了我国片区县的确定方式。该方法基于多维视角，从县域内经济维度、科教文卫发展维度出发，以综合视角识别相对贫困地区（县）。借鉴我国在贫困片区上的多维指标确定思路，可选取的县域指标包括科教文卫的相关发展，如学生—教师比例、每千人病床数等（见表7-3）。这种设定方法的好处在于更加关注县域内的包容性发展，但同时对县域数据指标的采集和数据准确性有更高的要求。

表7-3　　　　　　　　　　　发展方案的指标体系

维度	指标	是否达标门槛
经济	县域人均地区生产总值 县域人均财政一般预算支出	
教育	单位普通小学专职教师对应小学学生规模 单位普通中学专职教师对应中学学生规模	特定指标低于全国各县该指标的平均水平的60%
卫生医疗	单位病床数对应户籍人口 单位卫生技术人员对应户籍人口 单位执行医师对应户籍人口数	

资料来源：笔者整理。

基于发展型多维指标体系，可以测算在一个、两个、三个、四个及四个以上指标上遭受剥夺的县。图7-5给出了在不同程度上遭受剥夺的县域的全国分布情况，颜色越深代表受剥夺程度越高。整体结果显示，在四个及以上指标上遭受剥夺的县主要分布在西部地区，其次是中部地区，较少的县分布在发达东部地区。如果降低剥夺门槛，尽管同时在三个或以上指标上遭受剥夺的县仍集中于中西部地区，但东部开始出现符合剥夺门槛的县。如果进一步将剥夺门槛下降到同时在两个指标上遭受剥夺，则中部地区有更多的县符合这一标准，西部和东部地区的县在分布数量上更为平均。

(三) 第三类方案：综合方案

综合指标法兼顾了前两类区域识别方法。在操作上，首先按照人均收入排序，界定不同收入排序的县，分为人均收入排序最低10%的县、人均收入排序最低20%的县。进一步，在不同收入排序下的县内部考察县域多维发展情况，细分为有两个及以下指标遭受剥夺的县和有两个以上指标遭受剥夺的县。上述思路的基本原理是同时考察经济发展程度与居民生活水平两类具体化维度，政策含义明晰，但操作上的复杂性也更高。

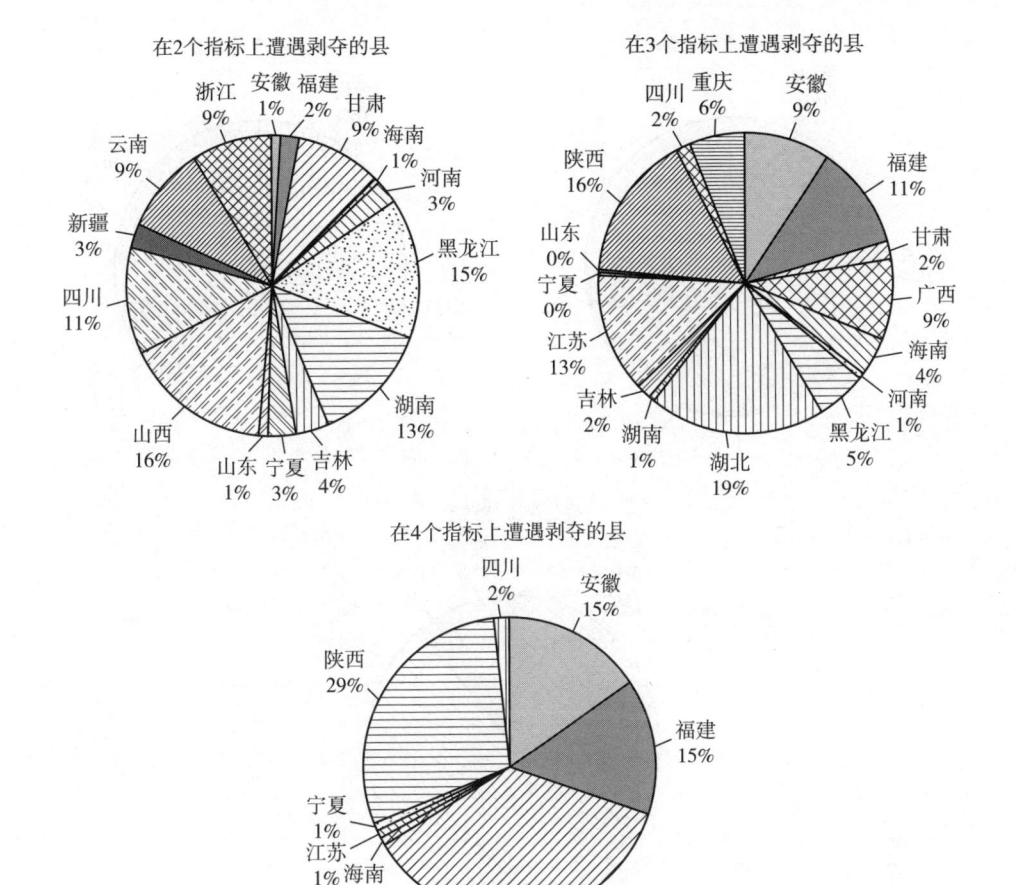

图 7-5　发展方案测算的相对贫困地区分布

资料来源：2018 年各县区县域数据，笔者整理计算。

图 7-6 给出了综合导向法下四种类型贫困地区的分布情况。由于上述限制更为严格，因此框定的县域较少。整体上，极端贫困的第一类地区集中分布在西部地区，包括甘肃、宁夏（主要集中在西海固地区）、陕西、贵州、四川、云南和重庆。这一主要结论和前面一致，不再赘言。

二、进一步探讨：多维度欠发达地区可持续发展面临的主要问题

整体上，前面分析了社区建设对贫困的影响。一个基本判断是，社区建设程度好坏与贫困程度高低紧密相关。贫困监测报告的统计数据显示，农村贫困地区的住房结构、住宅外道路、卫生等生活居住条件不断得到改善，基础设施建设不

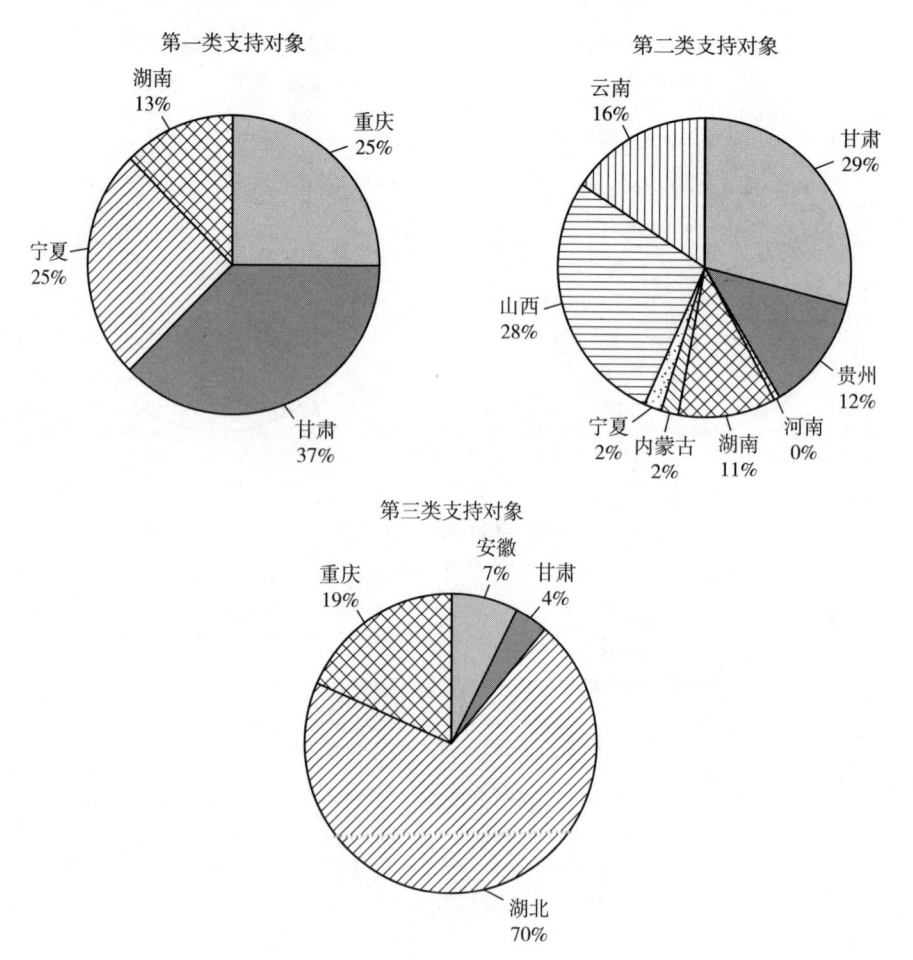

图 7-6 综合方案测算的相对贫困地区分布

资料来源：2018 年各县区县域数据，笔者整理计算。

断得到加强。尚存在的问题包括：安全饮水覆盖仍需加强；多数农户仍使用柴草作为炊事燃料，急需改善；东、西部地区居民居住条件的差异仍然很大；贫困地区、连片特困地区、扶贫重点县在通有线电视信号和通宽带方面仍落后于其他地区；在教育和医疗卫生设施的村级建设上，贫困和非贫困地区之间仍有差异。而这也提示我们思考社区建设与贫困之间的关联。建立在区域性多维度指标体系之上，我们提出以下几个观点：

第一，多维度欠发达地区面临着资源的比较优势尚未被充分开发以及多分布在限制开发和禁止开发的主体功能区的问题。主体功能区规划是我国第一次颁布实施的中长期国土开发总体规划，立足于构筑我国长远的、可持续的发展蓝图。结合国家禁止开发区域、生态功能区和禁止工业化城镇化开发的重点生态功能区的分布，可见其多数集中于相对贫困区域当中，这增加了未来相对贫困区域在工业基础上发展的难度。基于此，未来在相对贫困地区的发展方面，要充分考虑因地制宜因素，结合地方实际情况进行投资和发展引导。

第二，多维度欠发达地区面临着财政自给能力低、"三保、三支"[①] 压力大的问题。2020 年突如其来的新冠肺炎疫情对中国经济和世界经济产生了巨大影响。在这一关键时期，以财政支出带动社会需求回升的保障需求随之提高，间接增加了未来治理相对贫困的财政支持难度。从供给和需求角度看，相对贫困地区常常陷入"低收入→低储蓄、低教育→低物质和人力资本积累→低产出→低收入"和"低收入→低购买力→投资引诱不足→低私人和公共资本形成→低产出→低收入"的恶性循环。由于地方缺乏充足的财政资金，上述恶性循环链条很难被打破。因此，有必要加大中央转移支付的力度。

第三，多维度欠发达地区面临着未来发展走"土地财政"路径的问题。分税制改革以后，土地出让的收入基本划归地方政府，这就使得一些地方政府依靠"土地财政"来快速获得大量财政收入。从广义口径来看，我国土地财政的膨胀速度较快，土地出让收入占同期全国基金收入比重极大且逐年上升。未来阶段，要警惕相对贫困地区在发展中过度依赖土地财政。

---

① "三保三支持"是指保工资、保稳定、保增长，支持经济平稳较快发展和物价基本稳定、支持转变经济发展方式、支持民生事业。

第八章 经济发展与多维不平等对我国农村多维贫困的影响

本章重点利用本书拓展的 Shapley 分解方法，全面分析增长与不平等变动对中国农村多维贫困变化的影响，以及单个维度对总体 MPI 的贡献，本章数据来自中国家庭收入调查（CHIP）1995 年、2002 年、2013 年和 2018 年农村样本。

第一节 多维贫困跨期分解研究的研究意义

一、研究起点：经济发展中的多维度贫困缓解

众多研究均显示，农村的综合性发展、减贫政策的开展均会起到缓解贫困的作用。但在这个过程中农户收入贫困的缓解与多维贫困的缓解是否具有同步性，以及收入提升是否能缓解多维贫困，在学术文献中是存在争议的话题。多数研究均显示经济发展和居民收入提升有利于多维贫困的缓解（万广华和张茵，2006；沈扬扬，2012；Wan，2020），因此我们有理由相信中国农村居民在缓解收入贫困过程中，不断提升自身的多维发展能力，从而减缓多维贫困。按照阿玛蒂亚·森可行发展能力（Sen，1985），自身面临可行选择的能力逐渐提高。在制度更为完善的经济发展阶段，经济能力提升和收入贫困缓解会转化为多维贫困的下降，即农村居民收入提升有助于缓解多维贫困。这说明，阿玛蒂亚森的"可行能力"理论在中国农村的发展进程下得到了正面印证。同时，在较为发达的国家和地区，居民收入提升和收入贫困缓解对降低多维贫困具有更高的效应，这种在发展中的收入和多维贫困减贫路径可能与之相似。综上所述，提出两个假说：

假说一：家庭在收入提升、家庭内部收入贫困缓解后，将会进一步采取措施减缓其多维贫困。

假说二：在不同发展时期，家庭增收和减缓多维贫困的决策效应不同，当处于更高的发展阶段和相对更高的家庭收入水平下，家庭增收提低的减贫效应更高。

带着上述假说，本章首先发现，1995~2013 年间收入和多维贫困的交集从 27% 下降到 5%，错配率则不断提高，表明我国持续下降的多维贫无法简单地解释为收入增加后的必然现象。进一步考察农村多维贫困变动，1995~2013 年 "两不愁、三保障"内涵下的多维贫困发生率从 24.2% 下降到 4.0%，年均贫困发生率下降率超过 9%。多维贫困状况的显著改善主要来自各指标"均值"提升，但指标在个体间差距程度拉大的"结构"则从一定程度上削弱了均值改善所带来的多维减贫效应。细化指标分析，在农村公共文化服务基础设施快速建设的 1995~2002 年，对多维贫困跨期降低起显著作用的前三个要素分别是农户家小资产持有种类增加、医疗费用支付负担降低以及农户身体状况改善；在取消农业税和户籍制度进一步放开的 2002~2013 年，工作环境、安全饮水和小资产的减贫贡献最高。除却良性发展态势，农户身体健康整体下降的情况值得重视。在 2013~2018 年中国"扶贫攻坚战"期间，农村多维贫困快速下降，多维贫困发生率下降到 2018 年的 1.9%，彰显了中国扶贫的伟大成就。2020 年后"建立解决相对贫困长效机制"贫困研究命题下，重点要追溯农村贫困背后的根源，破除收入脱贫的狭义思维，重新审视共享发展在缓解贫困中的重要价值。

二、缓解多维贫困的理论意义与实践价值

促进社会公平、减少贫困是一个国家在经济发展过程中追求的首要目标。社会公平包含不同层面和不同维度，包括政治权利的平等、经济机会的平等和发展成果分享的平等。同样地，贫困也具有不同维度，既有权利的贫困，也有经济的贫困（收入与消费贫困），以及其他社会福利上的被剥夺。不论从哪个角度来看，不平等与贫困具有密切关联性：不平等会带来贫困，贫困意味着一定程度的不平等。诸多发展中国家发展实践表明，经济增长有助于减少贫困，不平等扩大会增加贫困。由此引出两个角度的反贫困政策设计：一是以发展经济、促进经济增长缓解贫困；二是经由促进社会公平，减少不平等来减少贫困。改革开放以来，我国主要从第一个角度设计反贫困政策。随着反贫困工作逐步进入边际成本递增和边际收益递减阶段，国家逐渐意识到促进社会公平和减少不平等在反贫困政策设计中的重要价值。同时，探索多维不平等与多维贫困之间的关系也是现阶段国际学术界的热门话题（Chakravarty and Lugo，2016；Martirosova et al.，2017）。从政策实践角度，发掘不同维度之间的不平等与贫困之间的关系，利用多维贫困指数这一融合多种国家扶贫实践政策以及 SDGs 目标的指标体系，多角度测度贫困程度、跟踪监测减贫效果，这对反贫困工作具有重要的指导意义。

关于经济增长和不均等与贫困关系的分析，主要集中在收入贫困的相关研究上。大量的跨国数据表明，经济增长与贫困减少之间存在正相关关系（Dollar and Kraay, 2002)。而另一些跨国分析表明，经济增长与贫困变动之间的关系是不确定的（Bourguignon, 2003）。同样，阿德尔曼和莫里斯（Adelman and Morris, 1973）以及柏利厄和苏布里克（Beaulier and Subrick, 2006）的经验分析证明经济制度、文化习俗等要素会干预增长过程中的收入分配模式，影响减贫成效。瑞沃林（Ravallion, 2011）研究发现在他所考察的 50 个发展中国家中，那些收入不平等有所降低的国家贫困程度改善更为显著。因此，当考虑到收入分配的因素后，经济增长与贫困之间的关系变得更加复杂（Son, 2003）。综合已有研究，布吉尼翁提出关于增长、不均等与贫困之间关系的三角理论（Bourguignon, 2009）。该理论将贫困变动分解为增长效应和不均等效应，提出经济增长具有缓解贫困的"涓滴效应"，但不平等程度的扩大却会导致贫困的恶化，从而抑制扶贫政策的减贫效果。

经验研究上，一些学者利用布吉尼翁三角理论分析中国的经济增长、不均等与贫困关系。万广华和张茵（2006）研究发现，20 世纪 90 年代前期农村贫困现象的缓解主要归功于收入增长和不平等的下降，后期农村减贫速度下降，主要是因为农户收入增速放缓及不平等程度加剧。罗楚亮（2012）采用收入构成分解法详细考察了分项收入分布变化对农村贫困变化的影响，并发现考察期内收入不均程度的上升部分抵消了收入提升的减贫效果。这些研究显示，不平等程度的拉大对我国扶贫政策的减贫效果具有抑制作用。综合来看，国内外关于增长、不均等与贫困关系的研究为多维贫困领域的相关研究奠定了基础，尤其是提供了基础性的分析工具。考虑到上述成果主要集中于收入贫困，本书试图填补多维贫困领域的空白，在对夏普利（Sharpley）分解方法做进一步拓展的基础上，将布吉尼翁三角理论的分析框架应用于分析农村多维贫困，即测度增长、不均等对农村多维贫困的影响，分解出各个维度变化对农村多维贫困变化的贡献率。

此外，以货币度量贫困存在一些难以克服的缺点：第一，无法回答为什么贫困人口陷入了贫困状态，无法提供线索寻找贫困的根源。例如，我们关注健康，因为它与贫困紧密相连：个人可能由于身体不健康而无法进入劳动力市场，从而导致其收入水平低下；或者个人由于收入水平低而买不起营养品，导致营养不良。在两类因果关系之间，货币贫困线并不能帮助我们判断二者之间的因果关系。第二，操作上，收入/消费信息获取成本较高，且容易造成信息失真。第三，由于"固定门槛"的存在，贫困线附近的两类人获取救济与享受政策差别迥异。第四，在市场不完善区域（欠发达区域贫困人群所面临的普遍情境），收入难以作为替代家庭被剥夺程度的工具性变量达到反映贫困程度的目的。最后，伴随经济发展水平以及人们需求层次的提高，收入（或消费）贫困的局限性越来越大，如斯蒂格利茨—森—费图西委员会（Stiglitz-Sen-Fitoussi Commission）倡议提出的超越经济范畴的福利测度方式，并在诸如英国、芬兰、意大利、德国、澳大利亚、加拿大、不丹、玻利维亚、厄瓜多尔等国家开展实验。经由各种途径，多维贫困开始进入学者的视野。

基于此，本章旨在研究包括收入在内的多种维度的不平等对我国农村多维贫困的影响，发掘当前多维不平等在扶贫工作中的挑战；追踪不同时期扶贫政策的多维减贫效力。试图探索（非）均衡发展对贫困的影响，测算与个人福利相关的核心指标均值和分布变动对多维贫困变动的贡献，即在认可贫困内涵有多维度表征的前提下，各指标发展对个体最终贫困状态的影响。

第二节 本章所用数据与多维贫困指标体系

一、本章所用数据

本章重点利用前面拓展的夏普利分解方法，全面分析增长与不平等变动对中国农村多维贫困变化的影响，以及单个维度对总体 MPI 的贡献，本章数据来自中国家庭收入调查（CHIP）1995 年、2002 年、2013 年农村样本。其中，1995 年调查覆盖了全国 19 个省份，总样本户数为 7955 户，34561 人；2002 年覆盖 22 个省份，总样本 9191 户，37953 个样本个体；2013 年覆盖 14 个省份，总样本 9909 户，36853 个样本个体（见表 8-1）。选取 CHIP 数据的理由有两个：一是 CHIP 数据时间跨度长，是分析跨期中国农村贫困变动最恰当的数据库；二是该数据库有贴合中国农村居民（非收入）福利变化的细化指标，且统计结果具有农村代表性。

表 8-1　　　　　　　　CHIP 样本省份分布

年份	地区	省份个数	省份名称	样本户数	样本人口数
1995	全部	19		7955	34561
	东	7	北京、河北、辽宁、江苏、浙江、山东、广东		
	中	7	山西、吉林、安徽、江西、河南、湖北、湖南		
	西	5	四川、贵州、云南、陕西、甘肃		
2002	全部	22		9191	37935
	东	7	北京、河北、辽宁、江苏、浙江、山东、广东		
	中	7	山西、吉林、安徽、江西、河南、湖北、湖南		
	西	8	广西、重庆、四川、贵州、云南、陕西、甘肃、新疆		

续表

年份	地区	省份个数	省份名称	样本户数	样本人口数
2013	全部	14		9909	36853
	东	5	北京、辽宁、江苏、山东、广东		
	中	5	山西、安徽、河南、湖北、湖南		
	西	4	重庆、四川、云南、甘肃		

资料来源：笔者整理。

二、本章所构建的农村多维贫困分析框架和指标体系

本书选用 AF 方法（Alkire and Foster，2011）测算农村多维贫困。我们在 CHIP 历年数据中选取了包括教育、健康、生活条件和就业四个维度，共计 9 个具体指标构建我国农村多维贫困体系（见表 8-2）。

表 8-2　　农村多维贫困维度、指标、剥夺临界值和权重

维度	指标	剥夺界定值（满足条件则视所有家庭成员在指标上遭受剥夺）	数据类型	权重
教育	教育程度	家庭中所有非在校成年人的受教育年限低于小学程度	离散型	1/9
	儿童入学	家庭中至少一名学龄儿童失学	离散型	1/9
健康	健康状况	家庭中有至少一名身体健康状况很差的成员	离散型	1/9
	医疗负担	医疗自费支出占总医疗费支出的50%以上	连续型	1/9
生活条件	安全饮水	无法获得安全饮用水	离散型	1/9
	住房面积	人均住房面积小于等于 9 平方米	连续型	1/9
	资产	家庭内部小资产（电视、自行车、摩托车、电冰箱、洗衣机）拥有量小于或等于一项；不考虑其他资产，只要家中有小汽车或者拖拉机中的一项，则视为未遭受剥夺	离散型	1/9
就业	失业	家庭中至少一名 16~60 岁的非在学成年人处于失业或待业状态	离散型	1/9
	工作环境	家庭中至少一名劳动力处于恶劣工作环境（高温、危险），或没有（养老、失业）保险，或有被拖欠工资经历	离散型	1/9

资料来源：结合 CHIP 对应年份问卷和数据统计结果，作者整理。

在权重设置上，由于较难论证哪些指标相较于其他剥夺指标更加重要，故本

书参照国内相关文献的通用做法，以等权重方式进行指标赋权。将贫困阈值设定为3，即认定在3个及以上指标上遭受剥夺的家庭成员为多维贫困。具体说明如下：

首先，从理论上，指标权重的设计是用于反映维度和指标的相对重要性。然而，由于现实情境下实际上很难客观地对"相对重要性"进行量化。因此，尽管多维贫困得到学界的理论认可，却在如何构建多维贫困指数上存在争议。这些争议包括：①较难选择到最合宜变量。例如，瑞沃林（2011）以人类发展指数为例，提出等权重会弱化落后国家在某些维度（如教育）改善的边际效用，不利于全球比较。②较难设置权重。

其次，无论采取哪种方式，多维贫困各个指标的设计仍然具有不确定性（郭建宇和吴国宝，2012）。例如，多伊奇和西尔柏（2005）研究提出较少遭受剥夺的指标应该被给予更高的权重，但该方法被证明不具有稳定性（Brandolini，2007）；主成分分析法和要素分析法也是数据导向的代表，但这类权重分析法的主要问题在于多要素的相关关系不足以取代要素对居民福利的影响程度；而专家咨询法和等权重设置法等规范讨论则可能受到专家的系统性偏差影响。

基于上述原因，在实际测算多维贫困的时候，绝大部分文献仍然采用等权重的做法。等权重也是国内文献比较通用的测算方法（Wang et al., 2016；张昭等，2016；侯亚景和周云波，2017；张立东，2017；张全红等，2017；Shen and Alkire，2022；Shen and Li，2022）。

第三节 实证结果[①]

有关单个指标"均值"和"结构"变化对指标达标率变动的跨期影响分析可回顾第五章第三节内容。本部分重点分析在考虑余量的前提下，测算单个指标"均值"及"结构"对变化多维贫困指数的贡献率。

一、单个指标的"均值"及"结构"变动对指标自身被剥夺程度的影响

图8-1次坐标轴给出了无门槛条件下基期和目标期的分项指标的未达标率变动，主坐标轴给出了跨期变动过程中"均值"和"结构"变动效应——负值

[①] 本部分分析来源于笔者及其合作者的近期研究成果：《"共同富裕"视角下的中国农村多维贫困——来自CHIP2013-2018的证据》[J]. 经济科学，2022（3）.

表示剥夺程度下降，正值说明剥夺程度提高，总差异由均值和结构变化的合力方向决定。从图 8-1 可以看出，尽管多数指标未达标率在跨期变动中为负值（指标改善），但仍有个别指标的均值和结构变化呈现出恶化。这说明不同指标均值和结构变化之于总变动的作用机制不尽相同。根据十个指标在不同时期的变动趋势（正向负向）和幅度，变动可归纳为以下四类：

第一类，"均值"改善但"结构"恶化，且前者超过后者，总效应为改善。结构性恶化，即图 8-1 中结构性变动方向为正，含义是该指标在考察期间的被剥夺程度提高，源于指标在不同人群间的不均衡发展。不均衡效应抵消了部分发展成效，但由于指标均值改善速度快于不均衡发展的恶化速度，最终结果为指标改善。图 8-1 中，1995~2002 年的身体健康和资产指标，以及 2002~2013 年的收入指标属于第一类情况。

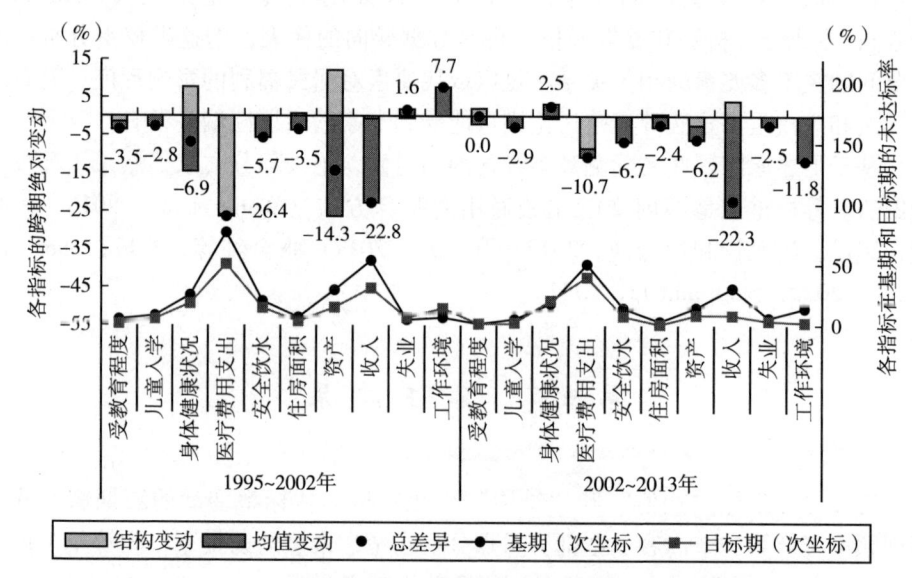

图 8-1 无门槛条件均值及结构变化下的指标达标率变动

注：图中的数据标签汇报的是总差异值。

第二类，"均值"改善但"结构"恶化，前者与后者水平相近，总效应为零。第二类情况表明不平衡所带来的剥夺程度的提高完全抵消了增长的改善效用，不均衡发展的负向效果更加突出。图 8-1 中符合该情况的只有一例，即 2002~2013 年的受教育程度，但值得重视。成人受教育指标的变动幅度很小（1995~2002 年的变动幅度也不大）的主要原因是成人受教育程度基本定型，很难通过再次入学改善，因此该指标的小幅度改善主要来自家庭内部学龄儿童向成人的转化。对比 1995~2002 年的结果，2002~2013 年教育剥夺差距水平由小变大,我们判断这可能主要来源于分家形成的自然结果(老年家庭受教育程度更低)。

第三类,"均值"和"结构"均在改善,总效应为二者之和。第三类符合良性发展趋势,指标不断改善且差距缩小。1995~2002 年的农户受教育程度、2002~2013 年医疗自费负担和资产属于这一类。例如,1995~2002 年受教育程度的总体改善为 -3.5,分别来自 -1.5 的结构变化和 -2.1 的均值变化;2002~2013 年医疗费用支出总体改善为 -10.7,分别来自 -8.4 的结构变化和 -2.3 的均值变化;同期资产 -6.2 的总体改善分别来自 -3.8 的结构变化和 -2.4 的均值变化。从数据构成上看,医疗费用支出的改善主要来自结构变化,凸显"新农合"在实现医疗保障体系均等化,缓解农户医疗费用负担方面的积极效用。资产和受教育程度的改善与农户的消费决策有一定关系。

第四类,总效应几乎全部来自均值效应。第四类是一种特殊变动,跨期变动只表现为增长,差距水平几乎不变。这种变动与指标自身的特殊性相关。图 8-1 中总效应改善的指标包括:两期的儿童入学、安全饮水和住房面积,以及 2002~2013 年就业维度;总效应恶化的包括:1995~2002 年就业维度和 2002~2013 年身体健康。从指标内容上看,安全饮水和住房面积的共性在于指标的不可逆性较强,无法影响 0-1 剥夺差距。安全饮水改善主要源于国家民生建设,故可观察到正向的均值效应。就业维度下两个指标的跨期变动正好呈现出相反趋势,1995~2002 年整体农户就业环境和失业率提高,导致农户整体被剥夺程度加剧,该趋势在 2002~2013 年发生逆转(见前面分析)。此外,就业指标结构变化的趋零特征表明全国就业环境的恶化/改善对农民工是均质和无差别的。

二、单个指标均值和结构变化对多维贫困的影响

单个指标的均值和结构变化,不仅影响到单个指标被剥夺程度,最终影响多维贫困的变动。表 8-3 报告了十个指标的"均值"和"结构"变化对多维贫困的贡献率。表 8-3 前三列汇报的是各指标变动对 MPI、H 和 A 总体变动的绝对值贡献。对前三列,十个指标加总等于 100%,占比越高贡献度越大。每一行"均值变化"+"结构变化"+"余量变化"[1] 之和等于 100%。其中,正值表示改善贫困,负值表示恶化贫困,绝对值越高,贡献度越大。

---

[1] 由于 MPI 指数由十个维度共同构成,除了指标表动本身,还存在其他九个指标的综合影响,其影响被归为"余量",即特定指标不能直接解释的部分。由于余量涵盖信息综合复杂,故不作为本章分析的重点。

表 8-3　　　　　指标均值变化和结构变化对多维贫困变动的贡献　　　　　单位：%

项目	对MPI贡献	对H贡献	对A贡献	MPI均值变化	MPI结构变化	MPI余量	H均值变化	H结构变化	H余量	A均值变化	A结构变化	A余量
\multicolumn{13}{c}{1995~2002年}
受教育程度	4.7	3.9	14.7	2.8	1.9	95.3	2.4	1.5	96.1	9.4	5.3	85.3
儿童入学	3.7	3.3	7.3	3.8	-0.1	96.3	3.4	-0.1	96.7	7.9	-0.6	92.7
身体健康状况	9.0	8.6	11.3	18.8	-9.8	91.0	18.5	-9.9	91.4	20.3	-9.0	88.7
医疗费用支出	14.3	15.6	-6.6	0.5	13.8	85.7	0.5	15.1	84.3	0.0	-6.6	106.6
安全饮水	6.0	5.6	9.2	7.9	-1.8	94.0	7.4	-1.8	94.4	12.0	-2.8	90.8
住房面积	5.2	4.4	17.4	5.7	-0.5	94.8	4.8	-0.4	95.6	19.3	-1.9	82.6
资产	21.6	21.3	22.6	39.3	-17.7	78.4	39.3	-18.0	78.7	38.8	-16.2	77.4
收入	29.4	31.1	7.4	28.5	0.9	70.6	30.1	1.0	69.0	7.5	-0.1	92.6
失业	-2.4	-2.2	-4.2	-2.3	-0.1	102.4	-2.1	-0.1	102.2	-4.4	0.2	104.2
工作环境	-9.4	-8.8	-16.6	-9.9	0.5	109.4	-9.1	0.3	108.8	-17.9	1.3	116.6
\multicolumn{13}{c}{2002~2013年}
受教育程度	0.6	0.6	0.9	3.9	-3.3	99.4	4.0	-3.4	99.6	6.3	-5.4	99.1
儿童入学	5.6	5.3	7.6	5.4	0.2	94.4	5.1	0.2	94.7	7.2	0.4	92.4
身体健康状况	-4.0	-4.0	-0.7	-4.7	0.7	104.0	-4.8	0.8	104.0	-0.7	0.0	100.7
医疗费用支出	7.2	7.6	2.5	1.5	5.7	92.8	1.6	6.0	92.4	1.2	1.3	97.5
安全饮水	11.2	11.0	9.8	10.9	0.3	88.8	10.8	0.2	89.0	8.9	0.9	90.2
住房面积	5.4	4.4	16.8	5.9	-0.5	94.6	5.3	-0.6	95.3	18.4	-1.6	83.2
资产	11.1	10.8	12.5	7.1	4.0	88.9	7.0	3.8	89.2	7.2	5.3	87.5
收入	38.5	38.9	29.2	45.6	-7.1	61.5	46.1	-7.2	61.1	35.0	-5.8	70.8
失业	3.6	3.6	4.4	3.4	0.2	96.4	3.4	0.2	96.6	4.4	0.0	95.6
工作环境	17.0	16.7	19.5	16.9	0.1	83.0	16.6	0.1	83.3	19.1	0.4	80.5

注：（1）表中数值结果为每类变化导致的MPI变化量与MPI总变化量之间的比值。当符号为正时，表明该类变化的方向与MPI变化方向相同。

（2）单个指标对MPI、H、A的贡献之和（表左侧三列每列之和）不为100，因为指标之间在数量上仍然存在一定相关性，导致最终指数（如MPI）的一部分变动来自多个指标的共同影响。

从"均值"和"结构"变化对贫困的贡献方向上看，一个明显特征是多数条件下各指标均值为正（特例是1995~2002年的失业和工作环境指标以及2002~2013年身体健康状况）。不难发现，这种变动与指标本身的均值（和结构）变动方向一致，体现出指标增长和不平衡程度变动对多维贫困造成的直接影响。下面的分析以时间为脉络，指标顺序按照其对多维贫困变动的贡献度大小排序。

首先，考察 1995～2002 年各指标的变动。该期间 MPI 从 0.151 下降到 0.068，H 从 41.6% 下降到 19.8%，A 从 36.2% 下降到 34.2%。纵向来看，收入和资产指标对多维贫困变动的总体贡献度最高，分别为 29.4% 和 21.6%；失业和儿童入学指标对多维贫困变动的贡献度最低，分别为 -2.4% 和 3.7%。横向来看，重点看 MPI 和 H 值下"均值""结构""余量"间关系，结果显示收入和资产指标的均值及不平等变动对多维贫困产生最强的贡献。结合冗余性分析结果，这说明指标替代性越强，其变化对多维贫困的贡献越高。具体地，先看收入和资产指标"均值""结构""余量"间关系，前两者贡献之和达到 29.4%，并以均值变化 28.5% 的贡献为主。资产指标略有不同，其均值对 MPI 的下降贡献了 39.3%，但其差距拉大又产生了 -17.7% 的负向贡献，两类合力为 21.5%。可见，农户间资产拥有量差距的拉大不利于贫困程度的减少。其次，考察医疗费用支出指标，其横向贡献度为 14.3%，排在资产和收入项目之后。回顾图 8-1，尽管医疗自费支出指标本身的跨期变动程度很高，但最终对多维贫困产生的影响并非最高。这一结论再次呼应冗余性（相关性）测算结论①，也说明单纯完善医疗服务体系对于缓解多维贫困的贡献是有限的。再次，身体健康状况、受教育程度、儿童入学、安全饮水和住房面积这几个指标"余量"的贡献度在 90%～100% 之间，说明尽管指标的合力对缓解多维贫困具有积极成效，但相对贡献度较低。原因在于指标本身均值改善幅度较低，同时也体现出指标不均衡现象对多维贫困带来的负向影响。最后，观察到就业维度下两个指标均值在 1995～2002 年期间发生了恶化，这一变化不利于多维贫困程度的减少。

2002～2013 年，MPI 从 0.068 下降到 0.019，H 从 19.8% 下降到 5.9%，A 从 34.2% 下降到 32%。在这个过程中，收入、工作环境指标对多维贫困变动的总体贡献度最高，分别为 38.5% 和 17%；教育和失业指标对多维贫困变动的贡献度最低，分别为 0.6% 和 3.6%。这期间，我们观察到身体健康状况均值的恶化对多维贫困减少产生了 -4.7% 的负向贡献（而上一期对多维贫困产生负向贡献的失业和工作环境不再具有负向影响），说明遏制多维贫困下降的主要因素在于身体健康指标。尽管这一期间医疗保障体系仍在不断完善，但农户对自身健康程度不重视的落后观念，使得因病致贫成为该阶段的主要矛盾。而且，从各指标的余量的绝对水平看，收入的均值和结构变化仍然对多维贫困变动产生了绝对高水平的贡献度。其中，收入提升的均值效应对缓解 MPI 的贡献效应为 45.6%——换言之农户收入的提升有利于令 MPI 下降 0.0223（45.6% × 收入贡

---

① 冗余性分析结果表明，尽管收入项目通过了相关性检验，可以被纳入为多维贫困指标，但其与其他指标的相关性最高。相对的，其余指标相对于收入，其余量的影响力皆要弱于收入项。正因如此，由于余量信息中包含收入项，故非收入项目指标余量的影响力相对更高。

献比例)。我们也再次观察到不平衡的产生对缓解贫困的不利面——收入差距拉大产生的负向结构变化对提高 MPI 产生了 7.1% 的贡献。反观余量信息,安全饮水、资产和工作环境指标的余量在 80%~90% 之间;教育程度、儿童入学、医疗费用支出、住房面积和失业指标的余量在 90%~100% 之间。与 1995~2002 年相比,最突出的利好一面是各指标的剥夺差距扩大态势受到抑制。但是,农户住房间的剥夺差距进一步扩大,教育(但其对 MPI 的总贡献较低)和收入指标的剥夺差距在新时期中由负转正,成为近一段时期内亟待改善的指标。

总体上,通过分析单个指标均值和结构变化对多维贫困的贡献发现:第一,指标均值提升有助于缓解多维贫困,但指标差距程度的扩大会恶化多维贫困程度。但这种作用机制非常复杂,因此,指标均值和结构变化的绝对水平与多维贫困变动程度没有直接关系。第二,收入的提升对缓解多维贫困贡献最高,一定程度上反映出收入对其他变量的替代效应,体现出收入贫困与非收入贫困的交叠;但替代是不完全的,又体现出多维贫困与收入贫困之间的替代关系。随着错位程度的提高,多维贫困可以作为收入贫困的重要补充。第三,以 2002~2013 年的跨期变动替代性分析当前多维贫困形势:一方面,农户身体健康和医疗问题值得重视。考虑到因病致贫是减贫工作中面临的重大挑战,纠正农户小病不医的错误观念,进一步完善农村医疗保障体系迫在眉睫。另一方面,我们也发现农户在教育、住房、收入上的剥夺差距仍在扩大,上述问题亟待得到纠正。

三、稳健性分析

分解过程中对离散指标平均水平和结构特征的反事实模拟中包含了随机过程,主要是因为离散指标不能像连续指标那样直接乘以某个数值实现平均水平变动;结构变化中也很难像连续型指标那样可以直接分段处理。为了保证离散型指标也能像连续型指标那样得到反事实分布,我们设计了模拟思路。考虑到随机过程会造成较大误差,重复上述分解过程 100 次[1],记录每次模拟的结果,可以得到分解结果的统计分布,更客观地观察跨期变动中各个维度的贡献特征,表 8-4 至表 8-6 报告了这些结果。根据多次模拟,单个指标剥夺比例和 MPI 的分解结果都是非常稳健的,在 95% 概率下的置信区间都非常小。这表明分解方法虽然包含了一些随机过程,但它们并不会对前面得到的结论造成冲击。

---

[1] 我们很希望重复更多次数。但是由于分解模拟中的计算过程太多,在作者的个人电脑上仅仅重复 100 次就花了接近两周时间。作者在后续研究中将继续优化相关算法,并尽可能争取利用更好的运算平台改良这个过程。

表 8-4　　　　　　　　　多维贫困测算结果及其置信区间　　　　　　　单位：%

项目	1995 年 指标值	95%下界	95%上界	2002 年 指标值	95%下界	95%上界	2013 年 指标值	95%下界	95%上界
MPI	0.151	0.149	0.152	0.068	0.066	0.069	0.019	0.018	0.020
H	41.6	41.1	42.1	19.8	19.4	20.2	5.9	5.6	6.2
A	36.2	36.0	6.3	34.2	34.0	34.3	32.0	31.8	32.2
单个维度的剥夺发生率									
受教育程度	4.8	4.6	5.0	1.2	1.1	1.3	1.2	1.1	1.3
儿童入学	7.8	7.5	8.0	5.0	4.8	5.2	2.1	2.0	2.3
身体健康状况	24.7	24.2	25.1	17.8	17.4	18.1	20.3	19.9	20.7
医疗支出负担	76.6	76.0	77.1	50.3	49.8	50.8	39.6	39.1	40.1
安全饮水	19.9	19.5	20.2	14.2	13.9	14.5	7.5	7.3	7.8
住房面积	6.5	6.3	6.8	3.1	2.9	3.2	0.7	0.6	0.7
资产	28.9	28.4	29.4	14.5	14.2	14.9	8.3	8.0	8.6
收入	53.3	52.9	53.8	30.5	30.0	31.0	8.1	7.8	8.4
失业	4.5	4.3	4.7	6.1	5.9	6.4	3.6	3.4	3.8
工作环境	6.3	6.0	6.5	14.0	13.7	14.4	2.2	2.0	2.4
有门槛下的剥夺发生率									
受教育程度	3.72	3.55	3.90	0.76	0.66	0.83	0.56	0.49	0.65
儿童入学	6.09	5.87	6.32	3.03	2.86	3.22	0.65	0.58	0.76
身体健康状况	19.25	18.86	19.66	8.52	8.22	8.72	4.50	4.29	4.65
医疗费用支出	36.71	36.14	37.22	14.81	14.50	15.17	4.08	3.84	4.28
安全饮水	15.74	15.39	16.09	7.39	7.18	7.65	2.27	2.13	2.42
住房面积	5.64	5.38	5.91	2.23	2.11	2.38	0.19	0.15	0.24
资产	22.64	22.31	23.03	8.63	8.31	8.94	2.89	2.70	3.05
收入	33.89	33.43	34.35	14.13	13.78	14.56	2.43	2.28	2.59
失业	3.05	2.87	3.23	2.50	2.36	2.65	0.78	0.70	0.85
工作环境	3.96	3.75	4.09	5.57	5.38	5.80	0.46	0.37	0.55

注：表中的下界和上界表示在95%概率下的置信区间。
资料来源：笔者计算得到。

表 8 – 5　不同时期单个指标被剥夺比例分解结果的置信区间

单个维度	1995～2002 年 结构变化 下界	上界	均值变化 下界	上界	2002～2013 年 结构变化 下界	上界	均值变化 下界	上界
受教育程度	-1.46	-1.45	-2.07	-2.05	2.02	2.04	-2.08	-2.07
儿童入学	-0.01	-0.01	-2.80	-2.80	-0.01	-0.01	-2.89	-2.89
身体健康状况	7.69	7.71	-14.62	-14.61	-0.64	-0.62	3.17	3.19
医疗费用支出	-25.88	-25.88	-0.47	-0.47	-8.41	-8.41	-2.25	-2.25
安全饮水	-0.01	-0.01	-5.66	-5.66	-0.01	-0.01	-6.69	-6.69
住房面积	0.26	0.26	-3.74	-3.74	0.52	0.52	-2.91	-2.91
资产	12.05	12.07	-26.40	-26.38	-2.45	-2.43	-3.78	-3.75
收入	-0.69	-0.69	-22.11	-22.11	3.95	3.95	-26.29	-26.29
失业	-0.21	-0.20	1.79	1.80	0.00	0.00	-2.50	-2.49
工作环境	0.01	0.01	7.70	7.70	-0.01	-0.01	-11.79	-11.79

注：表中的下界和上界表示在 95% 概率下的置信区间。
资料来源：作者计算得到。

表 8 – 6　单个指标均值变化和结构变化对 MPI 影响的置信区间

项目	均值变化 平均水平	下界	上界	结构变化 平均水平	下界	上界	余量 平均水平	下界	上界
1995～2002 年									
受教育程度	-0.23	-0.24	-0.23	-0.16	-0.16	-0.16	-7.92	-7.92	-7.92
儿童入学	-0.32	-0.32	-0.32	0.01	0.01	0.01	-8.01	-8.01	-8.01
身体健康状况	-1.56	-1.57	-1.56	0.81	0.81	0.82	-7.56	-7.56	-7.56
医疗费用支出	-0.04	-0.04	-0.04	-1.15	-1.15	-1.15	-7.12	-7.12	-7.12
安全饮水	-0.66	-0.66	-0.66	0.16	0.15	0.16	-7.81	-7.81	-7.81
住房面积	-0.48	-0.48	-0.48	0.04	0.04	0.04	-7.87	-7.87	-7.87
资产	-3.26	-3.26	-3.26	1.47	1.47	1.48	-6.52	-6.52	-6.52
收入	-2.37	-2.37	-2.37	-0.08	-0.08	-0.08	-5.87	-5.87	-5.87
失业	0.19	0.19	0.19	0.01	0.01	0.01	-8.51	-8.51	-8.51
工作环境	0.82	0.82	0.82	-0.04	-0.04	-0.03	-9.10	-9.10	-9.09
2002～2013 年									
受教育程度	-0.19	-0.19	-0.19	0.16	0.16	0.16	-4.85	-4.85	-4.85
儿童入学	-0.26	-0.26	-0.26	-0.01	-0.01	-0.01	-4.60	-4.61	-4.60
身体健康状况	0.23	0.22	0.23	-0.04	-0.04	-0.03	-5.07	-5.07	-5.06
医疗费用支出	-0.07	-0.07	-0.07	-0.28	-0.28	-0.28	-4.53	-4.53	-4.53

续表

项目	均值变化			结构变化			余量		
	平均水平	下界	上界	平均水平	下界	上界	平均水平	下界	上界
安全饮水	-0.53	-0.53	-0.53	-0.01	-0.02	-0.01	-4.33	-4.33	-4.33
住房面积	-0.29	-0.29	-0.29	0.02	0.02	0.02	-4.61	-4.61	-4.61
资产	-0.34	-0.35	-0.34	-0.19	-0.20	-0.19	-4.34	-4.34	-4.33
收入	-2.22	-2.22	-2.22	0.35	0.35	0.35	-3.00	-3.00	-3.00
失业	-0.17	-0.17	-0.17	-0.01	-0.01	-0.01	-4.70	-4.70	-4.70
工作环境	-0.82	-0.82	-0.82	-0.01	-0.01	0.00	-4.05	-4.05	-4.04

第九章 主要结论与政策建议

第一节 主要结论

中国政府提出的"精准扶贫"战略，其内涵与多维贫困理论不谋而合，有利于提高贫困人群发展能力，增强人民获得感，有助于推动联合国可持续发展目标的早日实现。本书回顾了多维贫困的理论演进与国际实践发展，借助 AF 多维贫困指标体系，测算我国整体性多维贫困程度及其跨期变化，重点对农村地区的多维贫困进行分析和测算，形成了对农村地区多维贫困的专题性研究，如农村儿童多维贫困研究、农村贫困社区多维贫困研究等。基本结论包括以下几个方面。

一、全球可比多维贫困框架下的中国多维贫困

使用 AF 方法并依照全球 MPI 标准，依据全球跨国可比的多维贫困指标体系，本书对中国整体性多维贫困的测算结果表明，全球标准下的中国多维贫困程度并不高，且随着时间的推移，贫困程度呈现不断下降的趋势。参照 2021 年的最新结果，在全球 109 个发展中和落后国家中，中国排在第 32 位，其 2010 年、2012 年和 2014 年的 MPI 分别为 0.035、0.023 和 0.017。[①] 可以看出，中国多维贫困程度随着时间的推移呈现不断下降的趋势，是中国在减贫领域取得的巨大成就中的一条重要经验。各指标分解结果显示，农户普遍在健康和教育方面遭受剥夺。细化到各群组，农村贫困程度显著高于城镇，西部贫困程度显著高于中、东部地区，表明区域发展的不平衡对多维贫困有着显著影响。家庭特征层面的分析显示，有受过高等教育的成员、人口规模小以及有外出务工成员的家庭贫困度要更低。同时，分解结果还显示出了一些值得注意的现象，如多维贫困具有明显的

[①] 参见 https://ophi.org.uk/multidimensional-poverty-index/data-tables-do-files/。中国数据只更新至 2014 年，因此，国际可比的最新结果是来自中国 2014 年测算结果。

代际差别；教育程度低的家庭更不关注健康；多维贫困的性别差异不显著；农民工外出行为对家庭多维贫困的改善来自多种渠道和途径。进一步地，本书探索了经济贫困与多维贫困的交叠错位关系，发现二者重合度并不高。一方面，这说明收入增长和其他维度的改善并不同步，另一方面，如果家庭选择以牺牲成员的健康、教育等基本福利为代价换取高收入，很可能陷入多维贫困但并非收入贫困的错位模式，这极有可能造成家户在未来阶段因缺乏人力资本而陷入经济贫困。

二、农村整体多维贫困及其跨期变动

依托"两不愁、三保障"的国家减贫目标，以及中国农村贫困的实际情况，我们构造出具有中国特色的农村多维贫困指标体系，追踪1995～2013年我国农村多维贫困变动状况。结果显示，1995～2013年中国农村多维贫困下降幅度接近90%，与同时段收入贫困发生率保持同比例大幅下降态势，这体现出我国减贫工作实现了多维减贫目标：既缓解了收入贫困的矛盾，同时提高了贫困户的多维发展能力。跨期分解显示，贫困程度改善的最主要因素来自农户自费医疗负担的减轻、收入的提升以及安全饮水的改善。其中，医疗支出负担的减小和安全饮水的改善分别对应了"新农合"以及"十一五""十二五"期间安全饮水项目工程，体现出国家惠农惠贫政策在改善农户非收入维度能力方面的成效。而子群分解显示，低教育程度者、老年人群以及区域性贫困仍是当前贫困问题的主要矛盾。

三、儿童多维贫困及其相关重要问题

对儿童群体的多维贫困研究显示，儿童多维贫困是与成人多维贫困同等重要的贫困问题。具体地，研究发现：①儿童贫困的区域分化问题严重。分城乡分析显示，农村地区儿童贫困比城镇地区儿童多维贫困更加严重；分区域分析显示，西部地区儿童多维贫困程度比中部和东部地区更加严重，说明区域分化仍然是值得关注的问题。②儿童的遭遇的剥夺指标既具有共性，同时也存在差异。对全部儿童而言，除了自评健康之外，剥夺贡献度最高的包括：卫生厕所、炊事燃料、洗浴设施、取暖设备和医疗保险覆盖。但是对不同年龄段儿童来讲，相同指标体系下所展现的儿童剥夺情况不尽一致，要在政策行动上有所区分。③不能忽视非贫困家庭中的贫困儿童。④多子女家庭中存在抚养资源分配不均问题。⑤不同类型儿童之间的贫困差异不容忽视。

四、中国农村社区多维贫困状况

通过对农村社区多维发展的分析,我们得到一个基本判断,即社区建设程度好坏与贫困程度高低紧密相关。通过构建社区建设指数并结合贫困监测报告统计结果发现,农村贫困地区的住房结构、住宅外道路、卫生等生活居住条件不断得到改善,基础设施建设不断得到加强。尚存的问题包括:安全饮水覆盖仍需加强;多数农户仍使用柴草作为炊事燃料,急需改善;东、西部地区居民居住条件的差异仍然很大;贫困地区、连片特困地区、扶贫重点县在通有线电视信号和通宽带方面仍落后于其他地区;在教育和医疗卫生设施的村级建设上,贫困和非贫困地区之间仍有差异,而这也提示我们思考社区建设与贫困之间的关联。基于此,我们也建议要在未来阶段融合乡村振兴与城镇化发展路径,通过增强农村区域多维(包括社会福利、社会保障、基础设施、公共服务、产业发展等)建设,为缓解贫困、支援乡村振兴建设提供更多维度的发展契机。

五、非均衡发展下的农村多维贫困

立足"共同富裕"视角,我们还研究了不同维度和指标的非均衡发展(即各指标的增长与不平等程度变动)对农村多维贫困的影响。我们论证了多维贫困与多维不平等密切相关,提出探索多维不平等问题对于认知贫困问题具有重要意义。基于我国农村微观数据,证明非均衡发展会抑制社会整体性减贫效力,由此引出关注多维指标均衡性发展的战略性政策建议。研究发现:各指标平均水平(增长效应)的改善是近20年内农村多维贫困程度大幅减少的最主要原因,但是,个别指标内部的不平衡发展(差距拉大效应)具有扩大多维贫困的负向效用。主要结论显示:①与收入贫困类似,中国农村多维贫困程度发生了显著下降,1995~2002年贫困发生率年均下降10.6个百分点,2002~2013年贫困发生率年均下降8.8个百分点。②通过测算收入贫困与多维贫困的交叠错位关系,我们发现随着时间的推移,收入与多维贫困间的交叠程度逐渐降低,两类贫困错位程度逐渐提高。这反映出收入贫困的消失不能解决可行能力匮乏问题的现实矛盾,由此也说明新阶段下多维贫困具有作为收入贫困补充的现实意义。③基于Shapley扩展式的分解结果显示,农户小资产持有种类的增加、自费医疗支出负担差距的缩小,以及健康状况的改善是1995~2002年多维减贫的主要贡献要素,其对M_0的贡献度分别为18%、2.2%和4.0%。2002~2013年减贫贡献度排在前三位的是工作环境的改善、安全饮水覆盖率的提高和小资产持有种类的增长和均等化发展,其对M_0的贡献度分别为9.2%、3.4%和3.1%。④在农村多维贫困程度不断下降的过程中，各项指标"均值"和"结构"变动会对贫困产生影响。一般而言，"均值"提高对减贫具有正向影响，但个别指标的不平衡发展抵消了部分减贫效用，减缓了多维贫困的下降速度。这一结果对应了本书研究主旨，即要警惕与居民发展相关核心福利指标的分化问题，在未来阶段合理调整国家发展思路，避免产生因不均衡发展而形成的多维贫困问题。⑤除却所观察到的良性发展态势，21 世纪以来，农户身体健康指标发生恶化，并产生抑制减贫的负向效应。这一现象值得重视，有待未雨绸缪帮助农户树立健康资本培养意识。

第二节 政策建议

一、引入多维贫困理念

长期来看，中国以绝对收入贫困线作为官方贫困度量标准。新发展阶段下，中国对减贫目标的精准性、减贫手段的多元性，以及减贫目标的可持续性应有新的要求。应当说，基于多维贫困视角开展的测度和相关研究能够为认知和定位贫困人群提供更多的富有价值的理论和实证参考。多维贫困体系对精准扶贫政策具有理论和实践指导意义。精准扶贫包括精准识别、精准施策、精准救助、精准脱贫等一系列环环相扣的工作要求。多维贫困体系则有利于从指标构建、测算贫困度、跨期追踪评估等方面科学系统为精准扶贫政策提供理论和现实依据。尽管目前中国尚未发布国家层面的多维贫困指数，但适于中国国情的多维贫困标准正被国内外学者积极地探索。未来阶段，以多维贫困标准替代传统的经济贫困标准极可能将成为中国贫困识别、瞄准和救助的新趋势。考虑到缓解贫困不仅与收入提升相关，也与居住环境提升、社会保障的普及和公共服务质量提升等问题相关，建议在未来防止返贫和缓解相对贫困中，要更加关注贫困的相对性、多元性、动态性、综合性和发展性特征（陈基平和沈扬扬，2021）。

二、在贫困标准线的设置上进行有益探索

极端贫困的消除不代表中国扶贫事业的结束。新时期扶贫治理首当其冲的是要思考如何设定新贫困线——即贫困内涵的确定。结合中国官方贫困线的设定历程，我们可以看到一个基本的法则，在制定贫困标准时要与时俱进，既要考虑到人民日益增长的物质文化需求，又要考虑到国家的经济发展水平和财政能力。考虑到多维减贫政策设计对未来国家发展的重要意义，呼吁国家构建出一套官方的

多维贫困测度指标体系。现阶段，我国缺少针对多维贫困评估的专项贫困监测体系。少数学者对相关问题进行了研究。例如李实等（2021）和陈岑等（2022）通过对中国绝对贫困与相对贫困标准变动关系的分析发现，相较于相对贫困标准，绝对贫困标准已不能更加准确地反映新时期贫困的基本特征，而且中国已经具备向相对贫困标准过渡的现实基础，转向采用相对贫困和多维贫困标准的时机已趋于成熟。这也是符合国家"扎实推动共同富裕"的民生发展目标。基于此，本书建议延续并扩展"两不愁、三保障"减贫思路，以多维框架构建相对贫困的指标体系。同时，呼吁国家构建多维减贫官方测量体系，以对未来的相关政策制定提供更精准的实证支持。

三、在全新贫困识别框架下设置阶梯形救助体系

将贫困群体细分为"救助户""脆弱户"和"监测户"。"救助户"仍然按照 2020 年之前的绝对贫困标准进行识别，对他们采取制度化的救助方式，如现行的低保制度。扶贫工作重点转至另外两类群体。对"脆弱户"，要科学研究这些群体的结构性特征及致贫原因，并在产业扶持、经济补贴等措施中选择合适的帮扶方式；对"监测户"以监测为主，辅以收入分配政策，让大多数低收入群体都能够从初次分配和再分配政策中受益。在此方面可继续结合精准扶贫的思路，有针对性地对上述三类相对贫困群体采取不同的帮扶方式。同时，要坚持个体瞄准和区域瞄准（或社区瞄准）相结合的方法、对贫困区域内贫困人群实行更加特惠政策措施。

四、减贫政策的干预体系既要涵盖家庭又要兼顾个体

我们提出，减贫政策的干预体系不能限于家庭单元，还应扩展到个体范畴。以本书第六章所关注的儿童多维减贫问题为例，研究结果指出，不能局限在家庭分析单元上，"寒门能出贵子"，"家富未必富子"。类似地，对老年贫困、女性贫困、少数民族贫困，以及其他弱势群体的贫困问题，均应该设置以个人为主的贫困识别、监测、救助单元。建议将贫困的识别和瞄准手段建立在家庭和个体两类分析单元上，确保不遗漏那些非贫困家庭中的贫困人口。

五、积极关注儿童减贫议题

要将儿童贫困和发展问题上升到国家战略的高度，建立人口、社会、经济政策相互衔接协同的政策体系。《中华人民共和国国民经济和社会发展第十四个五

年规划和 2035 年远景目标纲要》提出"以'一老一小'为重点完善人口服务体系",形成以减轻家庭生育、养育、教育负担为中心的各年龄段儿童政策服务体系,助力下一代人口质量的提高,化解老龄化背景下人口红利逐渐消失的困境。建议立足于国家战略高度,关注儿童减贫议题,这对中国在未来一段时期防止返贫、缓解长期的相对贫困问题和提升人力资本具有重大意义。要加强教育、医疗等公共服务均等化建设投入,通过完善婴幼儿照护、托育服务、青少年发展等政策手段,优化父母亲抚养儿童期间的时间投入和养育成本,建立人口、社会、经济政策相互衔接协同的儿童减贫政策体系。

六、以乡村振兴重点帮扶县的发展进一步巩固拓展扶贫成果

相对贫困地区是相对贫困群体的主要承载地,也是国家政策扶持的主要对象。《中华人民共和国国民经济和社会发展第十四个五年规划和 2035 年远景目标纲要》提出"在西部地区脱贫县中集中支持一批乡村振兴重点帮扶县,增强其巩固脱贫成果及内生发展能力"的发展目标。结合中国仍然存在区域差距的现实情况,推进乡村振兴、补齐区域间发展差距的短板对中国全面建设社会主义现代化国家将起到决定性作用。在西部地区已经脱贫摘帽的县中再选择一部分困难的县,有利于支持全面推进乡村振兴,增强重点帮扶县在巩固拓展脱贫成果和提高内生发展动力方面的改善。同时,转向区域发展的行动策略将有助于新时期国家的开发式扶贫政策逐步由侧重个人向侧重重点区域转变,解决整体性、区域性的相对贫困问题,有助于中国在未来阶段逐步实现缩小区域差距和实现共同富裕的目标。

七、重视重视多维不平等问题

要在未来阶段,想方设法降低由多维不平等造成的多重机会丧失,建立缓解贫困的长效机制,构建包含"救济式扶贫、发展扶贫以及预防式扶贫"三位一体的政策体系。具体来讲,考虑到正处于不平等程度较高的发展阶段,需要警惕核心福利指标分化程度扩大的潜在问题。在我国 2020 年全面建成小康社会的背景下,在实现 2035 远景目标之下,为了呼应"全面建成小康社会,一个也不能少。共同富裕路上,一个也不能掉队"的目标,找寻缓解"不平衡不充分"矛盾的手段和施策途径,结合评估结果,建议重视多维不平等现象,想方设法降低由多维不平等造成的多重机会丧失,建立缓解各种贫困的长效机制。

八、在"共同富裕"框架下扩展东西协作内涵

建议将东西扶贫协作扩展为乡村振兴方面的协作,上升为缩小地区发展差距

方面的协作。对应地，要促使东西部协作的领域更加广泛，协作的内容更加全面，协作的方式更加灵活多样。具体包括：①要制度化和规范化，形成东西部相互促进发展的可持续互动机制。②发挥市场机制的更大作用，逐步弱化政府的作用，减少强制性的援助项目，寻求对协作双方"共赢"的协作方式。③要促进东部地区的无形资源如理念、文化，制度、社会治理经验和公共服务方式等向西部地区流动。④政府重点将职能放在帮助西部地区转变观念、改善营商环境、完善市场机制、实施更加开放的发展政策、培养企业家精神、建立服务型政府等方面。⑤在东部地区土地成为稀缺资源的情况下，如何利用西部的土地资源优势是一个重大课题。西部地区需要不同于东部地区的土地资源的制度安排，以吸引更多的东部企业和资金进入西部地区。

主要参考文献

[1] 陈斌开, 李银银. 再分配政策对农村收入分配的影响——基于税费体制改革的经验研究 [J]. 中国社会科学, 2020 (2): 70-92, 205-206.

[2] 陈基平, 沈扬扬. 从关注生存需求到关注平衡发展——后 2020 我国农村向相对贫困标准转变的政策与现实意义 [J]. 南京农业大学学报 (社会科学版), 2021, 21 (2): 73-84.

[3] 陈思宇, 陈斌开. 贸易、就业与中国农村贫困 [J]. 改革, 2020 (9): 80-93.

[4] 陈宗胜, 黄云, 周云波. 多维贫困理论及测度方法在中国的应用研究与治理实践 [J]. 国外社会科学, 2020 (6): 15-34.

[5] 陈宗胜, 沈扬扬, 周云波. 中国农村贫困状况的绝对与相对变动——兼论相对贫困线的设定 [J]. 管理世界, 2013 (1): 67-75, 77, 76, 187-188.

[6] 陈宗胜, 杨思飞, 张伟. "精准扶贫"的精髓是"多维扶贫"和彻底脱贫——建议尽快明确公布中国的"多维扶贫"标准和思路 [J]. 全球化, 2018 (2): 20-30, 131-132.

[7] 陈宗胜. 中国多维扶贫走在世界前列 [N]. 人民日报, 2017-08-16.

[8] 冯怡琳, 邱建亮. 对中国多维贫困状况的初步测算——基于全球多维贫困指数方法 [J]. 调研世界, 2017 (12): 3-7, 52.

[9] 高艳云. 中国城乡多维贫困的测度及比较 [J]. 统计研究, 2012, 29 (11): 61-66.

[10] 顾昕. 贫困度量的国际探索与中国贫困线的确定 [J]. 天津社会科学, 2011 (1): 56-62, 65.

[11] 郭建宇, 吴国宝. 基于不同指标及权重选择的多维贫困测量——以山西省贫困县为例 [J]. 中国农村经济, 2012 (2): 12-20.

[12] 郭熙保, 周强. 长期多维贫困、不平等与致贫因素 [J]. 经济研究, 2016, 51 (6): 143-156.

[13] 国家统计局住户调查办公室. 中国农村贫困监测报告 2018 [M]. 北京: 中国统计出版社, 2018.

[14] 国务院新闻办公室. 人类减贫的中国实践白皮书 [M]. 北京: 人民出

版社，2021．

［15］侯亚景，周云波．收入贫困与多维贫困视角下中国农村家庭致贫机理研究［J］．当代经济科学，2017，39（2）：116-123，128．

［16］黄承伟，王猛．"五个一批"精准扶贫思想视阈下多维贫困治理研究［J］．河海大学学报（哲学社会科学版），2017，19（5）：1-5，47，89．

［17］黄承伟．实现高质量脱贫的"四个坚持"和"三个并重"［J］．人民论坛，2018（21）：18．

［18］黄承伟．中国扶贫开发道路研究：评述与展望［J］．中国农业大学学报（社会科学版），2016，33（5）：5-17．

［19］江求川．中国福利不平等的演化及分解［J］．经济学（季刊），2015，14（4）：1417-1444．

［20］陈岑，沈扬扬，李实，赵永生．关于构建中国农村相对贫困治理长效机制的若干思考［J］．华南师范大学学报（社会科学版），2022（3）：1-10．

［21］李实，沈扬扬．建立扶贫长效机制应稳定实现七个转变［J］．国家治理，2020（39）：45-48．

［22］李实，沈扬扬．中国的减贫经验与展望［J］．农业经济问题，2021（5）：12-19．

［23］李实，岳希明，史泰丽，佐藤宏主编．中国收入分配格局的最新变化：中国居民收入分配研究Ⅴ［M］．北京：中国财政经济出版社，2017．

［24］李实，佐藤宏，史泰丽．中国收入差距变动分析：中国居民收入分配研究Ⅳ［M］．北京：人民出版社，2013．

［25］李小云，于乐荣，唐丽霞．新中国成立后70年的反贫困历程及减贫机制［J］．中国农村经济，2019（10）：2-18．

［26］李小云，张雪梅，唐丽霞．我国中央财政扶贫资金的瞄准分析［J］．中国农业大学学报（社会科学版），2005（3）：1-6．

［27］林伯强．中国的经济增长、贫困减少与政策选择［J］．经济研究，2003（12）：15-25，90．

［28］刘伟．疫情冲击下的经济增长与全面小康经济社会目标［J］．管理世界，2020，36（8）：1-8．

［29］刘小珉．多维贫困视角下的民族地区精准扶贫——基于CHES2011数据的分析［J］．民族研究，2017（1）：36-46，124．

［30］罗楚亮．经济增长、收入差距与农村贫困［J］．经济研究，2012，47（2）：15-27．

［31］萨比娜·阿尔基尔等．贫困的缺失维度［M］．刘民权、韩华为译，北京：科学出版社，2010．

[32] 沈扬扬，Sabina Alkire，詹鹏. 中国多维贫困的测度与分解 [J]. 南开经济研究，2018 (5)：3-18.

[33] 沈扬扬，李实. 如何确定相对贫困标准？——兼论"城乡统筹"相对贫困的可行方案 [J]. 华南师范大学学报（社会科学版），2020 (2)：91-101，191.

[34] 沈扬扬，李实. 我国扶贫政策和反贫困研究新进展 [N]. 中国社会科学报，2019-01-09 (004).

[35] 沈扬扬，滕阳川，李实. 扶贫政策转型中城市低保瞄准度与反贫困效果分析 [J]. 南开经济研究，2021 (5).

[36] 沈扬扬，詹鹏，李实. 扶贫政策演进下的中国农村多维贫困 [J]. 经济学动态，2018 (7)：53-66.

[37] 沈扬扬，詹鹏，周云波. "共同富裕"视角下的中国农村多维贫困——来自 CHIP2013-2018 的证据 [J]. 经济科学，2022 (3).

[38] 沈扬扬. 经济增长与不平等对农村贫困的影响 [J]. 数量经济技术经济研究，2012，29 (8)：19-34.

[39] 沈扬扬. 收入增长与不平等对农村贫困的影响——基于不同经济活动类型农户的研究 [J]. 南开经济研究，2012 (2)：131-150.

[40] 沈扬扬. 以农业农村现代化建设中国特色社会主义乡村振兴道路 [J]. 兰州大学学报（社会科学版），2021 (3)：59-65.

[41] 沈扬扬. 中国农村经济增长与差别扩大中的收入贫困研究 [D]. 南开大学，2013.

[42] 万广华，张茵. 收入增长与不平等对我国贫困的影响 [J]. 经济研究，2006 (6)：112-123.

[43] 汪三贵，曾小溪. 从区域扶贫开发到精准扶贫——改革开放40年中国扶贫政策的演进及脱贫攻坚的难点和对策 [J]. 农业经济问题，2018 (8)：40-50.

[44] 汪三贵. 在发展中战胜贫困——对中国30年大规模减贫经验的总结与评价 [J]. 管理世界，2008 (11)：78-88.

[45] 王萍萍，方湖柳，李兴平. 中国贫困标准与国际贫困标准的比较 [J]. 中国农村经济，2006 (12)：62-68.

[46] 王萍萍，中国农村贫困标准与国际贫困标准的关系，载于：中国农村贫困监测报告2016 [M]. 北京：中国统计出版社，2016.

[47] 王曦璟，高艳云. 地区公共服务供给与转移支付减贫效应研究——基于多维贫困分析框架 [J]. 财经理论与实践，2017，38 (2)：92-98.

[48] 王小林，Sabina Alkire. 中国多维贫困测量：估计和政策含义 [J]. 中

国农村经济, 2009 (12): 4-10, 23.

[49] 王小林, 冯贺霞. 2020年后中国多维相对贫困标准: 国际经验与政策取向 [J]. 中国农村经济, 2020 (3): 2-21.

[50] 王小林, 张晓颖. 中国消除绝对贫困的经验解释与2020年后相对贫困治理取向 [J]. 中国农村经济, 2021 (2): 2-18.

[51] 王小林. 贫困测量: 理论与方法 [M]. 北京: 社会科学文献出版社, 2017.

[52] 王一鸣, 兰宗敏, 朱鸿鸣. 全球经济新变局与中国的应对策略 [J]. 重庆理工大学学报（社会科学版）, 2017, 31 (11): 1-5.

[53] 王雨磊, 苏杨. 中国的脱贫奇迹何以造就？——中国扶贫的精准行政模式及其国家治理体制基础 [J]. 管理世界, 2020 (4): 195-209.

[54] 吴彬彬, 沈扬扬, 卢云鹤, 滕阳川. 互联网使用与用途如何影响农村居民工资性收入差距 [J]. 劳动经济研究, 2021 (4): 3-19.

[55] 吴国宝. 贫困农户的特征, 载于刘文璞, 吴国宝, 编: 地区经济增长和减缓贫困 [M]. 太原: 山西经济出版社, 1997.

[56] 吴国宝. 谁是穷人, 载于 刘文璞和吴国宝 编. 地区经济增长和减缓贫困 [M]. 太原: 山西经济出版社, 1997.

[57] 吴天晨, 沈扬扬, 石慧峰, 谢家磊, 尹晓涵, 王晓莉. 看护人养育行为和儿童早期发展中"淡出"效应研究进展 [J]. 中国公共卫生, 2019, 37 (1): 189-192.

[58] 鲜祖德, 王萍萍, 吴伟. 中国农村贫困标准与贫困监测 [J]. 统计研究, 2016, 33 (9): 3-12.

[59] 谢宇, 张晓波, 李建新. 中国民生发展报告2014 [M]. 北京: 北京大学出版社, 2014.

[60] 谢岳. 中国贫困治理的政治逻辑——兼论对西方福利国家理论的超越 [J]. 中国社会科学, 2020 (10): 4-25, 204.

[61] 新华社. 中国减贫学 政治经济学视野下的中国减贫理论与实践 [DB]. 新华社国家高端智库, 2021, 2.

[62] 邢春冰, 屈小博, 杨鹏. 农民工与城镇职工工资差距演变及原因分析 [J]. 经济学动态, 2021, 5: 64-78.

[63] 杨骐骝, 周绍杰, 胡鞍钢. 中国式扶贫: 实践、成就、经验与展望 [J]. 国家行政学院学报, 2018 (6): 138-142, 192.

[64] 杨艳琳, 付晨玉. 中国农村普惠金融发展对农村劳动年龄人口多维贫困的改善效应分析 [J]. 中国农村经济, 2019 (3): 19-35.

[65] 张磊. 中国扶贫开发政策演变: 1949~2005年 [M]. 北京: 中国财政

出版社，2007.

[66] 张立冬. 中国农村多维贫困与精准扶贫 [J]. 华南农业大学学报（社会科学版），2017，16（4）：65－74.

[67] 张琦，沈扬扬. 不同相对贫困标准的国际比较及对中国的启示 [J]. 南京农业大学学报（社会科学版），2020，20（4）：91－99.

[68] 张全红，李博，周强. 中国多维贫困的动态测算、结构分解与精准扶贫 [J]. 财经研究，2017，43（4）：31－40，81.

[69] 张全红. 对中国农村贫困线和贫困人口的再测算 [J]. 农村经济，2010（2）：51－54.

[70] 张全红. 中国多维贫困的动态变化：1991－2011 [J]. 财经研究，2015，41（4）：31－41，133.

[71] 张昭，杨澄宇，袁强. 收入导向型多维贫困测度的稳健性与敏感性 [J]. 劳动经济研究，2016，4（5）：3－23.

[72] 郑长德，单德朋. 集中连片特困地区多维贫困测度与时空演进 [J]. 南开学报（哲学社会科学版），2016（3）：135－146.

[73] 郑风田. 破解深度贫困的八个要点 [N]. 人民论坛，2018（21）：20－22.

[74] 中国扶贫开发年鉴编辑部. 中国扶贫开发年鉴2019 [M]. 北京：中国农业出版社，2019.

[75] 周云波，黄杏子，沈扬扬，田柳. 从客观福利到主观效用——"精准扶贫"政策对幸福影响的量化分析 [R]. 工作论文，2021.

[76] 周云波，平萍，侯亚景，尚纹玉，中国居民多维贫困研究 [M]. 北京：经济科学出版社，2020.

[77] 朱玲，何伟. 工业化城市化进程中的乡村减贫40年 [J]. 劳动经济研究，2018，6（4）：3－31.

[78] 朱梦冰，李实. 精准扶贫重在精准识别贫困人口——农村低保政策的瞄准效果分析 [J]. 中国社会科学，2017（9）：90－112，207.

[79] 邹薇，方迎风. 怎样测度贫困：从单维到多维 [J]. 国外社会科学，2012（2）：63－69.

[80] Aaberge R. , A. Brandolini. Multidimensional Poverty and Inequality [A]. in Atkinson A. B. and F. Bourguignon eds. Handbook of Income Distribution [M]. North Holland，2015.

[81] Abul Naga R. H. , Y. Shen, and H. I. Yoo, Joint. Hypothesis Tests for Multidimensional Inequality Indices [J]. Economics Letters，2016，141：138－142.

[82] Adam Smith. An Inquiry into the Nature and Causes of the Wealth of Nations

[M]. W. Strahan and T. Cadell, London, 1776.

[83] Adelman, Irma, Cynthia Taft Morris. Economic Growth and Social Equity in Developing Countries [M]. Stanford University Press, 1973.

[84] Ahluwalia, M. S. Prospects and Policy Challenges in the Twelfth Plan [J]. Economic and Political Weekly, 2011, 46 (21): 88 – 105.

[85] Alkire, S. and Santos, M. E. Measuring Acute Poverty in the Developing World: Robustness and Scope of the Multidimensional Poverty Index [J]. World Development, 2014, 59: 251 – 274.

[86] Alkire, S. Dimensions of Human Development [J]. World Development, 2012, 30 (2): 181 – 205.

[87] Alkire, S., Fang Y. Dynamics of Multidimensional Poverty and Uni-dimensional Income Poverty: An Evidence of Stability Analysis from China [J]. Social Indicator Research, 2019 (142): 25 – 64.

[88] Alkire, S., Foster, J. Counting and Multidimensional Poverty Measurement [J]. Journal of Public Economics, 2011, 95 (7): 476 – 487.

[89] Alkire, S., Foster, J., Seth, S., Santos, M. E., Roche, J. M. and Ballon, P. Multidimensional Poverty Measurement and Analysis [M]. Oxford University Press, USA, 2015.

[90] Alkire, S., Seth, S. Multidimensional Poverty Reduction in India between 1999 and 2006: Where and How? [J]. World Development, 2015, 72 (1): 93 – 108.

[91] Alkire, S., Shen, Y, Exploring Multidimensional Poverty in China: 2010 to 2014 [J]. Research on Economic Inequality: Poverty, Inequality and Welfare, 2017, 25: 161 – 228.

[92] Alkire, S. The Capability Approach and Well-Being Measurement for Public Policy [R]. OPHI Working Paper No. 94, 2015.

[93] Anand, S. and Sen, A.. Concepts of Human Development and Poverty: A Multidimensional Perspective [R]. in Human Development Papers 1997: Poverty and Human Development. UNDP, 1997: 1 – 20.

[94] Angus Deaton, Measuring and Understanding Behavior, Welfare, and Poverty [J]. American Economic Review, 2016, 106 (6): 1221 – 1243.

[95] Apablaza, N., Yalonetzky, G, Decomposing Multidimensional Poverty Dynamics [R]. Young Lives Working Paper, 2013, 101.

[96] Atkinson A. B., F. Bourguignon. The Comparison of Multi-dimensioned Distrivutions of Economic Status [J]. Review of Economic Studies, 1982, 49 (2): 183 – 201.

[97] Atkinson, A. B. Multidimensional Deprivation: Contrasting Social Welfare and Counting Approaches [J]. Journal of Economic Inequality, 2003, 1 (1): 51-65.

[98] Atkinson, A. B. On the Measurement of Inequality [J]. Journal of Economic Theory, 1970, 2: 244-263.

[99] Barrett, C. R., P. K Pattanaik. Fuzzy Sets, Preference and Choice: Some conceptual Issues [J]. Bulletin of Economic Research, 1989, 41 (4): 229-254.

[100] Beaulier S. A., and Subrick J. R., The Political Foundations of Development: The Case of Botswana [J]. Constitutional Political Economy, 2006, 17 (2): 103-115.

[101] Benjamin Seebohm Rowntree, Poverty: A Study of Town Life [M]. Macmillan, 1901.

[102] Boelhouwer, J. Quality of Life and Living Conditions in The Netherlands [J]. Social Indicators Research, 2002, 60 (1-3): 89-113.

[103] Booth. Life and Labour of the People in London [M]. New York: Macmillan and Company, 1902.

[104] Bourgignon, F., S. Chakravarty. The Measurement of Multidimensional Poverty [J]. Journal of Economic Inequality, 2003, 1 (1): 25-49.

[105] Bourguignon, F. The Growth Elasticity of Poverty Reduction: Explaining Heterogeneity Across Countries and Time-Periods [A]. in T. Eichler and S. Turnovsky (Eds.), Growth and Inequality [M]. MIT Press, Cambridge, Mass, 2003.

[106] Bourguignon F. The Poverty-Growth-Inequality Triangle [R]. Indian Council for Research on International Economic Relations (ICRIER), 2002.

[107] Brandolini, A. On Synthetic Indices of Multidimensional Wellbeing: Health and Income Inequalities in France, Germany, Italy, and the United Kingdom [R]. Child Working Papers, 2009.

[108] Chakravarty S., M. A. Lugo. Multidimensional Indicators of Inequality and Poverty [A]. in Adler M. D., M. Fleurbaey, eds: The Oxford Handbook of Well-Being and Public Policy [M]. Oxford University Press, 2016.

[109] Chakravarty, S. Maria Ana Lugo. Multidimensional Indicators of Inequality and Poverty [A]. in Matthew D. Adler, Marc Fleurbaey, the Oxford Handbook of Well-Being and Public Policy [M]. Oxford University Press, 2016.

[110] Decancq, K., Lugo, M. A. Inequality of Wellbeing: A Multidimensional Approach [J]. Economica, 2012, 79 (316): 721-746.

[111] Deepa Narayan. Voices of the Poor: Can Anyone Hear Us? [M]. World

Bank, 2000.

［112］ Deutsch, J. , J. Silber. Measuring Multidimensional Poverty: An Empirical Comparison of Various Approaches［J］. Review of Income and Wealth, 2005, 51 (1): 145 –174.

［113］ Dollar D. , A. Kraay. Growth is Good for the Poor［J］. Journal of Economic Growth, 2002, 7 (3): 195 –226.

［114］ Dreze, J. , A. Sen India and Its Contradictions［M］. Princeton University Press, Princeton, 2013.

［115］ Drèze, J. , Sen A. An Uncertain Glory: India and Its Contradictions［M］. Princeton University Press, New Jersey, 2013.

［116］ Duclos J. Y. , D. E. Sahn, S. D. Younger, Partial Multidimensional Inequality Orderings［J］. Journal of Public Economics, 2011, 95 (3): 225 –238.

［117］ Duclos J. Y. , D. E. Sahn, S. D. Younger, Robust Multidimensional Poverty Comparison［J］. Economic Journal, 2006, 113: 943 –968.

［118］ Duclos, J. Y. , L. Tiverti. Multidimensional Poverty Indices: A Critical Assessment［A］. In The Oxford Handbook of Well-Being and Public Policy［M］. Oxford University Press, 2016.

［119］ Efron, B. Bootstrap Methods: Another Look at the Jackknife［J］. Annals of Statistics, 1979, 7 (1): 1 –26.

［120］ Elvidge C. D. , Sutton P. C. , Ghsh T. , et al. A global poverty map derived from satellite data［J］. Computes & Geosciences, 2009, 35 (8): 1652 – 1660.

［121］ Foster, J. , A. Shorrocks, Inequality and Poverty Orderings［J］. European Economic Review, 1988, 1 (32): 654 –661.

［122］ Friedman, R. D. Poverty: Definition and Perspective. American Enterprise Institute for Public Policy Research［R］. Washington, D. C, 1965.

［123］ Fukuda-Parr S. , A. K. S. Kumar. Readings in Human Development［M］. New York: Oxford University Press, 2003.

［124］ Galbraith, J. K. The Affluent Society［M］. A Mentor Book, 1958.

［125］ G. Ranis, F. Stewart, E. Samman. Human Development: Beyond the Human Development Index［J］. Journal of Human Development, 2006, 7 (3): 323 –358.

［126］ Halleröd, B. Deprivation and Poverty: A Comparative Analysis of Sweden and Great Britain［J］. Acta Sociologica, 1996, 39 (2): 141 –168.

［127］ Hoff, K. , A. Sen. The Kin System As a Poverty Trap?［R］. World Bank

Policy Research Working Paper, No. 3575, 2005.

[128] Huang, J. Impacts of COVID-19 on Agriculture and Rural Poverty in China [J]. Journal of Integrative Agriculture, 2020: 2849 - 2853.

[129] Jenkins, S. P., Micklewright, J. Inequality and Poverty Re-Examined [M]. Oxford University Press, 2007.

[130] Kakwani, N. Poverty and Economic Growth with Application to Côte D'Ivoire [J]. Review of Income and Wealth, 1993 (2): 121: 139.

[131] Kolm, S. C. Multidimensional Egalitarianisms [J]. The Quarterly Journal of Economics, 1977, 91: 1 - 13.

[132] Krishnakumar, J., A. Nadar, On Exact Statistical Properties of Multidimensional Indices Based on Principal Components, Factor Analysis, MIMIC and Structural Equation Models [J]. Social Indicators Research, 2008, 86 (3): 481 - 496.

[133] Luo, R., et al. Impacts of the COVID-19 pandemic on rural poverty and policy responses in China. Journal of Integrative Agriculture [J]. Journal of Integrative Agriculture, 2020: 2946 - 2964.

[134] Luzzi, G. F., Y., Flückiger, Weber, S. A Cluster Analysis of Multidimensional Poverty in Switzerland [M]. Springer, 2008.

[135] Martirosova, D., O. K., Inan, M., Meyer, N., Sinha, D., Martirosova, O. K., Inan, M., Meyer, N, Sinha. The Many Faces of Deprivation: a Multidimensional Approach to Poverty in Armenia [R]. Policy Research Working Paper, 8179, 2017.

[136] Masoumi, E. The Measurement and Decomposition of Multi-Dimensional Inequality [J]. Econometrica, 1986, 54 (4): 991 - 998.

[137] Naga, R. A., E. Bolzani. Quantitative Approaches to Multidimensional Poverty Measurement [M]. Palgrave Macmillan, 2008.

[138] OECD. Public Expenditure on Income Maintenance Programs [R]. Paris: Organization for Economic Co-operation and Development, 1976.

[139] Park A., S. Wang. Community-Based Development and Poverty Alleviation: An Evaluation of China's Poor Village Investment Program [J]. Journal of Public Economics, 2010, 94 (9): 10.

[140] Pigou, Arthur C. The Economics of Welfare [M]. London: Macmillan and Co, 1920.

[141] Ram, R. Composite Indices of Physical Quality of Life, Basic Needs Fulfilment, and Income: A 'Principal Component' Representation [J]. Journal of Development Economics, 1982, 11 (2): 227 - 247.

[142] Ravallion, M. A Comparative Perspective on Poverty Reduction in Brazil, China, and India [J]. The World Bank Research Observer, 2011a, 26 (1), 34.

[143] Ravallion, M. Can High Inequality Developing Countries Escape Absolute Poverty [J]. Economics Letters, 1997 (56): 51 - 57.

[144] Ravallion, M. Good and Bad Growth: The Human Development Reports [J]. World Development, 1997, 25 (5): 631 - 638.

[145] Ravallion, M. On Multidimensional Indices of Poverty [J]. The Journal of Economic Inequality, 2011b, 9 (2): 235 - 348.

[146] Rosenstein-Rodan, P. Problems of Industrialisation of Eastern and Southeastern Europe [J]. Economic Journal, 1943, 53: 202 - 211.

[147] Rowntree, B. S. Poverty: A Study of Town Life [M]. Macmillan, 1901.

[148] Schokkaert, E. Capabilities and Satisfaction with Life [J]. Journal of Human Development, 2007, 8 (5): 415 - 430.

[149] Schultz, T. W. Investment in Human Capital [J]. American Economic Review, 1961, 1: 1 - 7.

[150] Sen, A. Choice, Welfare, and Measurement [M]. Oxford: Basil Blackwell, 1983.

[151] Sen, A. Commodities and Capabilities [M]. Elsevier Science Publishing Co. 1985.

[152] Sen, A. Commodities and Capabilities (1st ed.) [M]. New York: North-Holland Sole distributors for the U. S. A. and Canada, Elsevier Science Publishing Co, 1985.

[153] Sen, A. Development as Freedom (1st ed.) [M]. Oxford University Press, 1999.

[154] Sen, A. Interpersonal Aggregation and Partial Comparability [J]. Econometrica, 1970, 38: 393 - 409.

[155] Sen, A. Poverty and Pamines: An Essay on Entitlement and Deprivation [M]. International Labour Organization, 1985.

[156] Sen, A. Poverty: An Ordinal Approach to Measurement [J]. Econometrica, 1976, 44 (2): 219 - 231.

[157] Sen, A. Utilitarianism and Beyond [M]. Cambridge University Press, 1982.

[158] Shen, Y. Rural Poverty, Growth, and Inequality in China [M]. Singapore: Springer, 2022.

[159] Shen, Y., S. Alkire. Exploring China's Petential Chilld Poverty, China

& World Economy, 2022, 30 (1): 82 – 100.

[160] Shen, Y., S. Li. Eliminating Poverty through Development: Dynamic Evolution of Multidimensional Poverty in Rural China [J]. Economic and Political Studies, 2022, 10 (1): 85 – 104.

[161] Shen, Y., S. Li, X. Wang. Impacts of Two Tax Reforms on Inequality and Welfare in China [J]. China & World Economy, 2021, 29 (3): 104 – 134.

[162] Shorrocks, Anthony F. Decomposition Procedures for Distributional Analysis: A Unified Framework Based on the Shapley Value [J]. The Journal of Economic Inequality, 2013, 11 (1): 99 – 126.

[163] Silverman B. W. Density Estimation [M]. London: Chapmanand Hall, 1986.

[164] Son, H. H. A New Poverty Decomposition [J]. Journal of Economic Inequality, 2003 (1): 181 – 187.

[165] Stiglitz. J. E., Sen, A., Fitoussi, J. P. Report by the Commission on the Measurement of Economic Performance and Social Progress [R]. Paris. 2009. https://ec.europa.eu/eurostat/documents/8131721/8131772/Stiglitz-Sen-Fitoussi-Commission-report.pdf.

[166] Stiglitz, J., Sen., A., Fitoussi, J. P. Report by the Commission on the Measurement of Economic Performance and Social Progress [R]. Paris: Institut National De La Statistique Et Des Études Économiques (INSEE), 2009.

[167] Sumner, A., Hoy C., Ortiz-Juarez, E. Estimates of the Impact of COVID-19 on Global Poverty [R]. WIDER Working Paper 2020/43, 2020.

[168] Townsend P. Poverty in the United Kingdom [M]. London: Allen Lane, 1979.

[169] Tsui, K. Y. Multidimensional Generalizations of the Relative and Absolute Inequality Indices: The Atkinson-Kolm-Sen Approach [J]. Journal of Economic Theory, 1995, 67 (1): 251 – 265.

[170] T. Wu, H. Shi, J. Niu, X. Yin, W. Wang, Y. Shen. Distance to Water Source in Early Childhood Affects Growth: a cohort study [J]. Public Health, 2021, 193: 139 – 145. (2021 – 04 – 07)

[171] United Nations Development Programme (UNDP). Human Development Report [M]. New York: Oxford University Press, 1997.

[172] United Nations Development Programme (UNDP). Human Development Report [M]. New York: Oxford University Press, 1990.

[173] United Nations Development Programme (UNDP). Human Development

Report 2010 [M]. United Nations Development Programme, New York, 2010.

[174] United Nations Development Programme (UNDP). Human Development Report 2020: The Next Frontier Human Development and the Anthropocene [M]. United Nations Development Programme, New York, 2020.

[175] United Nations Development Programme (UNDP). Human Development Report: The Real Wealth of Nations: Pathways to Human Development [M]. New York: Oxford University Press, 2010.

[176] Vaz, A., O. Christian, S. Alkire, Multidimensional Child Poverty: Building a Measure to Inform Policy [R]. OPHI Working Paper, 2020.

[177] Waglé, U. R. Multidimensional Poverty: An Alternative Measurement Approach for the United States? [R]. Social Science Research, 2008, 37 (2): 559–580.

[178] Wan G., C. Wang, X. Zhang. The Poverty-Growth-Inequality Triangle: Asia 1960s to 2010s [J]. Social Indicators Research, 2021, (3): 795–822.

[179] Wang, X., H. Feng, Q. Xia, S. Alkire. On the Relationship between Income Poverty and Multidimensional Poverty in China [R]. OPHI Working Paper 101, 2016.

[180] Weymark J. A. Generalized Gini Inequality Indices [J]. Mathematical Social Sciences, 1981, 1 (4): 409–430.

[181] World Bank. World Development Report, 2000/2001: Attacking Poverty [M]. New York: Oxford University Press, 2001.

[182] Xie Y., X. Zhou. Income Inequality in Today's China [J]. Proceedings of the National Academy of Sciences, 2014, 111 (19): 6928–6933.

[183] Zhong H. A Multivariate Analysis of the Distribution of Individual's Welfare in China: What is the Role of Health? [J]. Journal of Health Economics, 2009, 28: 1062–1070.

后　　记

　　我对中国贫困问题的研究始于研究生阶段，2013年6月博士毕业后，有幸跟随李实教授继续研究贫困问题。略有不同的是，博士后阶段我希望尝试从多维视角理解贫困问题，然而当时在我国，多维贫困是个较为陌生的概念，只能从互联网上搜寻相关资料。于是，我申请了"博士后交流计划"，作为北京师范大学首位成功申请此项目人员，我于2014～2016年在牛津大学贫困与人类发展研究中心（OPHI），跟随中心主任萨比娜·阿尔基尔（Sabina Alkire）教授做了两年全职博士后。

　　在此期间，我不断以"干中学"的方式吸纳新知识。一开始，同事们半天就能够完成的工作，我需要一两天。我不得不最早出现在办公室，最晚离开；带着饺子去办公室过春节；每天沉浸在算数据、看论文、开研讨会当中。慢慢地，我逐渐从多维贫困的学习者转变为授课者，在牛津大学、约克大学、乔治华盛顿大学的教室中，在塞内加尔、墨西哥、哥伦比亚的政府办公楼里，为来自世界各地的各类学员（包括各种相关的专家、学者和官员）讲授多维贫困的理论与实践课程。

　　如今（截止到本书完稿之时），已有超过30个国家制定了符合本国实际情况的官方多维贫困体系，这充分显示了多维贫困体系蓬勃的生命力。虽然我国目前尚未明确颁布官方多维贫困指数，但随着经济社会发展的不断推进，以及政府和民众对经济社会发展认知的不断深入，相信多维贫困体系会在不久的将来在我国也得到广泛认同。本书结合我国扶贫攻坚的历程，对多维贫困的理论、观点、政策在我国反贫治理中的作用进行定量验证，以期从多维贫困的全新视角去理解我国扶贫的成效与挑战。鉴于学识所限，难免有不足之处，望读者包容指正。

　　本书的完成得益于前辈和同辈的支持。恰如本书研究从多维视角切入，我的感恩之情也是多维的。最要感谢李实教授，他不仅鼓励我大胆走出去学习，而且当面向阿尔基尔教授推荐，否则我将无缘OPHI的工作和学习。非常感激阿尔基尔教授给予我的充分包容和肯定，让我以研究人员的身份工作，令我度过了充实的时光。感激与缅怀阿特金森（Anthony B. Atkinson）教授，2016年下半年我接受他的邀请，协助其分析世界银行给出的中国贫困发生率断崖式变动结果背后的原因，阿特金森教授则给我讲述他的研究经历，鼓励我继续从事不平等和贫困研究，关注中国的多维贫困变化。感谢恩师陈宗胜教授和周云波教授，是他们为我在收入分配和贫困领域提供了启蒙和指导。感谢复旦大学王小林教授，以及中国发展基金会的俞建拖副秘书长，两位老师是访问 OPHI 的前辈，他们不吝为我这个后辈提供了生活和工作上的经验。感谢北京师范大学经济与资源管理研究院和中国扶贫研究院，学院领导张琦教授、关成华教授、林永生教授，以及其他同事均在本书写作过程中给予了支持。感谢詹鹏、卢云鹤、吴彬彬、滕阳川、孟凡强、李启航和刘学良，我们经常在京师学堂 407 办公室的黑板上讨论学术问题。感谢陈岑、吴婷、平萍、吴珊珊、张彩云、张思聪等对我生活的关怀。感谢我的家人，来自家人的支持是最为温暖的。最后，还要感谢我的猫拉尔的陪伴。

沈扬扬

2022 年 4 月 28 日